이 책은 주로 예수에 관한 책이고, 다음으로는 기도에 관한 책이다. 그 점은 '우리 구주의 말씀 경청하기와 우리 구주에게서 배우기'(원서의 부제는 'Listening to and Learning from Our Savior'이다_편집자)라는 이 책의 부제(副題)에 반영되어 있다. 마크 존스는 예수의 기도를 귀 기울여 들을 수 있도록 우리를 안내하여, 그 기도가 예수에 관해 무엇을 말해 주는지, 그리고 기도에 관해 무엇을 말해 주는지 알게 해준다. 이 책은 예수의 기도라는 렌즈를 통해서 보는 기독론이라고 생각할 수 있다. 이 책에서 존스의 논점은 그저 예수의 기도에서 기도의 원리를 끌어내는 게 아니라 그보다 훨씬 깊이 들어간다. 존스는 예수가 누구이고 우리를 위해 어떤 일을 하셨는지 더 깊이 이해할 수 있게 해주며, 그런 다음 이 이해를 그리스도를 믿는 신자들의 기도 생활에 적용시킨다.

_도널드 S. 휘트니, 서던뱁티스트신학교 신학원 부학장 겸 성경적 경건 교수
「영적 훈련」(네비게이토 역간), 「오늘부터, 다시 기도」(복있는사람 역간) 저자

마크 존스가 또 한 번 해냈다. 그는 예수의 아름다움, 위엄, 신비의 정수를 뽑아내어 우리가 쉽게 다가갈 수 있을 뿐만 아니라 우리를 변화시키는 힘을 지닌 영혼의 양식으로 만들어 낸다. 오늘날 다른 어떤 저자도 그렇게 깊이 있고 읽기 쉬우며 흥미를 유발하고 풍성한 방식으로 그리스도에 관해 그토록 많이 이야기하지 않는다. 우리 주의 인성, 연약성, 권위, 영광이 책 갈피 갈피에서 튀어나온다. 이 책을 읽으라.

_댄 맥도널드, 그레이스토론토교회 담임목사

얼마나 멋진 생각인가, 우리 주님의 기도를 통해 주님의 위격과 사역에 다가가다니. 그 성과가 바로 영혼을 만족시키는 이 아름다운 책으로, 이 책은 예수에 대해 더 많은 것을 가르쳐 줄 뿐만 아니라 기도하는 법 또한 가르쳐

준다. 그대의 영혼이 메말랐고 기도가 죽었다면, 그런 그대를 소생시키고 새 힘을 북돋아 줄 생수가 바로 여기 있다.

_**데이비드 머리**, 청교도개혁신학교 구약학/실천신학 교수

마크 존스는 우리의 크신 하나님이요, 구주이신 예수 그리스도께서 왜 성령의 능력으로 성부께 기도를 드릴 필요가 있었는지 깊이 있게 신학적으로 설명하면서 우리 또한 그렇게 기도할 수 있도록 영감을 불어넣어 준다. 위대한 옛 청교도의 도움을 받아 날카로운 필치로 기록된 이 책은 자주 등한시되고 있는 이 주제에 대한 담대하고도 성경 중심적인 탐구서다.

_**리 게티스**, 처치소사이어티 소장, The Forgotten Cross 저자

그리스도를 알려는 욕구를 지닌 그리스도인들은 이 책에서 진수성찬을 접하게 될 것이다. 마크 존스는 성자의 기도 생활을 관찰함으로써 성부께 이르는 방법을 가르쳐 주어, 경건을 위한 최상급의 음식을 우리에게 대접해 준다. 앉은자리에서 다 읽을 수 있는 하나하나의 장뿐만 아니라 존스가 제공하는 충실한 내용의 역사적/신학적 서론까지 마음을 다해 추천한다.

_**챠드 반 딕스혼**, 웨스트민스터신학교 교회사 교수

생존해 있는 학자들 중 기독론에 관한 한 마크 존스만큼 신뢰할 만한 목소리로 입증된 이는 거의 없다. 게다가 존스는 학자일 뿐만 아니라 목회자이기도 해서 딱 좋다. 학자답게 미묘한 차이까지 고려해 세심하게 논하는 기독론이 목회자의 마음을 취하여 실천적 관심사에 적용되는 단계로까지 나아가는 것을 지켜보라. 성육신을 통해 하늘이 땅과 입맞춤했기에, 여기서는 기독론이 믿음의 일상생활을 형성하고, 채워 나가며, 그리하여 우리는 거룩한 하나님이신 동시에 우리의 동료 인간인 주님에게서 가장 기본적이

고 아름다운 경건 활동을 배워 나간다. 이 정도로 놀라운 연구서가 또 있는지 나는 알지 못한다.

_데이비드 매티스, desiringGod.org 편집장, 미네아폴리스/세인트폴시티즈교회 목사, 「은혜받는 습관」(생명의말씀사 역간) 저자

기도는 우리가 어떤 사람인지 그 진실을 드러낸다고 한다. 그렇다면 예수의 기도는 우리 주님이 참으로 어떤 분인지를 분명히 볼 수 있게 해준다. 시작부터 끝까지 이 책은 예수에 관한 책이다. 그러므로 그리스도인 독자들에게 이 책은 매우 유쾌한 책이며, 한 장 한 장 넘길 때마다 그리스도를 더 친밀히 알라고 우리를 부르는 내용으로 가득하다. 이 책을 읽고 주님께서 주시는 복을 누리라.

_메건 힐, *Praying Together*, *Contentment* 저자, The Gospel Coalition 편집자

성령의 능력으로 성부께 드린 성자의 기도
예수의 기도

죠이선교회는 예수님을 첫째로(Jesus First)
이웃을 둘째로(Others Second)
나 자신을 마지막으로(You Third) 둘 때
참 기쁨(JOY)이 있다는 죠이 정신(JOY Spirit)을 토대로
하나님 나라의 확장을 위해 지역 교회와 협력, 보완하는
선교 단체로서 지상 명령을 성취한다는 사명으로 일합니다.

죠이선교회 출판부는 그리스도를 대신한 사신으로
문서를 통한 지상 명령 성취와 하나님 나라 확장을 위해 노력합니다.

The Prayers of Jesus
Copyright ⓒ 2019 by Mark Jones
a publishing ministry of Good News Publishers
Wheaton, Illinois 60187, U.S.A.

This edition published by arrangement
with Crossway through rMaeng2, Seoul, Republic of Korea.
All rights reserved.

This Korean translation edition ⓒ 2020 by JOY Mission Pressks, Seoul, Republic of Korea.

이 한국어판의 저작권은 알맹2 에이전시를 통하여 Crossway와 독점 계약한 죠이북스에 있습니다. 신 저작권법에 의하여 한국 내에서 보호받는 저작물이므로 무단 전재와 무단 복제를 금합니다.

죠이북스는 죠이선교회의 임프린트입니다.

성령의 능력으로 성부께 드린 성자의 기도

예수의 기도

마크 존스 지음
오현미 옮김

죠이북스

집필하는 동안
베풀어 주신 도움에 감사하며,
바브 존스, 게리 반더빈, 들로레스 반데야르
스티븐 웨지워스, 리 로빈슨, 조너선 톰스,
앨리시아 두, 잭 첸, 알다 크라우캄프에게
이 책을 바칩니다.

차례

12 감사의 말
13 기도하시는 우리 주님을 소개하기

28 1장 예수께서는 어머니 품에서부터 기도하셨다
39 2장 예수께서는 "아빠! 아버지"라고 기도하셨다
47 3장 예수께서는 은밀히 기도하셨다
56 4장 예수께서는 주기도문으로 기도하셨다
68 5장 예수께서는 성령으로 기뻐하며 기도하셨다
75 6장 예수께서는 자신의 기도가 아버지께 들릴 것을 알고 기도하셨다
83 7장 예수께서는 아버지의 영광을 위해 기도하셨다
91 8장 예수께서는 자신의 영광을 위해 기도하셨다
99 9장 예수께서는 영생에 관해 기도하셨다
106 10장 예수께서는 우리가 하나님과 예수 자신을 알기를 기도하셨다
115 11장 예수께서는 세상이 존재하기 전에 소유하셨던 영광을 위해 기도하셨다

124	12장 예수께서는 하나님의 자기 계시에 관해 기도하셨다
132	13장 예수께서는 택함 받은 자가 예수를 영화롭게 하기를 기도하셨다
140	14장 예수께서는 아버지께서 교회를 지켜 주시기를 기도하셨다
148	15장 예수께서는 제자들이 기뻐하기를 기도하셨다
155	16장 예수께서는 세상 가운데 있는 제자들을 위해 기도하셨다
162	17장 예수께서는 제자들이 거룩하게 되기를 기도하셨다
170	18장 예수께서는 교회 일치를 위해 기도하셨다
181	19장 예수께서는 우리가 자신의 영광을 받기를 기도하셨다
190	20장 예수께서는 자기 백성이 자신과 함께 있기를 기도하셨다
197	21장 예수께서는 확신을 갖고 기도하셨다
204	22장 예수께서는 큰 괴로움 중에 기도하셨다
212	23장 예수께서는 자신을 건져내 주시기를 기도하셨다
222	24장 예수께서는 원수들을 위해 기도하셨다
228	25장 예수께서는 크게 소리 질러 기도하셨다
235	26장 예수께서는 최후의 기도로 기도하셨다
242	주
249	주제 및 인명 색인
256	성구 색인

감사의 말

함께 일할 수 있는 훌륭한 출판사로 계속 동행해 주는 크로스웨이 출판사에 고마움을 표하고 싶다. 크로스웨이는 언제나 내 기대를 능가하며, 여러 면에서 이들의 부지런함과 열심에 깊이 감사드린다.

원고를 처음부터 끝까지 읽어 주시고 많은 제안을 해주신 밥 매클비 박사에게 감사드린다. 그렇게 유능한 분을 친구로 둔 것이 내게는 큰 특권이다.

내 책을 위해 계속 멋진 표지를 디자인해 주는 (또한 내가 사역하는 교회를 멋지게 섬기고 있는) 호르헤 카네도 에스트라다에게 많이 감사한다.

우리 교회, 밴쿠버/서리 페이스장로교회의 지지가 없었더라면 이 책을 쓸 수 없었을 것이다. 우리 가족 또한 내가 읽고 연구하고 집필하는 일에 빠져들 때 나에게 큰 인내를 보여 주었다.

2018년 8월 '예수의 기도'라는 주제로 열린 콘퍼런스에 나와 내 가족을 초청해 준 오스트레일리아 시드니의 세인트존스파크침례교회 토트 스탠튼에게 특별히 감사드린다.

마지막으로, 시간을 들여 이 책을 읽어 주시는 독자들에게 감사드린다. 독자 여러분이 구주 예수 그리스도의 말씀을 경청하고 그분에게 배우고자 할 때 이 책이 여러분의 영혼에 복이 되고 많은 영적 유익을 끼치기를 소망하고 기도한다.

기도하시는 우리 주님을 소개하기

책 쓰는 사람이자 목회자로서 나는 본론보다 어려운 서론으로 독자들이 지레 겁먹게 만들고 싶지 않다. 우리는 예수의 기도 생활에서 배울 것이 아주 많다. 하지만 기도하시는 우리 주님에 대해 이해하고 살펴 알려면 건전한 그리스도 신학(기독론)을 통해 주님을 알 필요가 있다. '기독론'이라는 말 자체도 독자들에게 겁을 줄 수 있지만, 사실 이는 그리스도의 위격과 사역 연구일 뿐이다. 그러므로 이 서론을 끝까지 읽어 낼 수 있다면 예수의 기도를 이해하는 데 도움이 될 것이다. 하지만 서론에서 쓰이는 용어가 지나치게 전문 용어로 여겨질 경우, 서론을 반드시 읽지 않아도 본론을 즐겁게 읽고 교훈을 얻는 데에는 어려움이 없을 것이다.

그리스도인이라면 누구나 나름의 기독론을 가지고 있다. 하지만 그리스도의 위격에 대한 여러분의 이해는 그분의 기도 생활을 제대로 평가하고 있는가? 그리하여 그리스도께서 경건한 두려움으로 우러러 공경하는 성부를 향해 "심한 통곡과 눈물"(히 5:7)로 간구하시는 것이 어쩐지 가식으로 느껴지는 게 아니라 현실적으로 다가오는가?

초대 교회와 신학자들, 심지어 우리에게 이름이 전해지는 가장 위대한 사람들 몇몇도 나사렛 예수의 기도 생활을 의미 있게 설명해 보려고 애를 썼다. 존 앤서니 매거킨(John Anthony McGuckin)은 알렉산드리아의 키릴루스와 네스토리우스의 기독론에 대한 통찰력 있는 연구에서, "키릴루스는 예수의 기도 생활을 주로 우리를 교육하고 덕을 세우기 위한 실리적 활동으로 설명하곤 했다"고 말한다.[1]

예수는 하나님과 본질이 같은 분으로서 기본적으로 자신을 주시하는 자들에게 본을 보여 주시려고 기도를 하셨을까? 아니면, 하나님뿐만 아니라 (몸과 영혼을 지닌) 인간과도 본질이 같은 분으로서 우리 인간뿐만 아니라 예수 자신을 위해서도 기도할 필요가 있었기에 기도하신 것일까? 나는 후자가 맞다고 믿는데, 그렇다면 예수께서 기도할 '필요가 있었다'고 할 때 우리는 무슨 의미로 그렇게 말하는 것일까? 이는 중요한 질문이며, 이 질문은 이제부터 살펴보려는 기독론의 핵심으로 우리를 안내한다.

예수께서 필요에 의해 기도하신 게 아니라고 한다면, 예수가 어떤 분인지에 대한 이해에 문제가 있는 것이다. 그리스도의 기도가 언급된 성경 구절, 그리고 그리스도의 가르침 사역에 함축된 의미를 면밀히 검토해 보면, 성부 앞에서 그리스도의 순종적이고 의존적인 삶의 핵심에 그분의 기도가 있었다는 사실이 드러난다. 시험과 시련 앞에서 예수께서는 필요한 때 하나님께서 자신을 도울 수 있으며 실제로 도우시리라고 믿고 하나님을 찾아 구했다. 하지만 완전히 인간이실 뿐만 아니라 하나님이시기도 한 분에게 '필요'란 것이 있다는 점에 대해 우리는 어떻게 말할 수 있을까?

칼케돈 신조 해석하기

웨스트민스터 소요리문답(21문)은 그리스도의 위격과 관련해 귀한 요약문을 제공해 준다. "하나님의 택함을 받은 사람들의 유익한 구속자는 주 예수 그리스도시니(요 14:6), 그분은 하나님의 영원하신 아들로서(시 2:7) 사람이 되셨으며(사 9:6), 구별된 두 본성과 한 위격 안에서 하나님이신 동시에 사람으로 계셨고 계속해서 영원히 그렇게 계신다(행 1:11)."

이 답변은 사실이다. 뿐만 아니라 이 답변에는 정통 그리스도인이 부인할 만한 내용이 전혀 없다. 하지만 그리스도의 위격에 관한 진술(한 위격, 두 본성)은 정통 사상가들 사이에서도 역사적으로 그렇게 단순하지가 않았다. 신학적 갈등은 칼케돈 공의회가 소집되게 만들었고(주후 451년), 이 공의회에서 (아름답게 작성된) 칼케돈 신조가 나왔다. 어떤 이들은 그리스도의 위격에 관한 정통 견해를 확언한다는 게 무슨 의미인가에 관한 의문을 칼케돈 공의회가 해결했다고 여긴다. 대체적으로 이는 맞는 말이다. 하지만 그렇다고 해서 이 이야기가 완결되었다거나 완전히 해결되었다는 뜻은 아니다.

놀랄 것도 없는 일이지만, 논쟁을 벌인 양측, 즉 알렉산드리아학파와 안디옥학파는 칼케돈 공의회의 결과에 완전히 만족하지 못했을 수도 있다. 실제적으로 어느 쪽이 '이겼느냐'에 대해서는 여전히 갑론을박이다. 어떤 이들은 이 공의회 문서에서 알렉산드리아학파와 안디옥학파의 강조점을 모두 찾아볼 수 있음을 인정한다. 알렉산드리아학파(즉, '키릴루스파')는 그리스도의 위격의 단일성과 그 위격의 신성을 강조한 반면, 안디옥학파는 특히 완전히 인간인 예수를 제시하려는 목표로 두 본성의 구별에 초점을 맞추었다. 알렉산드리아학파의 견해는 유티케스(Eutyches) 이단으로 기울어질 수 있었다는 점에서 위험했는데, 유티케스의 그리스도관은 그리스도의 인성을 희생시키면서 신성을 지나치게 중시한 탓에 두 본성의 완전성을 위태롭게 했다. 반면, 안디옥학파의 견해는 네스토리우스파 이단으로 기울어졌다는 점에서 위험했으며, 네스토리우스파의 그리스도관은 그리스도의 신성과 인성을 부당하게 분리시킨 탓에 그리스도의 위격의 단일성을 위태롭게 만들었다.

키릴루스는 마리아가 테오토코스(θεοτόκος, '하나님의 어머니', 문자적으로는 '하나님을 잉태한 이')라고 강력하게 주장했는데, 의견 일치를 위해 네스토리우스가 이를 지지하려 했다는 것을 생각하면 문제는 더 복잡해지기만 한다. 물론 어떤 이들은 이 '고백'에서 그의 진실성을 문제 삼지만 말이다. 게다가 네스토리우스 자신의 신학이 그리스도 안에서 인성과 신성의 연합을 위태롭게 하는지의 여부도 여전히 문젯거리다. 달리 말해, 네스토리우스에게는 그 자신의 이름을 딴, 그러나 그가 지지하지는 않은 듯한 이설(異說)이 있었다. 더 나아가, 키릴루스는 때로 알렉산드리아학파보다는 안디옥학파의 견해에 가까워 보이는 말을 한다. 이 역사 드라마의 진상이 무엇이든, 칼케돈 신조와 그 후 개혁주의 신앙고백과 요리문답은 한 위격 안에 두 본성이 있음을 단언한다. 더 긴박한 질문은 이 두 본성이 한 위격 안에서 서로 어떻게 연관되는지에 초점을 맞춘다.

서방 교회에서 기독론이 전개되어 온 경로

동방 교회의 기독론은 그 자체만으로도 귀하고 중요한 연구이기에 여기서는 잠시 접어 두고, 서방 교회는 다른 모든 점에서는 분리 불가능한 그리스도, 곧 인간은 물론 하나님과도 동일한 본질을 지닌 그리스도의 두 본성을 늘 구별해 왔다. 하지만 서방 교회의 전통은 두 본성의 관계를 다소 다르게 이해했다. 예를 들어, 로마 가톨릭 신학자들은 일반적으로, 위격적 연합 때문에 그리스도께서는 날 때부터 하나님을 직접 볼 수 있었다는 결론에 이르렀다. 즉, 그리스도께서는 믿음으로(by faith) 행하신 게 아니라 보는 것으로(by sight) 행하셨다는 것이다. 그리고 그리스도의 인성은 그리스도에게 주어져야 할 모든 은사를 성육신 순간에 다 받았다는 것이다. 루터교는 이와 다른, 좀 더 극단적인 방향으로 나갔다. 루터교는 그리스도께서 성육신 때 모든 은사를 동시에 전달받으셨다는 로마 가톨릭 신학자들의 의견에 동의했다. 하지만 그리스도께서 성육신 때 그 인성에 신적 속성 또한 전달받으셨다고도 주장했다.

이 문제와 관련해 가장 억지스러운 루터교 모델은 아마 속성의 전달이 단방향이라고 하는 단정일 것이다. 즉, 신적 속성이 인성에 전달된 것이지 그 반대가 아니라는 것이다. 설령 그렇다 할지라도, 로마 가톨릭과 루터교 모두 낮아지신 상태에서의 그리스도의 삶에서 그분의 인성에 정해져 있는 한계 이상으로 인성을 격상시킨다. 이렇게 로마 가톨릭과 루터교는 그리스도의 인성이 어떻게 발달했는지를 제대로 설명하지 못한다. 사실 그리스도의 낮아지신 상태가 실제로 어떠했느냐는 우리가 궁금히 여길 만한 문제가 된다. 그리스도께서는 정말로 무언가를 배우고 가르침 받을 필요가 있었을까?(사 50:4)

더 나아가, 그리스도의 인성을 그 정도까지 격상시키는 루터교와 로마 가톨릭의 기독론에 따를 때 그리스도께서 어떤 유형의 기도 생활을 하셨을지 반드시 따져 보아야 한다. 기도할 때 그리스도께서는 무언가가 부족해 도움이 필요해서 하나님의 도움을 받으셨는가?

로마 가톨릭과 루터교의 기독론에 반대하는 개혁주의 신학자들의 견해는 "유한은 무한을 받지 못한다"는 이들의 강조점으로 설명될 수 있다. 루터교의 주장에 대한 답변인 이 금언은 그리스도의 유한한 인성은 무한한 속성(예를 들어 편재[遍在]와 전지[全知] 같은)을 받을 수 없었고 지금도 여전히 그러하다고 강조한다. 그래서 몸과 영혼을 포함하는 그리스도의 인성은 한계를 겪는다. 그리스도의 인성과 신성이 위격적으로 연합해도 이는 여전히 사실이다. 실제로, 높아지신 상태에서도 그리스도의 영화롭게 된 인성은 여전히 그분의 신성과 구별되고 신적인 것에 도달할 수 없으며 혹은 신적인 것을 완전히 포괄할 수 없다. 그럴 수 있다고 한다면 그리스도는 사실 신인(神人)이 아닐 것이다.

한 위격 안에서 두 본성의 관계는 임의적이다. 신성이 반드시 인성을 '집어삼켜' 단순한 육체의 모양이 되게 만들지는 않는다. 그리스도 안에서 신성과 인성의 모든 교류는 임의적이며, 그래서 그리스도께서 만약 자신의 인성에 따라 모종의 무지를 고백하신다면(막 13:32) 이는 모든 일마다 그분의 인성에 신성이 반드시 나타나는 게 아님을(그런 일은 불가능하다) 우리가 염두에 둘 필요가 있기 때문이다. 한 위격 안에 있는 두 본성 간의 임의적 관계는 그리스도의 인성의 완전성을 보호하며, 그래서 그리스도 자신의 기도는 사실 자기 영혼을 위해 기도할 필요가 있는 인간의 기도다.

개혁주의 기독론

개혁주의 신학자들이 그리스도의 두 본성의 완전성을 역설하는 것은, 앞에서 살펴보았듯이 신적 위격(godhead)의 본질은 교류가 불가능하기 때문이다. 그래서 그리스도가 비록 완전한 인간이기는 해도, 즉 보이지 않는 하나님의 보이는 형상이기는 해도 그리스도의 인성은 여전히 유한하다. 개혁주의 기독론을 비판하는 이들은 이 견해를 네스토리우스파의 경계에 선 견해로 이해했다. 그래서 개혁주의 신학자들로서는 그리스도의 두 본성이 단일 위격 안에서 연합한다고 주장하는 것이 절대적으로 중요했다. 그러므로 성자는 인성(human nature)을 취하신 것이지 인간의 인격(human person)을 취하신 것이 아니다. 이렇게 비인격(anhypostatic, impersonal)을 취하셨다 함은 인성이 오직 로고스라는 위격에 존재함을 암시한다. 그리스도의 인성은 위격 안에(enhypostatic) 있다. 즉 로고스가 인성을 취한 성육신의 순간, 위격에 속하게 된다("확인된다"). 달리 말해, 인성은 로고스에 존재하며 그럼으로써 로고스에 의해 "인격화된다"(hypostatized). 이것이 바로 신성이나 인성이 어떤 일을 한다고 말하지 않고 그리스도의 인격이 각 본성에 따라 행동한다고 말하는 이유다.

알렉산드리아학파 신학자, 특히 키릴루스는 그 인격의 정체가 바로 로고스라고 주장했다. 따라서 키릴루스의 말은 로고스가 인성 안에서 행해지는 모든 일의 동인(動因)으로 작용한다는 것인데, 이런 견해는 잠재적으로 수많은 문제점을 야기한다. 이런 기독론 모형에 따르는 잠재적 문제점은, 인성의 완전성이 어떻게 보존되느냐 하는 것과 관련 있다. 다시 말해, 참으로 인간다운 경험에 대해 어떻게 말해야 하는가? 더 나아가 로고스가 고통을 당했다고 말하면서 또 한편으로 신성은 고통에 무감하다고 말하면 이는 논리적으로 앞뒤가 맞지 않는다. 결론을 말하자면, 다수의 개혁주의 신학자는 '인격'이라는 개념을 두 본성 가운데 계신 그리스도를 가리키는 것으로 썼지, 무조건(순전히/단순히) 로고스를 가리키는 것으로 쓰지는 않았다. 성육신은 두 본질이 결합된 '복합적'(혹은 '합성적') 존재를 구성했으며, 이는 신인이신 예수 그리스도의 두 본성을 반영한다.

그리스도의 인격에 관한 이 견해를 따라 다수의 개혁주의 신학자는 '속성의 교류'(communication of properties)에 대해 말하는데, 여기에는 '사역의 교류'(communication of operations)도 포함된다. 이 두 문구를 종합하면 일을 행하시는 위격을 나타내기 때문이다. 웨스트민스터 신앙고백서는 이런 개념을 다음과 같은 방식으로 서술한다. "그리스도께서는 중보 사역을 행하실 때 두 본성에 따라 행하시며, 각 본성에 의해 그 본성 고유의 일을 하신다. 그러나 위격의 단일성 때문에 때로 성경에서는 한 본성에 속한 일이 다른 본성으로 불리는 위격이 하는 일로 돌려지기도 한다"(웨스트민스터 신앙고백서 8장 7항).

'위격'은 그리스도의 인성을 도구 삼아 그 도구를 통해 일하지 않는다. 그보다, 신인께서 두 본성 모두에 따라 일하신다. 이 부분의 교리는 사실 개혁주의 정통파와, 그리스도께서 오직 인간으로서만 중보 행위를 하셨다고 주장하는 여러 로마 가톨릭 저술가 사이 논쟁의 근원이었다.

로베르토 벨라르미노(Roberto Bellarmino) 같은 로마 가톨릭 신학자는 그리스도가 자신의 신성을 따라서가 아니라 오직 인성을 따라서만 일하신 중보자라고 주장했다. 개혁주의 신학자들은 만일 그리스도의 인성이 중보를 했다면 성육신 전후로 또 다른 인간이 그리스도와 동등한 효력으로 중보를 할 수 있었을 것이라고 주장했다. 개혁주의 신학자들은 그리스도의 신성과 인성이 위격의 단일성에 닻을 내리게 함으로써 그리스도의 중보 사역을 단순히 인간의 행위로 말하기를 거부했다. 그렇다. 그리스도의 중보 사역은 신인(神人) 예수 그리스도의 사역이었다.

또한 벨라르미노는 그리스도께서 만약 신성을 따라 중보하셨다면 성부와 성령 또한 중보자일 것이라고 추론했다. 이에 대해 개혁주의 신학자들은 이런 식으로 추론하면 성자가 육신이 되었으므로 성부와 성령도 육신이 되었다는 결론에 이르게 될 것이라고 답변했다. 본질에 적합한 표현이 있다. 삼위 모두가 동일한 신적 속성을 공유하는 것은 삼위 모두가 하나님이기 때문이다. 하지만 각 위격에 적합한 표현도 있다. 성부는 아버지에게서 나지 않았지만 성자는 아버지에게서 나셨다. 성령은 성부와 성자에게서 나오지만, 성부는 성령에게서 나오지 않는다. 위격의 고유성은 신적 본질을 공유하는 위격들 사이에서도 다 다를 수 있다.

그리스도께서 한 위격으로서 신성과 인성을 따라 중보하신다고 확언하면 교회를 하나님의 피로 값 주고 샀다고 말하는 사도행전 20장 28절 같은 구절을 이해할 수 있다. 그리스도의 신성으로서는 죽거나 고난당하는 게 불가능했지만, 개혁주의 신학자들은 속성의 교류와 사역의 교류에 근거해, 하나님께서 죽으셨다고 아무 어려움 없이 말할 수 있었다. 그리스도의 사역은 전체 위격의 사역으로 돌려지기 때문이다. 전 그리스도(whole Christ)가 하나님이요 인간임은, 이 표현이 위격을 말하기 때문이다. 하지만 그리스도의 전체(whole of Christ)가 하나님이자 인간이 아님은, 두 본성 사이의 구별이 유지되어야 하기 때문이다.[2] 그래서 우리는 〈어찌 날 위함이온지〉라는 그 영광스러운 찬송을 부를 수 있는 것이다. 특히 "어찌 그리하실 수 있는지, 내 하나님이여, 나를 위해 죽으시다니?"라는 부분을 말이다. 속성의 교류 교리에 근거할 때, 이 질문에 대한 대답은 "그럴 수 있다"이다!

이는 개혁주의 기독론이 로마 가톨릭과 루터교가 그리스도의 인격에 대해 설명하는 말과 비교해 볼 때 고유의 독특한 강조점이 있음을 보여 준다. 대다수 독자가 보기에 앞선 설명에는 아주 논란이 될 만한 부분은 전혀 없을 것이다. 그런데 예를 들어 청교도 전통에서는 그리스도의 신성과 인성의 관계에 일관성을 부여하기 위해 그리스도의 인격과 관련해 성령의 역할에 다소 독특하고도 뚜렷한 강조점이 주어지는 것을 볼 수 있다.

성령의 기독론적 역할

그리스도께서 기적을 행할 수 있었던 것은 그리스도가 하나님이었기 때문이라고 많은 그리스도인이 짐작한다. 확실히 그렇기는 하다. 하지만, 예를 들어 우리가 그리스도의 신성은 반드시, 그리고 언제나 인성을 통해 행동하며 그렇게 해서 그분으로 하여금 기적을 행할 수 있게 한다고 주장한다면, 그리스도의 삶에서 성령의 역할에 관해 말하는 수많은 성경 본문과 관련하여 심각한 문제가 생긴다. 이것이 바로 키릴루스의 견해가 완전히 극복할 수 없었던 문제였다. 키릴루스는 로고스가 그리스도의 인성에 작용한 유일하게 효력 있는 동인이었다고 단언했는데, 이로써 신성과 인성의 관계는 비대칭 관계가 되었고, 이는 예수의 삶에서 성령의 사역을 근본적으로 불필요하게 만들어 버렸다. 17세기의 소치니우스파 신학자들도 고전적 기독론에서 이런 긴장을 인식했다. 그리스도가 완전히 하나님이라면 그분에게 성령이 주어진 목적이 무엇이냐고 그들은 물었다.

존 오웬(John Owen, 1616-1683)의 기독론의 진수는 바로 이 점에서 뚜렷이 드러난다. 로마 가톨릭 신학자도, 루터교 신학자도 그리스도의 삶에서 성령의 의미 있는 역할을 적절히 설명하지 못한다. 사실 신성과 인성의 관계에 대한 이들의 설명은 그리스도께서 왜 성령을 무한히 받으셨는지 그 이유를 충분히 설명하지 못한다. 로마 가톨릭과 루터교의 신학자들은 그리스도의 은사와 은혜(예를 들어, 믿음과 소망)를 어떻게 이해해야 할지 대체로 잘 모른다. 하지만 다른 신학자들, 특히 오웬은 고유의 방식으로 그리스도의 신성과 인성의 관계를 설명한다. 내가 알기로 오웬 전에는 누구도 이 관계를 이렇게 명쾌하게 설명하지 못했다. 오웬의 주 관심사 중 하나는, 그리스도의 두 본성의 완전성을 보호하는 것이었다. 그런 노력으로 오웬은 하나님의 아들이 인성을 바탕으로 행한 단 하나의 직접적 행위는 그 인성을 자신의 본체 안으로 취한 것뿐이라는 다소 담대한 주장을 펼쳤다. 그리스도께서 인성을 따라 행한 다른 모든 행위는 성령에게서 나왔다는 것이다. 그리스도께서는 성령의 능력을 통해 기적을 행하셨지, 직접적으로 자기 고유의 신적 권능에 의해 행하지 않으셨다.

달리 말해, 신성은 위격적 연합의 힘으로 직접적으로 행동한 게 아니라 성령에 의해 간접적으로 행동했다. 그리스도의 기적을 이해하는 상투적인 방식은 그리스도께서 자기 고유의 신성 덕분에 기적을 행하신다고 주장하는 것이다. 하지만 오웬(그리고 다른 신학자들)의 기적 이해 모형에서는 성령이 그리스도의 은사의 직접적 원인자(author)다. 성령과 그리스도의 인성과의 관계를 이런 방식으로 이해하면 예수 그리스도의 인간다움(humanness)이 보존될 뿐만 아니라 수많은 해석학적 질문에도 답이 된다.

어떤 그리스도인들은 그리스도의 신성이 그리스도의 영혼을 대신한다고 생각하는 것 같다. 의도는 좋다 해도 이런 개념은 옳지 않다. 그리스도는 도덕적 행동의 직접적 원리로서 이성적 영혼을 지닌 완전한 인간이셨다. 다시 말해, 그리스도에게는 인간의 자의식이 있었다. 어떤 이는 성자의 위격이 그리스도의 자의식이라고 말할지 모르지만, 일부 개혁주의 신학자들이 주장하는 것처럼 실재 인격체(personality)는 행위가 아니라 실재(實在)하는 것의 양식(樣式) 혹은 정체다. 중요한 것은, 그리스도를 인간으로 만드는 요소(humanity), 즉 그분의 몸과 영혼은 그분의 신성으로 인해 없어지지 않는다. 이 때문에 그리스도의 인간성(Christ's humanity)이 하나님과 교통하기 위해서는 성령이 필요했다. 그리스도께서 하나님께 드린 기도는 단순히 인간의 기도가 아니었고 심지어 신인께서 성부에게 드린 기도도 아니었다. 더 구체적으로 이 기도는 하나님의 아들이 성령의 능력으로 성부에게 드린 기도였다. 그리스도의 입술에서 나와 하나님 앞에 드려진 기도치고 그분의 인성 가운데 강력히 역사하시는 성령께서 능력 주사 성부께서 주신 말씀으로 기도하게 하지 않은 경우는 단 한 번도 없다. 이런 식으로 우리도 우리 주님께서 기도하신 대로 기도하려고 노력한다. 성령으로 말이다.

그리스도께서 참 인간으로서 지상 사역을 하시는 동안 떼려야 뗄 수 없는 동행이었던 분이 성령이었다. 그러므로 성령께서는 그리스도의 삶에 있던 주요 사건 하나하나에서 두드러진 역할을 하셨다. 성령은 성육신의 직접적이고 신적인 유효한 원인이었다(마 1:18, 20, 눅 1:35). 이는 그리스도에게 어울리는 '기원'이었다. 이사야가 메시야에 대해 영을 부여받은 분으로 말했기 때문이다(사 42:1, 61:1).

신약 성경은 이사야의 증언을 여러 구절에서 확증하며, 예를 들어 그리스도께서 성령을 한량없이 받았다는 사실(요 3:34)에 주목한다. 예수께서 세례 받으실 때 성령이 예수께 내려오셨고(마 3:16), 누가복음 4장에서는 성령께서 그리스도를 시험받는 곳으로 이끌어가시고 시험 전후로, 그리고 시험받는 동안 그리스도를 지탱시키는 중요하고 의미 있는 역할을 하신다(1, 14절). 같은 장에서 예수께서는 이사야 61장 1-2절("주의 성령이 내게 임하셨으니")을 읽고 자신이 이 예언의 성취임을 알리신다(눅 4:21). 그리스도께서는 성령의 능력으로 기적을 행하셨다(마 12:18, 행 10:38). 히브리서 9장 14절은 그리스도께서 자기를 바치신 것은 자기 영으로써 하신 게 아니라 성령께서 그렇게 하실 수 있게 한 것이라는 의미로 이해할 수 있다. 그리스도의 죽음과 마찬가지로 그리스도의 부활도 성령께서 하신 일로 돌려지며(롬 8:11), 이로써 그리스도는 "성결의 영으로는 …… 하나님의 아들로 선포되셨[다]"(롬 1:4, 딤전 3:16, 벧전 3:18도 보라). 성령은 그리스도의 지상 사역 기간에 그분과 불가분의 관계에 있는 동행이었기에, 성령께서 능력 주심으로써 그리스도가 성부께 부르짖었다는(즉, 기도했다는) 데 의심의 여지가 없으며, 이는 로마서 8장 26-27절에 암묵적인 기독론적 강조점을 부여할 것이다. 그리스도의 사역에서 성령의 역할에 대한 언급이 수다(數多)하다는 점은 개혁주의의 해석 전통으로 해석해야 가장 잘 설명된다.

결론

지금까지 이야기한 기본적 기독론을 감안해서 휴 마틴(Hugh Martin, 1821-1885)은 다음과 같이 주장했다.

> 그러므로 [예수는] 필연적으로 병과 약한 것(마 9:35)을 인정하는 입장, 즉 하나님께 절대적으로 의존하는 입장에 설 수밖에 없었으며, 이는 기도를 통한 찬미와 간구로 실행되고 표현되어야 할 의존성이었다. 예수는 한 여인에게서 태어났고, 율법 아래, 즉 다른 규례와 의무의 율법과 마찬가지로 기도의 율법 아래 나셨으며, 인간은 이 율법으로써는 아무것도 받을 수 없다. 이 율법이 하늘에서 주어지지 않으면, 그리고 주님께 이를 구하지 않으면(겔 36:37) 말이다.[3]

그리스도께서는 자신의 인성을 따라 믿음, 사랑, 경외, 기쁨 등 참 인성에 속한 모든 은사를 성령의 능력으로 발휘하셨다. 그래서 그리스도께서는 자연스레 하늘에 계신 아버지께 무언가를 소리 내어 요청하고 간구하기를 바라셨을 것이다. 또한 그리스도께서는 성부에 대한 자신의 지식으로 하나님을 찬양하셨을 것이다. 더 나아가 그리스도께서는 다른 모든 의무는 하나님과의 교제 의무에 종속되는 것으로 만들겠다는 거룩한 결단으로 하나님을 추구하셨을 것이다. 달리 말해, 참되고 올바른 사람됨(humanity)은 오직 하나님과의 교제를 통해서만 실현된다.

그리스도께서 기도를 그만두신다는 것은 그분의 참 인간됨을 손상시키는 일이었을 것이다. 그런데, 앞으로 살펴보겠지만 그리스도께서 기도를 통해 하나님께 헌신한 것은 의미가 다르다. 기도하시는 우리 주님에게서 강력하게 증명되는 것은 하나님이 참으로 육체가 되셨다는 사실이다(요 1:14).

1 / 예수께서는 어머니 품에서부터 기도하셨다

시편 22편 9-10절

오직 주께서 나를 모태에서 나오게 하시고
내 어머니의 젖을 먹을 때에 의지하게 하셨나이다
내가 날 때부터 주께 맡긴바 되었고
모태에서 나올 때부터 주는 나의 하나님이 되셨나이다.

거룩한 시작

그리스도의 부모, 특히 어머니인 마리아 곧 "은혜를 받은 자"(눅 1:28)에 관해 우리가 알고 있는 내용을 감안할 때, 우리 주님께서 하나님을 두려워하는 경건한 집안에서 자라났다는 점에는 의심이 있을 수 없다.

신실한 중보자이기 위해 그리스도에게 필요한 모든 유리한 점은 하늘에 계신 아버지께서 은혜로이 그리스도께 부여하셨다. 주 하나님을 알고 사랑하라고 가르치며 키운 가정도 당연히 그 유리한 점에 포함되었다. 예수는 신실한 언약의 자녀, 그 속에 간사한 것이 없는 참 이스라엘 사람이었다.

하나님을 두려워하는 집안에서 자란 아이는 헤아릴 수 없을 만큼 큰 복을 받는다. 사실 많이 받는 자에게는 많이 요구될 것이다(눅

12:48). 주 예수의 경우, 많은 것이 예수께 요구되었는데, 이는 많은 것이 예수께 주어졌다는 의미다. 시편 84편 11절에서 이를 확인할 수 있다.

> 여호와 하나님은 해요 방패이시라
> 여호와께서 은혜와 영화를 주시며
> 정직하게 행하는 자에게
> 좋은 것을 아끼지 아니하실 것임이니이다.

하나님께서는 독생자가 잉태될 때부터 그에게 복 주기를 기뻐하셨고, 또한 영원히 그리하실 것이다.

첫째로, 예수는 언약의 자녀였다. 예수는 경건 생활 면에서 자기 스스로를 지켜야 하는 이교 환경에서 자라지 않으셨다.[1] 오히려 난 지 팔 일만에 할례를 받으사 언약의 표, 곧 자기 백성에 대한 하나님의 언약이 신실하다는 표(롬 4:11)를 지니셨을 뿐만 아니라, 하나님의 메시아(눅 2:21)라는 엄청나게 고귀한 소명을 날마다 일깨워 주는 중표가 되어야 할 이름까지 받으셨다. 이는 그리스도께서 자신의 아버지(요셉)는 물론 자신이 속한 언약 공동체와 연대해 있음을 확인하게 하려는 것이었다. 아무리 우리 주님이라 해도 아무 연고 없는 개별적 존재로서 세상에 들어오지는 않으셨다. 오히려 그분은 신앙 공동체와 연대해 계셨다(갈 3:16-29).

우리의 경우, 정체가 행동으로 이어지는 것처럼 그리스도께서도 그러하셨다. 그리스도의 정체는 그분이 살아가는 방식의 토대였다.

"너답게 존재하라"(Be who you are)는 말은 그리스도 자신에게도 해당되며, 그럼으로써 이 말은 그분의 거룩한 백성에게도 해당된다(즉, 우리는 거룩하며, 그래서 우리는 거룩한 삶을 산다).

모태에서부터 시작된 그리스도의 경건 생활을 이해하는 열쇠는, 그리스도의 믿음은 오로지 그리스도만을 위한 믿음이 아니라 다른 이들(즉, 그분의 백성)을 위한 믿음이기도 했음을 강조하는 것이다. 기억하라. 그리스도는 하나님의 친아들이고, 그래서 그분의 입양은 결코 문제가 되지 않는다는 것을 말이다. 그리스도는 하나님께 속해 있다. 그리스도께서는 자신의 영을 백성들의 마음속에 보내심으로써 이들에게 자신의 영적 축복(예를 들어 믿음, 소망, 사랑)을 전하실 터였다(요 14-16장을 보라).

그리스도의 경건 생활은 모태에서부터 시작되었다. 시편 22편은 직접적으로는 다윗 이야기와 관련되지만, 궁극적으로는 그리스도에게서 성취된다. 성부께서는 그리스도를 위해 한 몸을 예비하셨고, 이 몸은 동정녀 마리아의 태에서 성령에 의해 형성되었다. 그 인성의 당연한 한계에 따라 그리스도의 초기 기도 생활은 생애 말년의 기도 생활만큼 발전되어 있지 않았던 것이 분명하다. 경험은 우리의 기도 생활에 큰 선생이며, 그리스도의 경우에도 경험이 많아질수록 그분의 기도 생활은 그 경험과 도전과 몸부림이 비춰 주는 빛 아래 발전했을 것이다.

자신의 인간적 의지를 용의주도하게 활용하기를 포함해, 성부를 향해 그 어떤 동의(同意) 행위가 가능했든, 그리스도께서는 이를 완벽히, 그리고 자신의 나이와 삶의 단계에 따라 적절히 이행하셨다. 그리스도의 이성적 추론 행위는 성령께서 그분의 마음에 형성해 놓은 거룩한 원리와 짝을 이루었다. 그리스도의 마음, 목숨, 뜻, 힘이 그분의 나이와 영적 추론 행위 능력에 적합한 방식으로 그리스도의 행동을 한 방향으로 이끌어 갔다. 그리스도께서는 모태에서부터 믿음의 습관을 소유하셨으며, 이 습관은 하나님과 하나님의 말씀에 화답하여 적절한 때에 특정한 믿음의 행위를 낳았다.

하나님께서는 그리스도를 "모태에서" 나오게 하셨고 어머니의 젖을 먹을 때 "의지하게 하셨다"(시 22:9). 그리스도께서는 하나님을 의지하셨지만, 하나님을 향한 믿음의 행위에 혼자 책임이 있는 것처럼 하지는 않으셨다. 그보다는 성부께서 그리스도를 지탱시키셨고, 그래서 그리스도의 경건 생활은 태에서 무덤까지 신실했다. 다른 시편에서는 우리 존재의 발단에서부터 시작되는 우리 영적 삶의 현실을 뚜렷이 보여 준다.

> 주 여호와여 주는 나의 소망이시요
> 내가 어릴 때부터 신뢰한 이시라
> 내가 모태에서부터 주를 의지하였으며
> 나의 어머니의 배에서부터 주께서 나를 택하셨사오니
> 나는 항상 주를 찬송하리이다(시 71:5-6).

이 말씀이 시편 기자에게 해당된다면 하물며 하나님의 아들께는 얼마나 더 들어맞겠는가! 그리스도께서는 어릴 때부터 하나님을 신뢰했을 뿐만 아니라 태어나기 전부터 하나님을 의지하셨다. 오늘날 우리의 합리주의적 견해와 비교해 볼 때 이 히브리식 경건 개념은 얼마나 색다른가. 어린아이에게 모태에서부터 신앙을 허용하고 축하하다니 말이다.

우리가 어린아이의 경건 생활의 현실을 알고 그 가치를 인정할 수 있음은 하나님이 참 경건의 주도자이시지 우리가 주도자는 아니기 때문이다. 성부께서는 자신의 아들, 의로운 종에게 도움을 베풀기를 절대 꺼리지 않으신다.

> 내가 붙드는 나의 종,
> 내 마음에 기뻐하는 자 곧 내가 택한 사람을 보라
> 내가 나의 영을 그에게 주었은즉
> 그가 이방에 정의를 베풀리라(사 42:1).

하나님께서 자신의 아들을 붙드심은 그 아들이 무엇을 먹든지 마시든지 하나님께 영광이 되도록 하기 위해서였다(고전 10:31). 성자께서는 날 때부터 성부께 맡긴 바 되었기에, 성부가 성자의 하나님이 아니었던 때는 단 한순간도 없었다(시 22:10). 시편 22편뿐만 아니라 시편 8편도 그리스도의 경건 생활이 모태에서부터 시작되었다는 사실에 대해 말하고 있다.

> 주의 대적으로 말미암아
> 어린아이들과 젖먹이들의 입으로 권능을 세우심이여
> 이는 원수들과 보복자들을 잠잠하게 하려 하심이니이다(시 8:2).

찰스 스펄전(Charles Spurgeon, 1834-1892)은 이렇게 묻는다. "우리 주님은 그토록 일찍부터 신자이셨는가? 그분은 하나님께서 입으로 권능을 세우게 하신 그 어린아이들과 젖먹이들 중 한 분이었는가? 그렇게 보일 것이다. 만약 그렇다면 이는 도움을 구하는 얼마나 간절한 탄원인가!"[2] "[우리] 믿음의 주"(the pioneer of our faith, 히 12:2)라는 말은 예수 자신이 하나님을 믿는 믿음으로 사셨다는 뜻으로, 이 주님에게는 믿음과 소망과 사랑의 은혜가 없었던 때가 단 한순간도 없었다. 그래서 장 칼뱅(Jean Calvin, 1509-1564)은 아래와 같이 주장했다.

> 실로 그리스도께서 영아(嬰兒) 때부터 성화되셨음은 모든 연령에서 구별 없이 택함 받은 이들이 그리스도 안에서 성화되도록 하기 위해서였다. …… 그래서 그리스도는 육체를 취한 뒤 성령의 거룩함에 완전히 감화되어 그 거룩함을 우리에게 나눠 주실 수 있기 위해 성령으로 잉태되셨다. 하나님께서 자기 자녀에게 부여하시는 모든 은혜의 가장 완전한 본보기를 우리가 그리스도 안에서 가지고 있다면, 이런 점에서도 우리에게 그리스도는 유아도 성화를 완전히 싫어하지 않는다는 하나의 증거일 것이다.[3]

다시 말해, 처음부터 그리스도의 거룩한 삶은 하나님을 자각적으로 인식한 삶이었다고 하는데, 이는 하나님께서 그렇게 만드셨기 때문이라는 것이다. 하나님께 의존하고 하나님을 인식한 예수의 삶은, 하나님의 형상으로 만들어져서 살아 계신 하나님의 영에 의해 지탱되는 참 인간으로서의 그분의 존재에 하나의 자명한 이치와 같았다.

하나님의 공기를 호흡하는 것이 자연스러운 일인 것처럼, 하나님을 알고 하나님을 기뻐하기 위해 믿음으로써 하나님을 바라보는 것은 세상에서 가장 자연스러운 일임을 그리스도께서는 깨달으셨다. 진실로, 첫 호흡 때부터 마지막 호흡 때까지 쉬지 않고 기도한 분이 있다면 나사렛 예수가 바로 그런 분이었다(살전 5:17).

거룩한 청소년 시절

예수께서는 자라가면서 "강하여지고 지혜가 충만하며" 하나님의 은혜가 그의 위에 있었다고 한다(눅 2:40). 열두 살 무렵 예수에게는 하나님을 깊이 아는 지식이 있었을 것이며, 이 지식은 아들로서 하늘에 계신 아버지에 대한 헌신으로 충만했을 것이다. 누가복음 2장에 기록된 성전 사건, 즉 예수께서 예루살렘에 남아 계셨던 사건을 보면, 질문과 대답으로 다른 사람들을 놀라게 하셨음을 알 수 있다(46-47절). 부모가 여러 날 동안 예수를 찾아다니다가 마침내 그분을 찾아내고 꾸짖자 예수께서는 자신이 마땅히 해야 할 일을 하고 있었다고 부모에게 알려 드렸다. "내가 내 아버지 집에 있어야 될 줄을 알지 못하셨나이까"(49절). 이 일 후 누가는 예수께서 "지혜와 키가 자라가며 하나님과 사람에게 더욱 사랑스러워"(52절) 가셨다고 우리에게 알려 준다.

하나님이 먼저다. 이는 생애 내내 그리스도의 행동의 근본 원리였다. 부모의 뜻에 순복하는 것이 그리스도에게 아무리 중요했어도 부모의 뜻이 먼저가 아니었다. 그리스도 자신의 뜻도 먼저가 아니었다. 그 무엇으로도 더럽혀지지 않은 거룩한 분이기에 자신의 뜻을 우선으로 하는 게 아무리 자연스러운 일이었을지라도 말이다. 오직 성부의 뜻이 하나님의 아들의 삶에서 전능한 힘을 가졌다.

그리스도의 어린 시절에 대해 데이비드 M. 매킨타이어(David M. M'Intyre)는 다음과 같이 말한다.

> [그리스도께서는] 집에서 드리는 예배뿐만 아니라 회당의 기도 모임에도 참석하셨을 것이며, 나사렛의 이웃 사람들뿐만 아니라 이스라엘 온 백성과 그 너머 온 세상에까지 하늘의 자비가 임하기를 간구하실 때 단순한 문자에 담긴 의미보다 더 깊은 의미를 그 기도에 불어넣으셨을 것이 틀림없다.[4]

공생애를 위한 준비로서 날마다 야훼께 신실하게 의무를 다하셨으니 우리 구주의 어린 시절 이야기는 얼마나 대단할지.

그리스도의 마음에는 은혜 받는 습관이 흘러 넘쳐서, 성부의 일에 종사해야 한다는 인식을 부단히 그리스도에게 부여한 것이 바로 이 습관이었다. 그래서 어떤 상황에 있든, 어린 예수의 기도는 예수 자신에게 큰 기쁨이었을 것이다. 많은 아들을 이끌어 영광에 들어가게 하실 수 있는(히 2:10) 오직 한 분에게 곧 닥칠 싸움을 위해 성부께서 아침마다 준비시키셨으니 말이다(사 50:4-6).

세례 받으실 때까지는 그리스도의 공생애가 공식적으로 시작되지 않았다는 점을 감안할 때, 그분의 개인 생활이 성부의 임재 안에서 규칙적으로 간절히 기도하는 생활이었으리라는 것은 그리 깊이 생각하지 않고도 짐작할 수 있다. 하나님께서는 그렇게 자기 아들에게 거룩함의 영을 부여하사 메시아로서 사역할 준비가 하나님과의 교통을 통해 대부분 이뤄질 수 있게 하셨다.

거룩한 모범

그리스도께서 자라가면서 이따금 즉흥적이고 거침없고 자연스러운 패턴으로 기도하셨음을 의심할 만한 아무 이유도 없어 보인다. 마찬가지로, 그리스도의 기도 생활의 특징적 형태가 시편에서 왔음을 의심할 만한 유효한 이유도 없어 보인다. 예를 들어 시편 17편을 읽고 이 시편의 표현이 그리스도께서 성부께 드리는 기도를 위해 얼마나 특별히 구상되었는지 생각해 보라. 무엇보다, 다윗이 진실하게 이런 말을 할 수 있었다면, 하물며 죄 없으신 그리스도는 얼마나 더하겠는가!

> 여호와여 의의 호소를 들으소서 나의 울부짖음에 주의하소서
> 거짓되지 아니한 입술에서 나오는 나의 기도에 귀를 기울이소서
> 주께서 나를 판단하시며
> 주의 눈으로 공평함을 살피소서
> 주께서 내 마음을 시험하시고 밤에 내게 오시어서
> 나를 감찰하셨으나 흠을 찾지 못하셨사오니
> 내가 결심하고 입으로 범죄하지 아니하리이다
> ……
> 나를 눈동자같이 지키시고
> 주의 날개 그늘 아래에 감추사

......
나는 의로운 중에 주의 얼굴을 뵈오리니
깰 때에 주의 형상으로 만족하리이다(1-3, 8, 15절).

이와 똑같은 말로 기도할 수 있는 이는 우리 구주 외에는 없을 것이다. 오직 그분만이 참으로 거짓됨이 없으시다. 그래서 변론받고자 하시는 그분의 소원은(딤전 3:16) 자연스러운 소원이었다. 그리스도께서는 입으로 범죄하지 않고자 하셨다(17:3). 이는 우리 구원의 중추를 강조하는 기도다. 성부께서 내가 기뻐하는 자라고 공개적으로 선언하신 바로 그분께서 자신을 눈동자같이 지켜 달라고 하나님께 기도하셨다(시 17:8). 그런 친밀한 관계가 있었기에 그리스도께서는 하나님의 얼굴을 뵈었고 하나님의 형상으로 만족하셨다(시 17:15).

더 나아가 우리는 시편의 말씀이 하나님의 아들의 말씀이라고까지 말할 수 있다. 성자께서 구약 성경의 시편에서 성령을 통해 자기 백성에게 선언하신 내용을 이제는 (사람이 되신) 자신의 입으로 말씀하시니, 즉 자기 종들의 경험, 시련, 기쁨, 고난을 통해 친히 이루신 말씀을 활용하신다. 그리스도께서 자신의 기도 때 활용할 말을 스스로 예비하셨다고 생각하면 얼마나 놀라운지 모른다.

우리 주께서는 하나님의 아들로서의 소명을 삶으로 구현하는 데 필요한 은혜를 다 지니고 이 세상으로 들어오셨다. 그러하기에, 주께서는 하나님과 쉼 없이 교제하며 살 수 있는 능력뿐만 아니라 무언가 독특한 분, 즉 신인(神人)이라는 정체성 또한 지니셨다. 그런 능력과 자각은 성자가 성부를 알게 하겠다는 하나님의 결단과 짝을 이루어 예수의 기도가 어떤 적절한 정황에서 이뤄졌는지 알 수 있게 해준다. 그리고 예수의 삶이 왜 하늘에 계신 아버지와의 쉼 없는 교제 가운데 영위되었는지 그 이유도 알게 해준다. 성령이 동행하셨기에 예수의 삶은 곧 시종일관 삼위일체의 활동이었다. 즉, 예수는 성령의 능력으로 성부와 교통하신 성자이셨다. 처음에 자신의 인성에 역사하시는 성령의 능력으로 여호와께 부르짖었던 것처럼, 그분의 마지막 말씀도 영으로써 여호와께 부르짖는 것이었다(눅 23:46, 히 9:14).

우리는 인생에서 시작을 잘 하는 게 얼마나 중요한지 주목해야 한다. 경건한 행동 패턴과 습관은 어른이 되어서 처음으로 몸에 익히는 것보다 어릴 때 개발해 나가는 것이 더 수월하다. 삶의 정황상 (예를 들어 비기독교 집안에서 자란다든가 하는), 경건한 행동 패턴과 습관을 익히는 것이 어떤 이들에게는 불가능하다. 하지만 믿는 집안에서 자라는 아이들은 가능한 한 일찍부터, 그리고 할 수 있는 한 자주, 믿음으로 기도하는 법을 배워야 한다. 성경에는 우리가 따라야 할 모범, 기도할 때 도움 받기 위해 우리가 활용할 수 있는 표현들이 있다. 하나님께서는 자신의 아들이 기도하는 법을 홀로 깨우칠 것으로 기대하지 않으신다. 따라서 그처럼 중요한 영적 훈련을 하나님께서 우리 자신에게만 맡겨 두지 않으실 것이 확실하다.

2 / 예수께서는 "아빠! 아버지"라고 기도하셨다

> 요한복음 17장 1절
>
> 아버지여 때가 이르렀사오니 아들을 영화롭게 하사
> 아들로 아버지를 영화롭게 하게 하옵소서.

나의 아버지

누가복음 2장에 기록된 예수의 첫 번째 말씀은 아버지께 대한 충성에 관한 말씀으로, 아버지의 집에서 예수께서 하시는 일에 대해 말할 때 나온 말씀이다. 마지막으로 기록된 예수의 말씀은 아버지께 대한 신뢰에 관한 말씀으로, "아버지 내 영혼을 아버지 손에 부탁하나이다"라고 부르짖으신 것이 바로 그 말씀이다. 그리고 누가는 여기에 다음과 같은 말을 추가한다. "이 말씀을 하신 후 숨지시니라"(눅 23:46).

하나님의 아들의 기도 생활에 관한 연구라면, 예수께서 하늘에 계신 아버지께 습관적으로 그리고 간절히 기도하셨다는 사실, 특히 복음서에서 볼 수 있는 그 사실에 주의를 기울여야 한다. 처음에는 이 사실이 아주 평범해 보일 수도 있다. 더 깊이 파고 들어가기 전에는 말이다.

기도 중에 하나님을 '나의 아버지'라고 언급한다는 것은 사실상 그리스도 시대에는 들어 보지 못한 일이었다. 유대인들은 기도 중에 하나님을 언급할 때 보통 '야훼', '나의 주님', '나의 하나님' 혹은 '내 열조의 하나님'이라고 했다. 그리스도께서 하나님을 나의 아버지라고 한 것은 한마디로 전례가 없는 일이었다. "그때에 예수께서 대답하여 이르시되 천지의 주재이신 아버지여 ……"(마 11:25). 신약학자 요아힘 예레미아스(Joachim Jeremias)가 말하다시피, "유대인들의 기도 문헌을 다 뒤져 봐도 하나님을 아바라고 부른 것은 유례가 없는 일이라고 아주 조심스럽게 말할 수 있다. 이 주장은 문구가 정해져 있는 의례적 기도문뿐만 아니라 탈무드 문서를 통해 많은 사례가 우리에게 전해져 온 자유로운 기도문에도 해당된다."[1]

이렇게 예수께서는 자신의 사역의 급진적 성격을 제대로 나타내는 방식으로 기도에 대변혁을 일으키셨다. 신실한 유대인이 기도 중에 하나님을 "아버지"라고 부르는 것은 전례 없는 일이었기에, 지극히 신실한 유대인이 하나님을 "아버지"라고 일컬은 것은 성경에 기록된 예수의 기도에서만 거의 독점적으로 볼 수 있다. 상황이 이렇게 진전된 데에는 아주 타당성 있는 이유가 있음이 틀림없다.

아람어 '아바'(abba, 개역개정 성경에서는 '아빠'로 옮김_옮긴이)는 아버지와 자녀 관계를 가리킨다. 그리스도 시대 전, 아람어권 아이들은 부모를 '아바'와 '이마'(imma)로 부르라고 배웠다. 그리스도 시대에는 어린 아이들뿐만 아니라 다 큰 자녀도 아버지를 '아바'라고 불렀다. 하지만 하나님을 '아바'로 언급하는 것은 유대인들에게 무례로 여겨졌을 것이다. 우리 주님께서 하나님을 그렇게 부르신 것은 새로울 뿐만 아니라 앞에서 말했다시피 하나님께 접근하는 방식 면에서 혁명적인 일이었다. 예수가 어떤 분인지 우리가 알기 망정이지 그렇지 않았다면 당시의 유대인들과 한목소리로 예수를 신성모독으로 고발할 만한 근거가 충분하다고 하겠다. "유대인들이 이로 말미암아 더욱 예수를 죽이고자 하니 이는 안식일을 범할 뿐만 아니라 하나님을 자기의 친 아버지라 하여 자기를 하나님과 동등으로 삼으심이러라"(요 5:18).

예수와 성부의 독특한, 그러므로 특별한 관계 때문에 예수께서 하나님을 그렇게 부르는 것은 지금도 매우 적절하다. 성부의 영원하신 아들로서 예수께서는 성부와 친밀한 관계를 누리셨고, 이 관계는 마태복음 11장 27절에서 들을 수 있는 기도에 명쾌히 드러난다. "내 아버지께서 모든 것을 내게 맡겨 주셨습니다. 아버지밖에는 아들을 아는 이가 없으며, 아들과 또 아들이 계시하여 주려고 하는 사람밖에는 아버지를 아는 이가 없습니다"(새번역). 성부는 성자를 알고 성자는 성부를 아는 상호적 지식에 명쾌히 드러난 친밀함을 고려할 때, 예수께서 아버지로서의 성부와 친족 관계를 맺고 그리하여 우리도 그렇게 할 수 있는 길을 닦아 놓으신 것은 적절한 일이었다.

마찬가지로, 삼위일체 각 위격 사이 영원한 관계의 독특성 때문에 그리스도께서 실질적으로 그 모든 상황에서, 심지어 가장 긴박한 상황에서도 하나님을 아버지라고 부르셨다는 사실을 생각해 보라. "내 아버지여 만일 할 만하시거든 이 잔을 내게서 지나가게 하옵소서 그러나 나의 원대로 마시옵고 아버지의 원대로 하옵소서"(마

26:39). 성육신하신 그리스도의 입에서 나온 이 대담한 요청은 영원 전부터 성부와 맺은 그 무한히 친밀한 관계에서 동력을 얻은 요청이었다. 동시에 육체를 입은 성자의 도래는 하나님과 관계를 맺는 새로운 길을 마련했다. 기도가 성부 하나님과 그 백성 사이의 심히 친밀한 대화가 된 것은 우리를 그런 위치로 데려다준 그리스도의 위격과 사역 덕분이다.

양자의 영

하나님의 아들로서 성부와 맺는 독특한 관계 말고도 예수께서는 내주하시는 성령의 강력한 임재를 통해서도 아버지께 부르짖으셨다. 우리는 이 영이 아버지의 영으로 불릴 뿐만 아니라(마 10:20) 아들의 영으로도 불리는 것을 볼 수 있다(갈 4:6). 영은 성삼위의 유대(紐帶)를 제공하며, 이와 더불어 성부와 성자 간 사랑의 연합도 제공한다.

그러므로 신인으로서 지상 사역을 하실 때 메시아께서 자신을 탁월한 영의 사람으로 나타내신 것은 우리에게 그다지 놀라운 일이 아닐 것이다. 게다가 이사야도 그리스도의 탄생 수백 년 전에 이 점을 예언했다.

> 그의 위에 여호와의 영
> 곧 지혜와 총명의 영이요
> 모략과 재능의 영이요
> 지식과 여호와를 경외하는 영이 강림하시리니(사 11:2).

> 내가 붙드는 나의 종,
>
> 내 마음에 기뻐하는 자 곧 내가 택한 사람을 보라
>
> 내가 나의 영을 그에게 주었은즉
>
> 그가 이방에 정의를 베풀리라(사 42:1).

> 주 여호와의 영이 내게 내리셨으니
>
> 이는 여호와께서 내게 기름을 부으사
>
> 가난한 자에게 아름다운 소식을 전하게 하려 하심이라(사 61:1).

성령께서는 지상과 천상에서 (지금은 더욱더) 그리스도와 떨어질 수 없는 동행 관계를 맺으셨다. 성령이 그리스도의 마음에 부어지자 그리스도께서는 자연스럽게, 자주, 그리고 기쁘게 하나님을 "아빠 아버지"(롬 8:15)라고 부르실 수 있었다. 성령께서는 그리스도가 하나님의 아들이심을 그리스도의 영에 증언하셨다(롬 8:16 참조). 성령께서는 우리가 하나님의 자녀임을 우리에게 증언하신다. 하지만 이것이 참임은 바로 성령께서 그리스도, 곧 하나님의 아들로서 자신이 누리셨던 기쁨에 우리로 하여금 참여할 수 있게 하시는 분의 손에서 오기 때문이다.

성부와의 관계의 친밀함을 고려할 때, 만약 성부를 아버지라 부를 수 없었을 경우 그리스도께서는 더할 수 없이 깊은 고통과 좌절, 비참함을 겪으셨을 것이다. 성부를 아버지라 부를 수 없다는 것은 하나님이 그리스도의 '아버지 되심'을 본질적으로 부인당하는 셈이었을 것이다. 하지만 다른 어느 누구도 자신의 존재를 성부의 독생자로 주장할 수 없기에, 그리스도께서는 메시아로서 그분의 소명을 깨달은 사람들에게 하나님을 이런 방식으로 계시하는 독특한 기쁨과 특권을 소유하셨다.

찰스 스펄전은 이렇게 말한다. "여인에게서 난 사람치고 기도 없이 살 수 있었던 사람이 있다면 주 예수 그리스도가 바로 그런 사람이었음이 분명하다."[2] 아니, 오히려 우리는 정반대로 주장해야 하지 않을까? 우리는 아직 남아 있는 죄를 지니고 있는 존재이기에 기도할 필요가 있는 반면, 그리스도께서 기도할 필요가 있었음은 성부와의 본래 관계 때문이다. 마찬가지로, 성령의 강력한 내주(內住)도 하나님과의 교제를 위한 끊임없는 부르짖음을 그리스도 안에 유발시켰다.

아담이 하나님의 아들로서 행복을 누린 것은 자신이 아들로서 아버지에게서 완벽한 선물을 받았음을 알고 있었던 까닭이다. 아담과 하나님의 관계는 그저 사랑의 관계가 아니라 자기 아들을 향한 성부의 사랑의 관계이기도 했다. 성부께서는 이 목적을 위해 아담에게 성령을 주셨다. 마지막 아담 예수 그리스도에게 그렇게 하셨던 것처럼 말이다. 이 예수 그리스도를 위해 하나님께서는 자애로운 아버지로서 그리스도와 복된 관계를 맺고 있음을 확증하셨다. 우리는 그리스도를 통해, 성령의 사역을 바탕으로 이 '확증' 상태로 들어가며, 성령께서 우리가 하나님과 맺는 관계를 확실히, 그리고 영원히 인(印)쳐 주신다(엡 1:13-14).

성자와의 연합

예수께서는 제자들에게 "하늘에 계신 우리 아버지여 ……"(마 6:9)라고 기도하라고 가르치셨다. 우리가 믿음으로 연합하는 하나님의 아들께서 하나님을 이 특별한 호칭으로 부를 수 있게 하신다. 그리스도가 본디부터 하나님의 영원한 아들 되심은 신자의 입양을 위한 토대를 제공하며, 신자는 하나님의 가족의 일원으로서 하나님을 아버지라 부른다(엡 1:5, 2:19). 하나님께 입양된 자녀들로서 우리는 사탄의 가정이 아니라 하나님의 가정에 속한다. 기도할 때 우리가 하나님을 대하는 자세는 하나님의 자녀로 하나님 앞에 서는 우리의 신분에서 생겨 나온다.

눈에 띄는 점은, 요한복음 20장 17절에서 주님께서 하나님의 자녀로서의 우리 신분을 주님 자신의 자녀 신분과 결합시킨다는 점이다. 주님께서는 마리아에게 이렇게 말씀하신다. "나를 붙들지 말라 내가 아직 아버지께로 올라가지 아니하였노라 너는 내 형제들에게 가서 이르되 내가 내 아버지 곧 너희 아버지, 내 하나님 곧 너희 하나님께로 올라간다 하라."

우리의 구원에는 많은 유익이 있는데, 그중 하나는 하나님께서 "그 아들의 영을 우리 마음 가운데 보내사 아빠 아버지라 부르게"(갈 4:6) 하신다는 것이다. 그리스도께서 성령의 능력으로 "아빠 아버지"(막 14:36)라고 부르짖으신 것처럼, 우리도 그렇게 해야 하고 또한 그렇게 할 것이다. 그리스도와의 연합 가운데 성령의 능력으로 믿음으로써 이렇게 부를 수 있는 특권은 결코 종식되지 않을 것이다. 다가올 세상에서도, 많은 이가 기도라고 느슨하게 일컫는 '하나님과의 친숙한 대화'는 영원히 계속될 것이다. 천국에서 우리 아버지, 구주와 함께 거하게 된다고 해서 우리가 하나님의 자녀로서 하나님과 맺는 관계가 결코 달라지지는 않는다. 이 사실을 염두에 두고 그리스도께서는 천상의 신인(神人)으로서 성부를 아버지라 부르며 계속 교제하는 기쁨을 영원히 유지하신다. 이 땅에 계실 때 믿음으로써 바로 그렇게 아름답게 나타내 보여 주신 것처럼 말이다.

3 / 예수께서는 은밀히 기도하셨다

누가복음 5장 16절
예수는 물러가사 한적한 곳에서 기도하시니라.

의도적인 개인 기도 시간

아버지를 향한 풍성한 사랑으로 예수께서는 그런 친밀한 접근 태도에서 비롯되는 기쁜 교제의 상급을 위해 은밀히 아버지를 찾으셨다. 무엇보다 우리 주님께서는 "너는 기도할 때에 네 골방에 들어가 문을 닫고 은밀한 중에 계신 네 아버지께 기도하라 은밀한 중에 보시는 네 아버지께서 갚으시리라"(마 6:6)고 말씀하신다. 성부께서는 자신이 존재한다는 것을 믿고 구하는 자에게 상 주시는 분이기에(히 11:6), 예수께서는 이 사실을 진지하게 받아들이셨다.

공관복음의 수많은 언급이 그리스도의 기도를 강조한다. 예를 들어 마태복음 14장 23절, 마가복음 1장 35절, 6장 46절, 14장 36절, 누가복음 3장 21절, 5장 16절, 6장 12절, 9장 18절, 28절 이하가 그렇다. 예수는 새로운 다니엘을 나타내며, "자기 집에 돌아가서는 ……

전에 하던 대로 하루 세 번씩 무릎을 꿇고 기도하며 그의 하나님께 감사[한]"(단 6:10) 첫 번째 다니엘은 그리스도를 가리켰다. 이때 다니엘은 위기 중에 있었지만, 여호와 앞에 나아가는 개인 경건의 일상적 양식(樣式)과 단절되지 않고 그 양식을 따라 기도했다. 예상할 수 있다시피, 우리 구주께서는 이 구약 시대 선지자의 감사 기도를 훨씬 탁월한 풍성함으로 보여 주셨다. 실로 우리 구주께서는 우리가 성경에서 만나는 그 어떤 성도에 비해서도 질적으로나 양적으로 훨씬 풍성하고 많은 교제의 광경을 필연적으로 보여 주셨다.

이른 아침에

유대인들은 기도로 하루를 시작했으며, 기도는 살아 계신 참 하나님을 의지하고 믿는 신실한 신자들의 그날 하루 첫 번째 업무였다. 오늘날 많은 그리스도인의 경우 아침에 일어나 가장 먼저 하는 일은 스마트폰 확인일 가능성이 높다. 우리는 하나님과의 교제보다 다른 사람과의 '소통'을 당연히 더 좋아하며, 그 다른 사람 중에는 우리가 잘 알지도 못하는 이(예를 들어 페이스북 친구 같은)도 있다.

신실한 유대인으로서 예수께서는 "새벽 아직도 밝기 전에" 일어나 "한적한 곳으로" 가서 기도하셨다(막 1:35). 예수께서는 가버나움을 떠나 홀로 기도하러 가셨다. 여기서 어쩌면 마가는 예수의 이 행위를 이스라엘이 광야에 머문 것에 비유하는 것일 수도 있다. 이스라엘은 광야에서 하나님과 교제를 나누었을 것이다. 흥미롭게도 마가복음에서 예수의 기도는 늘 혼자서 하는 기도이며(1:35, 6:46, 14:32-39), 명시적으로든 암묵적으로든 예수의 사역을 적대하는 사람들과 관계

되어 있다. 어떤 행동, 예를 들어 긍휼을 베푸는 행동을 한 직후 예수께서는 기도를 하시며, 이는 예수께서 절대 어떤 일을 순전히 자기 힘으로만 하지 않으셨음을 암시한다. 예수께서는 언제나 성부의 뜻을 행하시면서 성부에게 전적으로 의지하는 태도로 성부를 추구하고자 하셨으며, 이를 증명하는 것이 바로 예수의 기도였다. 예수께서는 성부의 인도를 받고자 하셨고 자신이 정말 성부의 뜻을 행하고 있음을 확인받고자 하셨으며, 바로 이 점이 예수의 엄격하고 지속적인 기도 생활을 일부 설명해 준다.

신약 성경을 보면 예수께서 세상에서 물러나 은둔하는 은자로 살지도 않으셨고 광적으로 이 사람 저 사람 사귀고 돌아다니는 이로 살지도 않으셨음을 분명히 알 수 있다. 예수께서는 자기 자신을 아주 명백히 공개적인 인물인 동시에 막후에서는 혼자 조용히 있는 인물로 나타내셨다. 흔히 그렇듯, 대중 앞에서의 성실함 여부는 혼자 있을 때의 성실함 여부와 정비례한다. 예수께서는 이런 성향들이 병행한다는 것을 알고 계셨다. 혼자 있을 때 언약의 하나님께 성실하지 않은 사람이 공개적인 섬김의 현장에서 끝까지 좋은 경주를 펼치는 경우는 거의 없다.

복음주의 지도자들의 도덕적 실패 사례를 보면, 공개적으로 드러난 실패는 진공 상태에서 빚어지는 게 아니라 닫힌 문 뒤에서 비롯되는 경우가 많다. 공개적인 큰 실패 그 이면에는 늘 은밀한 곳에서의 난잡한 삶이 있다. 우리 구주는 그렇지 않으셨다. 하나님 앞에서 그분의 공개 사역은 혼자 있는 시간, 하나님과의 개인적 교제에 긴밀히 의존했다. 공개 사역 없는 개인적 교제나 개인적 교제 없는 공개 사역은 치명적 결과를 낳는 것으로 입증될 것이다.

많은 경우, 그리스도께서 한적한 곳으로 물러나 기도하심은 성부와의 교제를 위해서였을 뿐만 아니라 제자들이 그리스도의 사역에 관한 이해가 부족했기 때문에 그렇게 하신 것이기도 했다. 그리스도께서는 그 자신이 하나님의 뜻을 이해하기 위해 기도할 필요가 있었을 뿐만 아니라 하나님의 목적상 제자들이 마침내 중차대한 역할을 이행하게 될 터이기에 이들 또한 하나님의 뜻을 알아야 했으므로 이를 위해서도 기도하셔야 했다. "아버지의 뜻이 이루어지이다"는 그리스도 자신만을 위한 배타적 요청이 아니라 다른 이들도 그리스도와 더불어 하나님의 뜻을 이루는 일에 참여하게 해달라는 기도였다.

위기가 닥치면 우리는 세상의 다른 어떤 일보다도 대개 기도를 하게 된다. 위기는 우리 개인의 연약함과 한계를 인정하고 하나님의 헤아릴 수 없는 권능과 예비하심에 의존할 수 있게 하려고 하나님께서 주시는 선물로 다가온다. 어떤 의미에서 이는 그리스도께도 마찬가지였다. 그리스도께서는 대적들뿐만 아니라 친구들과도 관계된 여러 가지 참담한 일에 직면하셨다. 그리하여 마침내 그리스도께서는 이 모든 시련이 궁극적으로 주권적 주님에게서 온다는 사실을 알게 되셨다. 예수께서는 성부께서 정해 놓은 길을 신실하게 걸어가야 했다는 의미에서 '연약'했고, 이 길의 끝은 예수께서 연약함으로 십자가에 달리는 것이었다(고후 13:4). 달리 말해, 우리가 상황에 대한 지배권을 포기하고 그것을 하나님께 넘겨드릴 때 우리 자신도 '연약하다.' 물론 그리스도와 마찬가지로 그 순간이야말로 우리가 참으로 강해지는 순간이다! 크든 작든 위기가 닥칠 때 하나님을 찬양하라.

위기는 우리를 하나님께로 인도해 주고 우리의 연약함을 드러내 보여 준다.

그리스도 홀로

누가는 그리스도께서 기도하신 사례, 대개 홀로 기도하신 몇 가지 사례도 기록한다.

- 백성이 다 세례를 받을새 예수도 세례를 받으시고 기도하실 때 하늘이 열리며(눅 3:21).
- 날이 밝으매 예수께서 나오사 한적한 곳에 가시니 ……(눅 4:42).
- 예수는 물러가사 한적한 곳에서 기도하시니라(눅 5:16).
- 이때에 예수께서 기도하시러 산으로 가사 밤이 새도록 하나님께 기도하시고(눅 6:12).
- 예수께서 따로 기도하실 때에 제자들이 주와 함께 있더니 물어 이르시되 무리가 나를 누구라고 하느냐(눅 9:18).
- 이 말씀을 하신 후 팔 일쯤 되어 예수께서 베드로와 요한과 야고보를 데리고 기도하시러 산에 올라가사(눅 9:28).

마태도 동일한 기록을 남긴다.

- 무리를 보내신 후에 기도하러 따로 산에 올라가시니라 저물매 거기 혼자 계시더니(마 14:23).
- 이에 예수께서 제자들과 함께 겟세마네라 하는 곳에 이르러 제

자들에게 이르시되 내가 저기 가서 기도할 동안에 너희는 여기 앉아 있으라 하시고(마 26:36).

그리스도의 기도를 언급하는 모든 구절이 다 홀로 하신 기도를 가리키지는 않는다. 그럼에도 복음서 기자들은 그리스도께서 의도적으로 한적한 곳으로 물러나 하늘에 계신 아버지와 함께하는 시간을 가지셨다고 자주 언급한다. 이런 기록이 존재하는 것은 단순히 우리가 주목하여 보도록 하기 위해서가 아니라 우리도 그런 습관을 지키도록 하기 위해서임이 분명하다. 그리스도께서 우리를 대신해, 그리고 우리에게 모범이 되려고 본보여 주신 것처럼, 경건한 삶에는 공개적 예배와 개인적 교제 둘 다 필요하다고 말할 수 있다.

준비로서의 기도

누가복음에서 한 가지 특별히 눈에 띄는 것은 예수께서 밤새도록 기도하셨다고 하는 언급이다. "이때에 예수께서 기도하시러 산으로 가사 밤이 새도록 하나님께 기도하시고"(눅 6:12). 오늘날 하나님 앞에 기도할 때 적어도 몇 분 이상은 해보려고 애쓰는 그리스도인이 과연 얼마나 되는지를 생각하면, 밤새도록 기도하셨다는 이 언급은 우리를 당혹스럽게 한다. 그러나 당혹스러운 상태에 머물러 있을 필요는 없다. 무엇보다도 감탄스러운 점은 그리스도께서 하나님 나라와 우리의 필요를 늘 자신의 필요보다 앞세우셨다는 점이다. 그것이 곧 기도하시느라 수많은 밤을 잠 못 이룬다는 의미일지라도 말이다. 그러므로 우리도 그리스도와 이웃에게 헌신하고자 하는 마음에서 그분과 똑같이 해보자고, 기도하는 마음으로 결단하자.

산은 사람들에게서 물러나 혼자 있을 수 있는 장소였을 뿐만 아니라 유대 문헌에 나타난 것처럼(예를 들어 출 19장) 신현(神顯)과 거룩한 계시가 일어나는 곳이기도 했다. 그리스도께서 열두 사도를 택하여 정하심은 이스라엘에 새로운 지도자를 세운 것인 한편 당대의 (눈먼) 신앙 지도자들을 질책하는 것이기도 했음이 분명한데, 열두 사도 선택은 그리스도 혼자 하신 것이 아니라 성부의 뜻에 맞춰서 하신 일이었다. 예수께서는 이 열두 사도와 친밀한 교제를 펼쳐 나가실 터였지만, 그럼에도 이들 중 한 사람이 자신을 배신해 죽음에 이르게 하리라는 것을 알고 계셨다. 예수께서 자기 백성을 위해 이 의미 있고 중요한 선택을 하기 위해서는 온 마음을 모은 뜨거운 기도가 요구되었고, 그 기도를 통해 예수께서는 성부의 뜻을 알아차리셨고 그와 동시에 유다의 손에서 벌어질 배신행위에 대비하셨다.

나중에 예수께서는 기도를 통해 선택하신 제자들에게 자신이 '누구'인지에 관해 질문하셨다(눅 9:18, 20). 이때 예수께서는 메시아라는 자신의 정체를 제자들이 알아보기를 기도하셨을까? 그렇다면 예수는 자신을 "하나님의 그리스도"(20절)라고 고백한 베드로의 말로 기도 응답을 받으셨다. 예수께서는 그런 답변을 듣고 우쭐해하시기는커녕 하나님의 메시아에게 닥칠 참화를 떠올리셨을 것이다. 그래서 베드로의 고백 직후 그리스도께서는 제자들을 이렇게 일깨우셨다. "인자가 많은 고난을 받고 장로들과 대제사장들과 서기관들에게 버린 바 되어 죽임을 당하고 제 삼 일에 살아나야 하리라"(22절). 정복자 메시아를 바라는 백성들의 소원과 반대로, 예수께서는 승리의 길이 필연적으로 굴욕의 골짜기를 통과한다는 사실을 알고 계셨다. 기도로 예수께서는 이에 대해 마음의 준비를 하셨다.

상 주시다

마태복음 6장 6절에서 예수께서는 은밀히 기도하면 아버지께서 갚아 주실 것이라고 제자들에게 약속하신다. 마태복음 6장 한 장에서 '상'(reward)이라는 말이 일곱 번 나오는데(개역개정 성경에서는 "갚는다"고 번역된 것까지 합쳐서 일곱 번_옮긴이), 이는 은밀한 기도에 대한 화답으로 우리 아버지께서 주시는 복을 가리키는 것이 틀림없다.

우리가 얻지 못함은 구하지 않기 때문이며(약 4:2), 이는 우리 믿음의 부족함을 드러낸다(마 21:22). 그리스도께서 구하셨음은 그만큼 강한 믿음을 갖고 계셨기 때문이다. 이어서 그리스도께서는 믿음으로 우리를 하나님 가까이로 데려가고자 하신다. 하나님이 계신 것과 또한 하나님은 자기를 찾는 이들에게 상 주시는 분임을 믿으면서 말이다(히 11:6). 요한복음에 나온 것처럼 예수께서는 하나님이 계심을 믿었고, 하나님께 가까이 나아갔으며, 하나님께서 주실 상을 위해 기도하셨다. "아버지여 창세전에 내가 아버지와 함께 가졌던 영화로써 지금도 아버지와 함께 나를 영화롭게 하옵소서"(요 17:5). 우리도 이와 같이 해야 한다. 성경적으로 하는 한 말이다.

은밀한 기도에 관한 한 우리는 힘들게 몸부림친다. 조나단 에드워즈(Jonathan Edwards, 1703-1758)는 "외식하는 자는 기도의 의무를 다하지 못한다"(Hypocrites Deficient in the Duty of Prayer)는 설교문을 썼는데, 이 설교는 어떤 면에서 에드워즈의 유명한 설교 "진노하신 하나님의 손에 붙들린 죄인들"(Sinners in the Hands of an Angry God)보다도 더 많은 가책을 불러일으킨다. 통상적으로, 거짓 회심자란 개인 기도에 부족함이 있는 사람들이다. 하지만 가장 경건한 성도도 질적으로 탁월한 개인 기도를 하길 매우 힘들어 한다. 이 점을 염두에 두고, 세상에서 가장 경건한 사람 우리 주 예수 그리스도, 곧 은밀한 기도의 사람이었던 그분에게 도움을 청하도록 하자.

어떤 이들은 공예배라는 중요한 의무를 희생시키면서까지 그리스도인의 '개인 경건 시간'(quiet time) 개념을 강조한다. 또 어떤 이들은 공동 예배를 지극히 우선시하는 나머지 개인 기도의 역할을 경시한다. 하지만 이 문제는 이것 아니면 저것이 아니라 둘 다 중요한 문제라는 관점에서 봐야 한다. 우리의 성삼위 하나님은 공동 예배 때 영광스러운 방식으로 우리와 만나 주시는 분이며, 또한 우리의 일상생활 속 어느 때든, 특히 개인 기도를 통해서 우리와 교제하기를 여전히 기뻐하신다. 예수께서는 회당과 성전에서 시간을 보내셨을 뿐만 아니라 개인적으로 하나님과 교제하는 시간도 가지셨다. 전자는 당연히 후자로 이어져야 한다. 개인 예배와 공예배는 서로를 돕는 친구다.

4 / 예수께서는 주기도문으로 기도하셨다

>마태복음 6장 9-13절
>하늘에 계신 우리 아버지여
>이름이 거룩히 여김을 받으시오며
>나라가 임하시오며
>뜻이 하늘에서 이루어진 것같이 땅에서도 이루어지이다
>오늘 우리에게 일용할 양식을 주시옵고
>우리가 우리에게 죄 지은 자를 사하여 준 것같이 우리 죄를 사하여 주시옵고
>우리를 시험에 들게 하지 마시옵고 다만 악에서 구하시옵소서.

주기도문

복음서를 보면 제자들은 주님에게 설교에 관한 가르침을 요청한 적이 한 번도 없으며, 다만 기도하는 법을 가르쳐 달라고 주님께 청한다. 하지만 제자들이 기도에 관해 아무것도 몰랐다고 생각해서는 안 된다. 사실 정해진 기도 형식은 성경 시대의 공식적인 신앙 집단, 이를테면 세례 요한과 그의 제자들 같은 집단을 확인하는 수단이 되었다(눅 11:1). 그래서 제자들이 예수께 '기도하는 법'을 물었다는 것은 자신들을 다른 이들과 구별될 수 있게 하는 특정한 기도 형식을 요청한 것으로 볼 수도 있다. 이에 예수께서는 신학의 전 체계를 구체적으로 반영할 뿐만 아니라 구약에 예언된 선지자로서 자신이 베푸는 기본적 가르침을 제공하는(신 18:18) 한 기도문을 제시하신다.

교회의 삶에서 주기도문의 중요성은 아무리 말해도 지나치지 않

다. 주후 5세기까지 많은 기독교회가 이 기도문을 예전(禮典)에 포함시켰으며, 대체로 성찬식 직전 순서에 넣었다. 1세기 말 문서 「디다케」(*Didache*, "열두 사도의 가르침"[The Teaching of the Twelve Apostles])에서 우리는 주기도문이 한 마디 한 마디 인용된 것을 볼 수 있다. 「디다케」는 이 기도문으로 하루에 세 번 기도하라고 그리스도인들에게 권면한다. 이 기도문은 원래 이교도가 아니라 교회의 전 구성원을 위한 것이었다. 숨 막힐 듯 놀라운 이 기도는 경건한 사람의 입술에서 흘러나와야 했고, 기도문에 있는 실제 낱말만이 아니라 그 말이 의도하는 더 큰 의미와 더불어 입에서 나와야 했다. 그리하여 기도문에서 명시적으로 볼 수 없는 다른 말의 여지도 허락해야 했다.[1]

우리는 주기도문에 관해 좀 단순하면서도 심오한 질문 하나를 할 수 있다. 이 기도를 가르치셨을 때 예수께서는 그 정황에서 실제로 이 기도문으로 기도를 하신 것일까? 이 문제를 면밀히 숙고해 보지도 않은 채 예수의 말씀은 순전히 교훈적인(오로지 가르치려는 목적만을 위한) 말씀이었다고 생각하는 이들이 많다. 하지만 그리스도께서 여기서 가르침과 송영을 그렇게 나누셨을 것 같지는 않다. 이 기도문을 가르치실 때 그리스도께서는 필시 교훈의 말뿐만 아니라 기도의 예를 들어 보임으로써도 가르치셨을 것이다. 달리 말해, 그리스도께서는 하늘에 계신 아버지께 기도를 드리시면서, 그와 동시에 제자들에게 기도를 가르치시기도 했다.

하늘에 계신 아버지

간구를 하기 전, "하늘에 계신 우리 아버지"라는 인사말을 놓쳐서는 안 된다. 이는 기도할 때 그리스도인들이 아무 생각 없이 급히 지나쳐 버릴 수 있는 부분이다. "하늘에 계신"은 하나님의 초월성을 생각하게 만드는 말이다. 그리고 "아버지"는 하나님의 내재성을 우리에게 확신시킨다. 역사를 돌아보면 기독교만이 균형을 주장한다. 하나님은 구별되어 계시되 멀리 계시지 않고, 우리로서는 다 이해할 수 없되 우리가 다가갈 수 있는 분이다. 이 인사말은 경건하고 공손하게 기도에 접근하는 태도의 최고 모범을 우리 앞에 제시한다. 하나님은 하늘에 있는 우리의 친구, 돈 많고 손 큰 아저씨가 아니다. 또한 하나님은 친근하게 다가가 속내를 털어놓을 수 없는 변덕스럽고 숙명론적인 전제 군주도 아니다. 하나님은 하늘에 계신 우리의 아버지로, 모든 면에서 우리 위에, 우리를 초월해 계시되 놀라울 만큼 가까이 계시기도 하다. 예수께서는 공손한 동시에 친근한 태도로 아버지께 다가가셨다. 그러므로 우리도 그렇게 해야 한다. 실제로 하나님을 향한 우리의 경건은 하나님이 우리가 다가갈 수 있는 분이요, 우리 가까이 계신 분이라는 사실에서 생겨 나온다.

첫 번째 간구: "이름이 거룩히 여김을 받으시오며"

첫 번째 간구는 하나님의 이름에 영광을 돌릴 때 이 이름이 찬미받고 존귀히 여김을 받으시기를 바라는 그리스도의 열망을 표현한다. 이 간구는 본질적으로 아버지의 이름이 거룩하게 되고 거룩한 이름으로 구별되기를 간절히 바라는 간구로서, 그 이름은 실로 그러하다. 하나님의 이름이 거룩히 여김을 받기를 바라는 사람은 자기 자신을 위해서도 거룩함을 원한다. 예수께서는 지상에서의 생애 내내 생각과 말과 행동으로 이 두 가지를 다 추구하셨다. 예를 들어 요한복음 7장 18절에서 예수께서는 자신의 권위뿐만 아니라 아버지의 권위로도 말씀하신다고 단언한다. 이런 식으로 예수께서는 자신의 영광이 아니라 아버지의 영광을 구하신다. 그래서 생애 마지막에 대제사장으로서 아버지께 드리는 기도에서(요 17장) 그리스도께서는 자신이 아버지께 그토록 풍성히 존귀함을 돌린 것에 주목하게 한다. "아버지께서 내게 하라고 주신 일을 내가 이루어 아버지를 이 세상에서 영화롭게 하였사오니"(4절).

우리 주께서 하나님의 이름에 완벽히 영광을 돌리사 우리도 주님을 통해 똑같이 할 수 있도록 길을 닦으셨다는 것이 얼마나 중요한지를 놓쳐서는 안 된다. 그리스도께서 아버지 앞에서 이런 말씀을 하시고 이 간구와 일치하는 삶을 사셨다는 사실을 제쳐 놓으면 우리는 하나님께 영광을 돌릴 수 있는 소망이 없을 것이다. 하나님께 영광을 돌리는 것이 첫째이자 가장 중요한 계명인데 말이다. 진심으로 하나님의 이름이 존귀히 여김을 받기를 바랄 때, 이는 곧 우리 삶이 거룩하기를 바라는 갈망을 표현하는 것이다. 어떤 의미에서 "이름이 거룩히 여김을 받으시오며"라는 기도는 곧 "우리를 하나님께로 구별하시어 하나님의 이름이 거룩히 구별되게 하소서"라고 기도하는 것이다.

시편 8편 1절 말씀은 궁극적으로 그리스도께서 사용하시려고 그리스도에게서 나온 말씀이며, 그렇게 해서 그리스도께서는 아버지의 이름을 거룩하게 하는 특권을 갖고자 하셨다.

여호와 우리 주여

주의 이름이 온 땅에 어찌 그리 아름다운지요

주의 영광이 하늘을 덮었나이다.

두 번째 간구: "나라가 임하시오며"

예수께서 오심은 "마귀의 일을 멸하[기]" 위해서였다(요일 3:8). 수많은 예고편(예를 들어 그리스도께서 시험받으신 일)이 그리스도께서 갈보리에서 사탄을 정복하실 최종편을 예고했다. 그리고 십자가에서 하나님의 아들은 사망의 권세를 쥐고 있는 뱀(히 2:14)의 머리를 짓뭉개셨다(창 3:15). '승리자 그리스도'께서 의기양양하게 다시 살아나 죽음을 삼키셨다! 이로써 유대인과 이방인이 하나님의 나라로 인도되며 그리스도와 함께 이 승리에 참여할 수 있는 길이 마련되었다. 이는 참으로 우주적 정복 사건으로, 인간 중 가장 위대한 자가 이루는 승리를 무한히 초월하는 승리이며 이런 일은 전에도 없었고 앞으로도 없을 것이다.

하나님 나라의 진전을 위해 기도하셨을 때 그리스도께서는 이미 이 나라를 진전시켜 오고 계셨으며, 어떤 면에서 제자들은 이를 거의 알아차리지 못했다(막 1:15). 오직 그리스도만이 하나님 나라가 이 땅에 진전되는 데 요구되는 것이 무엇인지 알고 계셨다. 그것은 바로 그리스도의 죽음이었다. 왕으로서 그리스도께서 이루시는 정복은 진압의 방식이 아니라 고난이라는 방식으로 임했다. 부당하게 폭력적이고 지극히 수치스럽고 끔찍하게 고독한 죽음의 현실을 끊임없이 마주하신 만큼 그리스도의 삶은 시종일관 겟세마네였다.

그리스도께서 이 땅에 하나님의 다스림을 확장시키는 일을 교회에 맡기사 자신의 제자들과 선지자, 사역자, 장로, 집사, 그리고 그 외 사람들을 통해 이뤄지게 하시기에, 나라가 임하기를 바라는 그리스도의 이 간구는 지금도 현재진행형 효력을 갖고 있음이 분명하다.

> 그[예수]가 위로 올라가실 때에 사로잡혔던 자들을 사로잡으시고
> 사람들에게 선물을 주셨다(엡 4:8).

존 스토트가 말하는 것처럼, "그리스도께서는 정복자로서 성부의 오른편으로 올라가셨고, 포로들을 실은 열차에는 그분께서 물리치시고 권좌에서 내려오게 하시고 무장해제시킨 정사와 권세들이 타고 있다."[2]

그리스도의 승리는 확실했지만, 그분의 기도에는 계속되는 하나님 나라의 역사가 그 역사를 이루실 수 있는 오직 한 분을 철저히 의지하는 가운데 교회에 의해 완성되기를 바란다는 의미가 담겨 있었다. 이 간구가 없다면 구원도 없을 뿐만 아니라 교회에도 이 기도가 아무 의미가 없다. 그리스도 자신의 입에서 나오는 이 간구가 있기에 우리는 우리의 수고가 헛되지 않으리라 확신할 수 있다(고전 15:58). 그리스도 안에서 승리는 우리의 것이니 말이다.

세 번째 간구: "뜻이 …… 이루어지이다"

"나라가 임하시오며"에 뒤이어 나오는 간구는 다름 아닌 그리스도의 영적 DNA의 조직을 구성한다. 성자께서 하늘을 떠나셨을 때 이

는 자기 뜻을 행하려는 목적에서가 아니라 아버지의 뜻을 행하기 위해서였다(요 6:38). 그리스도께서는 자신의 특권을 포기하시고 성령께 전적으로 의존하여 방향을 지도받으며 하나님께 순종하셨다. 그래서 그리스도께서는 이렇게 말씀하신다. "내가 아무것도 스스로 할 수 없노라 듣는 대로 심판하노니 나는 나의 뜻대로 하려 하지 않고 나를 보내신 이의 뜻대로 하려 하므로 내 심판은 의로우니라"(요 5:30. 4:34도 보라).

우리 주께서는 선택받은 자의 구원과 관련해 아버지와 맺은 언약 덕분에 일반적으로 율법(구약 율법의 의례와 도덕의 측면 모두)을 지킴으로써 하나님의 뜻을 성취하셨다. 그와 동시에 그리스도께서는 선지자와 제사장과 왕으로서의 자신의 직분과 관계된 '특정한' 법을 지킴으로써 율법을 완성하셨다. 물론 겟세마네에서 우리는 하나님의 '진노의 잔'이라는 쓰고 괴로운 잔을 마시는 문제와 관련된 아버지의 구체적 뜻과 씨름하시는 그리스도에게 주목한다. 그리스도께서는 이 잔을 치워 주시기를 세 번 요청했으나 그때마다 자신의 뜻이 아니라 하나님의 뜻이 이뤄져야 함을 거리낌 없이 시인하셨다(마 26:42, 44).

하늘의 천사들은 하나님의 뜻을 완벽히 행한다는 게 어떤 것인지 알고 있다. 하지만 성자께서 그 뜻을 준수한다는 것의 의미와 중요성, 그리고 그 뜻을 준수하기 위해 성자께서 어떤 조건을 감내하셨는지는 천사들도 다 모른다. 천사들은 아버지의 사랑 안에 거하기 위해(요 15:10) 하나님의 아들께서 당한 고난에 놀라워하며 예배할 수 있을 뿐이다. 예수께서는 만사에서, 때로는 무시무시한 상황에서도 아버지의 뜻을 행하셨을 뿐만 아니라 기쁘게, 쉬지 않고, 열심히, 그리고 완전히 그 뜻을 성취하셨다. 진심으로부터, 믿음으로써, 하나님의 영광을 위해!

하나님의 뜻이 하늘에서 이뤄진 것처럼 이 땅에서 이뤄진 완벽한 예가 있다면, 예수가 바로 그 예다.

네 번째 간구: "오늘 우리에게 일용할 양식을 주시옵고"

예수께서는 훗날 바울이 신자들에게 권면하는 것처럼(살전 5:18), 어떤 상황에서든 감사하셨다. 이 점이 더욱 놀라운 이유는 예수께서 만물을 붙드시고, 만물을 소유하시며, 만물을 자신이 만들었을 뿐만 아니라 자신을 위해 만들었음을 알고 계셨다는 사실 때문이다(골 1:16). 언제 어떤 상황에서든 아버지의 뜻을 행하기가 그리스도에게 감사의 이유가 되었음은, 자신이 무엇을 받았든 다 아버지의 손에서 왔음을 알고 아버지를 의지할 수 있었기 때문이다.

주기도문의 공동체적 성격은 잘 알려져 있으며, 그냥 한 번 읽어보기만 해도 이를 알 수 있다. 요한복음 6장에서 예수께서는 자신이 행한 기적을 통해 오천 명을 먹이신다. 그렇지만 기적적으로 수천 명을 먹이심에도 우리 주께서는 먼저 감사를 하고 나서야 자신도 먹고 다른 사람들도 먹게 하셨다(11, 23절. 마 15:36, 눅 9:16도 보라). 빵 한 덩이나 생선 한 마리를 먹으면서 그리스도만큼 진심으로 크게 감사한 이가 있었는가?

그런데 요한복음 6장의 성례전적 정황을 배제할 수 없기는 해도, 우리 주님에게 더 의미 있는 것은 훗날 사역 때 이른바 '주의 만찬' 자리에서 감사를 표하셨다는 점일 것이다. 누가는 우리에게 이렇게 알려 준다. "이에 잔을 받으사 감사 기도 하시고 이르시되 이것을 갖다가 너희끼리 나누라"(눅 22:17). 그리고 포도 열매(즉, 포도주) 맛을 보신 후 예수께서는 "또 떡을 가져 감사 기도 하시고 떼어 그들에게 주시며 이르시되 이것은 너희를 위하여 주는 내 몸이라 너희가 이를 행하여 나를 기념하라" 하셨다(눅 22:19). 당시 제자들은 자신들 눈앞에서 어떤 일이 펼쳐지고 있는 것인지 완전히 깨닫지 못했다. 하지만 예수께서는 알고 계셨다. 예수께서는 자신이 축사하신 바로 그 떡과 포도주가 곧 희생 제물로 바쳐질 자신의 몸과 피를 상징한다는 것을 충분히 알고 계셨다.

우리 시대 그리스도인은 타인의 시선이 있을 경우 저녁 식사 자리에서 하나님께 감사 기도 하는 것도 간혹 어색해 하는데, 하나님의 아들께서는 자신의 죽음에 대해서도 감사하셨다. 한번 생각해 보라. 식당에서 식사 기도 할 때 다니엘 9장을 재연할 필요는 없지만, 선하신 하나님께 간단히 감사를 고백하는 것은 분명 불가능한 일이 아니지 않은가?

다섯 번째 간구: "우리 죄를 사하여 주시옵고"

예수께서는 이런 간구를 하실 수 없었다고 주장해도 정당화될 수 있을지 모른다. 예수, 곧 하나님의 어린양에게는 사함을 필요로 하는 죄가 없었기 때문이다. 이런 견해에 나도 좀 공감하지만, 예수께서 죄 사함을 구하는 기도를 하셔야 했다는 개념을 일축해 버리기 전 몇 가지 요소를 한번 생각해 보자.

예수께서는 대표자로서 이 세상에 들어오셨다. 아담의 행동과 마찬가지로 그리스도의 행동도 대표의 성격이 있었다(롬 5:12-21). 공개 사역을 시작하실 때 예수께서는 요한에게 회개의 세례를 받으셨다. 그럼으로써 예수는 선지자와 제사장과 왕으로서의 사역에 공개적으로 임명받으셨을 뿐만 아니라 자신을 죄인과 동일시하셨고, 이 동일시는 십자가에서 '완성된' 세례 때 절정을 이룰 터였다(눅 12:50). 요한에게 세례 받으심으로써 예수께서는 전혀 죄를 짓지 않으셨음에도 죄인들과 연대를 이룬 가운데 기꺼이 종의 역할을 취하셨다.

마찬가지로, 흠 없는 선지자 다니엘도 바벨론 포로라는 결과를 낳은 유다의 죄에 관해 유다의 일원으로서 기도할 때 그런 공동 연대를 분명히 했다. 그렇다. 다니엘은 죄인이었다. 하지만 그는 하나님께서 자기 백성에게 등을 돌린 원인인 불신앙 면에서는 전혀 비난받을 게 없는 사람이었다. 그런데도 다니엘은 "우리는 이미 범죄하여 패역하며 행악하며 반역하여 주의 법도와 규례를 떠났사오며"(단 9:5)라고 기도할 수 있었다. 마찬가지로(엄밀한 의미에서는 아니지만!) 예수께서도 "우리 죄를 사하여 주시옵고"라고 기도할 수 있었으며, 어떤 면에서 이는 자기 백성의 죄를 사해 달라고 하나님께 요청한 것이었다. 여기서도 이 기도의 공동체적 성격은 예수께서 왜 이런 기도를 하실 필요가 있었는지 그 이유를 이해하는 데 아주 중요하다. 예수께서는 중보자로 행동하고 있었다. 예수께서는 자신이 동일시한 사람들의 죄가 사함 받기를 바라셨다. 예수께서는 자신이 끝까지 최고로 신실해야만 그 사함이 임하리라는 것을 알고 계셨다.

예수께서는 구약 성경의 시편으로도 기도하셨을 것이다. 죄 고백을 표현하는 시편에서 예수께서는 자신의 죄를 개별적으로 고백할 수는 없었겠으나 공동체 차원에서 고백을 하실 수는 있었을 것이다. 예수께서는 세상의 죄를 슬퍼하며 연약함 가운데 있는 우리를 동정하심으로써 그 죄에 합류하실 수 있었을 것이다(히 4:15).

여섯 번째 간구: "우리를 시험에 들게 하지 마시옵고"

여섯 번째 간구에서 우리는 예수의 기도 생활을 구성하는 중요하고 결정적인 요소를 보게 된다. 이는 예수 자신의 필요를 위해서 중요하고 그의 백성의 필요를 위해서도 중요했다. 이 간구는 하나님께서 자기 백성을 죄의 유혹에서 지켜 주시기를 요청한다. 그리고 더 나아가 백성들이 유혹당할 때 성령의 능력으로 유혹의 때를 버티고 보호받을 수 있기를 청한다.

우리 주 예수 그리스도께서 겪으신 것과 같은 그런 시험을 간접적으로라도 겪은 사람은 인간 중에는 없다. 예수께서는 모든 면에서 시험당하셨다(히 4:15). 그리스도께서는 마귀와 맞서 싸우셨고, 마귀는 그리스도와 맞서 싸웠다. 그 악한 자는 만일 우리 주님께서 한 번이라도 무너지면 한 번의 싸움이 아니라 전체 전쟁에서 지게 되시리라는 것을 알고 있었다. 그러면 사탄은 이제껏 달성한 승리 중 가장 가증스럽게 악한 승리를 거두게 될 터였다. 이는 모든 것이 걸린 일이었다. 그래서 그리스도께서는 시험에 빠지지 않게 해달라고 먼저 기도하셔야 했다. 그리고 나서야 그리스도는 자기 백성도 시험에서 보호받을 수 있기를 기도하실 수 있었다. 앞에서 말한 것처럼 예수께서는 자주 은밀히 기도하셨다. 예수께서는 대체로 "명성을 높이라"고 하고 "즉각 성공을 거두라"고 유혹하는 모종의 시험이 분명히 모습을 드러낼 때 은밀히 기도하셨다는 주장도 있을 수 있다. 왕이 된다는 것이 예수께 어떤 의미인지 제대로 알지 못하는 사람들에게서 쉽게 영광을 얻고 싶은 유혹에 빠지지 않기를 예수께서는 기도하셔야 했다.

또 다른 예에서 예수께서는 시험에 들지 않도록 "깨어 기도하라"고 제자들에게 명령하셨다(마 26:41). 예수께서는 아버지의 뜻(십자가로 가라는)과 자신의 뜻(이 '잔'이 자신에게서 지나가게 하려는)이 씨름하고 있는 사이(마 26:42-44), 두 번째로 아버지께 가기 직전 이 말씀을 하셨다. 그리스도에게는 골고다를 피하고 싶다는 유혹이 분명 있었을 것이다. 이는 여러 면에서 아주 당연하고도 분명한 일이었다. 하지만 예수께서 시험에 드는 것은 하나님의 뜻에 맞지 않았고, 그래서 예수께서는 기도하셨으며 그 결과 자신을 향한 하나님의 뜻은 죄인들을 대신해 죽는 것임을 알게 되었다.

예수께서는 항상 주기도문의 간구를 반영하는 지속적이고 성실하고 질서 있는 기도 생활을 통해 완벽한 구주가 될 준비를 하셨다. 하늘에 계신 아버지께 날마다 기도하셨을 때, 다양한 간구는 결국 모두 어떤 중대한 방식으로 그리스도의 수난 서사로 집중되었을 것이다. 그리스도의 수난 서사를 읽을 때 우리는 주기도문을 묵상하면서, 또 많은 자녀를 영광으로 데려가려고 하나님의 이름의 영광을 위해 하나님의 뜻을 행하시는 최고로 신실하신 우리 주님께서 십자가로 가실 때 주기도문 중 어떤 간구가 아버지에게 응답되고 있는지를 질문하면서 읽어도 좋다.

5 / 예수께서는 성령으로 기뻐하며 기도하셨다

> 누가복음 10장 21절
> 천지의 주재이신 아버지여
> 이것을 지혜롭고 슬기 있는 자들에게는 숨기시고
> 어린아이들에게는 나타내심을 감사하나이다 옳소이다
> 이렇게 된 것이 아버지의 뜻이니이다.

기쁨의 사람 예수

그리스도인은 항상 기뻐해야 하며(빌 4:4), 여기에는 그럴 만한 이유가 있다. 우리가 기뻐해야 함은 죄인을 구원하시는 하나님의 일 때문이다. 그리고 이 일에는 하나님 백성의 삶 가운데 계신 성령의 역할도 포함된다. 성령 안에 있는 사람들은 구속이라는 하나님의 능력 있는 행위에 반드시 화답하며, 그것도 늘 기쁨으로 화답한다.

예수의 기쁨은 우리의 기쁨의 토대로서 존재한다. 누가는 누가복음서 전체에서 성부와 성자의 관계를 명료하게 보여 주되 두 분 사이의 사랑과 기쁨의 띠 역할을 하는 성령과 더불어 보여 준다. 그리스도께서 기뻐하신 구체적 이유는 무엇인가?

첫째, 우리는 이 땅에서의 그리스도의 삶에 관한 중요한 진실을 확실히 입증해야 한다. 이 땅에서 일하시는 동안 그리스도께서는 여러 가지 힘들고 어려운 상황을 만나셨고, 이는 겟세마네와 골고다에서 절정을 이루었다. 주 예수는 "간고를 많이 겪었으며 질고를 아는 자"였던(사 53:3) 한편, 늘 기쁨을 체험한 분이었다. 그리스도인의 기쁨에 관해 몇 가지 중요한 사실을 깨닫기 전에는 이 점이 놀랍게 여겨질지도 모른다.

그리스도인의 기쁨은 성령의 열매다(갈 5:22. 행 13:52도 보라). 성령을 소유한다는 것은 성령의 열매가 그 사람 안에 완전히 존재한다는 뜻이다. 하나님의 자녀가 "글쎄요, 저는 사랑은 있는데 기쁨이나 절제나 인내는 없어요"라고 말할 수 있다. 하지만 우리의 사랑은 기뻐하는 사랑이다. 성령의 열매(갈 5:22에서 열매는 단수다)란 우리가 참으로(불완전하게나마) 사랑하고, 기뻐하고, 신실하고, 인내해야 한다는 뜻이며 또 그렇게 하리라는 뜻이다. 성령의 사람이신 우리 주님의 경우, 한량없이 성령 충만하셨다(요 3:34). 이런 식으로 그리스도께서는 기쁨을 포함해 성령의 열매를 완전하고도 완벽하게 소유하셨다.

사명을 완수하기 위해 성령으로 기름 부음 받으셨기에(눅 3:21-22, 4:1, 14, 18), 예수께서는 필연적 결과로 기쁨의 성령으로 충만하셨다. 달리 말해, 만약 예수께 기쁨이 부족했다면 사랑도 없었을 것이고, 사랑이 없었다면 기쁨도 부족했을 것이다. 이는 예수께서 왜 극도로 고난당할 때도 기뻐하실 수 있었는지 그 이유를 설명해 준다(히 12:2). 고난이 아무리 극심해도 예수께서는 그 고난에 목적이 있다는 것을, 예수 자신의 영광과 우리의 영광으로 이어질 목적이 있다는 것을 알고 계셨다.

특히 기도와 관련해 누가복음 10장 21절에서 예수께서는 기쁨에 겨운 감사로 시작되는 기도를 하신다. 하나님을 향한 감사는 언제나 기뻐하는 마음과 연관되어 표현된다. 감사의 시편, 특히 하나님께서 하신 일에 대해 하나님께 감사하는 시편이 아주 많다. 예를 들어 시편 86편 12-13절을 보자.

> 주 나의 하나님이여 내가 전심으로 주를 찬송하고
> 영원토록 주의 이름에 영광을 돌리오리니
> 이는 내게 향하신 주의 인자하심이 크사
> 내 영혼을 깊은 스올에서 건지셨음이니이다.

같은 시편 몇 절 앞에서 시편 기자는 또 이렇게 말한다.

> 주여 내 영혼이 주를 우러러보오니
> 주여 내 영혼을 기쁘게 하소서(4절).

이 시편은 다윗이 '환난 날에' 많은 어려운 일을 만났음을 암시한다(1, 7, 17절도 보라). 하지만 하나님이 어떤 분이며 어떤 일을 하겠다 약속하셨는지에 대해 감사하는 것이 그리스도인의 기쁨의 시녀(侍女)다. 이 시녀가 없으면 참 감사는 무너진다.

예수께서는 "성령으로 기뻐하[셨다]"(눅 10:21). 사실 '기뻐했다'는 말도 그 기쁨의 강도를 충분히 표현하지 못한다. 기뻐했다고 번역된 헬라어 이면에 담긴 개념은, '기뻐 날뛰었다' 혹은 '기뻐서 껑충껑충 뛰었다'는 뜻에 가깝다. 예수에게 기도는 기쁨이었다. 이 사실 때문에 나는 우리 주님께 거룩한(나는 그렇게 믿는다) 부러움을 상당히 많이 느낀다. 내 경우, 가장 하기 싫은 일이 기도일 때가 많다. 내 죄는 하나님과의 교제를 몹시 싫어한다. 하지만 죄 없으신 분, 성령 충만하신 분 예수께서는 하나님과의 교제에서 기쁨을 누리셨으며, 이는 우리가 강하게 소망할 수 있고 경건히 찬탄할 수 있는 일이다. 정직하게 말해 우리는 성령과 떨어져서는 기쁨에 넘친 감사의 말을 하나님께 한 마디도 할 수 없다. 이는 그리스도께도 마찬가지였으며, 우리에게도 분명 그러하다. 하나님을 향해 기뻐하며 감사하는 마음이 우리 삶에서 표현되면, 이는 성령께서 우리 안에서 역사하고 계시다는 확신을 준다.

진리에 바탕을 둔 기쁨

성령으로 기뻐하는 기쁨은 그냥 어떤 감정이 아니라 진리에 근거한 감정으로 드러난다. 예수께서는 하나님의 일을 기뻐하셨고, 주께서 친히 그 일에 참여하셨다. 하늘에 계신 아버지의 마음을 아는 분으로서, 성자는 성부의 계획과 일을 기뻐하기를 멈출 수가 없었다. 누가복음 10장 21절의 짤막한 기도에 바로 뒤이어 우리는 예수께서 이렇게 말씀하시는 것을 본다. "내 아버지께서 모든 것을 내게 주셨으니 아버지 외에는 아들이 누구인지 아는 자가 없고 아들과 또 아들의 소원대로 계시를 받는 자 외에는 아버지가 누구인지 아는 자가 없나이다"(22절).

그러므로 이런 말씀으로 기도하실 때 예수께서는 이 기도의 의미를 완전히 다 알고 계셨다. 다른 어떤 사람과 달리 예수께서는 큰 그림을 보셨고, 이는 억제할 수 없는 즐거움의 촉매 역할을 했다. 하나님의 마음을 아는 지식이, 성령의 조명을 받아, 기쁨을 안긴다. 천국이 기쁨이 있는 곳인 이유는 이생은 허용하지 않는 방식으로 우리가 하나님을 알게 될 것이기 때문이다. 예수께서는 하나님의 마음을 아는 지식을 향유하셨고, 이 지식이 하나님을 기뻐하는 기쁨을 고무시켰는데, 이는 만사가 하나님의 영광과 그리스도의 존귀함을 더하는 결과를 낳으리라는 것을 아셨기 때문이다. 사실, 제 생각대로만 하는 무지(無知)는 불행의 친구다. 그리고 그리스도 자신도 고집스런 무지로 기도하는 자들을 좋게 보지 않으신다(마 6:7).

이 기도(눅 10:21-22)에서 예수께서는 "나라가 임하시오며"라는 주기도문의 간구에 하나님께서 응답하신 것을 기뻐하신다. 그리스도의 나라의 성장은 사탄의 나라의 몰락을 의미하며, 이는 우리 삶이 점점 거룩해진다는 것은 곧 죄의 사망을 뜻하는 것과 같다(롬 8:13). 누가복음 10장 17-18절에서 우리는 사탄의 추락에 대한 말씀을 본다. 그런 일이 언제 있었는지는 확실히 알 수 없지만, 우리는 이를 '이미-그러나 아직'의 과정, 성경의 구속 역사가 점차적으로 전개되는 중에 있을 더욱 큰 어떤 일의 전조로 보아야 한다. 마귀가 칠십인에게 항복한 것은 사탄의 몰락을 나타내며(17절), 그리스도의 죽음은 사탄을 정복한 일로 이해해야 한다(히 2:14-15). 그리고 그리스도의 재림은 사탄의 최종적이고 결정적인 패퇴를 알릴 것이며, 이때 사탄은 불과 유황 못에 던져질 것이다(계 20:10). 사탄의 장차 멸망은(아직은 아닌) 확실히 보장된 사실로, 그리스도의 지상 사역과 함께, 그리고 그리스도께서 제자들에게 위임하신 성령 충만한 권능과 함께 (이미)

시작되었다(마 12:28을 보라).

다소 충격적인 점은 하나님께서 많이 배우고 존귀히 여김 받는 종교 지도자들("지혜롭고 슬기 있는 자들")에게는 이를 숨기셨다는 사실을 그리스도께서 기뻐하신다는 점이다. 예수께서는 "너희 이름이 하늘에 기록된 것으로 기뻐하라"고 제자들에게 이미 말씀하셨다(눅 10:20). 어린양의 생명책에 이름이 기록되기 위해서 제자들은 "어린아이들"(눅 10:21)처럼 되어야 했다. 여기서 "어린아이들"은 의존적일 뿐만 아니라 1세기 로마 문화에서 흔히 볼 수 있었던 것처럼 원래 자기 스스로는 아무 권리도 없는 사람들을 가리킨다. 예수께서는 구원이 그런 '이름 없는 사람들'에게는 임한 반면, 지혜롭고 많이 배운 사람들은 이생에서 존귀히 여김을 받기는 해도 주님과 주님의 구속은 사양했다는 사실을 기뻐하셨다. 하나님께서 구원의 능한 행위를 이루시는 방식에 대한 그런 이해가 그리스도에게 안긴 기쁨은, 필연적으로 기쁨에 겨운 기도가 자연스럽게 쏟아져 나오게 만들었다.

하나님의 뜻을 기뻐함

이 기도에서 예수께서는 주권적 하나님, 곧 "천지의 주재"(눅 10:21)로서 모든 일, 특히 구원의 일에서 자신의 뜻을 적극적으로 이루시는 분께 초점을 맞춘다. 하나님께서 구원에 이르게 하는 복음의 진리를 일부 사람에게 계시하심은, 그렇게 하기로 결정하셨기 때문이다. 하나님께서 고의적으로 복음을 일부에게만 계시하시고 그 외 사람들에게는 숨기실 수 있었다는 사실을 무섭게 여기는 이가 많다. 하지만 예수께서는 이를 아버지의 은혜로운 뜻을 감사하며 기뻐할 수 있는 한 이유로 보신다.

예수께서는 본질적으로 "아버지께서 일하시는 방식에 제가 진심으로 동의합니다"라고 기도하시면서, 하나님의 방식을 (믿음으로) 긍정하고 (신뢰하기에) 의문을 품지 않는다. 우리는 하나님의 주권적인 뜻을 그저 수동적으로 따르기만 할 수는 없고, 예수처럼 그 뜻의 성취를 적극적으로, 기도하는 자세로 기뻐해야 하며("뜻이 …… 이루어지이다"), 택하신 자를 구원하려는 계획에 관한 한 특히 더 그래야 한다. 그리스도의 감사 기도는 하나님의 목적을 기뻐하며, 이 목적은 그리스도를 통해 궁극적으로 성취되었다. 이렇게 그리스도의 기쁨은 하나님께서 하시는 일뿐만 아니라 예수의 죽음을 통해 하나님께서 이루시는 일과도 필연적으로 연관되며, 이에 대해서도 예수께서는 실제로 감사를 드리신다(눅 22:17).

6 / 예수께서는 자신의 기도가 아버지께 들릴 것을 알고 기도하셨다

> 요한복음 11장 41-42절
>
> 돌을 옮겨 놓으니 예수께서 눈을 들어 우러러보시고 이르시되
> 아버지여 내 말을 들으신 것을 감사하나이다
> 항상 내 말을 들으시는 줄을 내가 알았나이다
> 그러나 이 말씀 하옵는 것은 둘러선 무리를 위함이니
> 곧 아버지께서 나를 보내신 것을 그들로 믿게 하려 함이니이다.

항상 들리지는 않는다

성경은 죄가 기도를 방해할 수 있으며 실제로 방해한다고 분명히 가르친다(시 66:18, 잠 28:9, 사 59:2, 요 9:31, 약 4:3, 벧전 3:7). 이렇게 죄가 하나님과 기도하는 사람들 사이에 장애물을 만든다면, 그 반대 경우는 어떻겠는가? 요한복음 9장 31절은 날 때부터 앞이 안 보이는 사람이 "하나님이 죄인의 말을 듣지 아니하시고 경건하여 그의 뜻대로 행하는 자의 말은 들으[신다]"고 증언하는 말을 통해 이 질문에 답변한다. 이 일반적 진리는 모든 예배자에게 적용되지만, 요한복음 9장의 이 치유받은 사람이 예수를 변호하고 있었다는 사실을 놓쳐서는 안 된다. 이 발언을 통해 그 사람은 자신이 깨달은 것 이상을 말하고 있었다. 완벽히 순종하시는 예배자(즉, 성부를 찬양한 예배자)로서 예수께서는 "하나님이……(예수의) 말은 (항상) 들으[신다]"는 것을 알고 있었다.

하나님께서 자기 백성, "자기 기업의 백성"(신 7:6, 벧전 2:9)이 기도할 때 듣지 않으시는 경우가 가끔 있다. 공동으로든 개인으로든 하나님의 백성이 고의적으로 부단히 죄를 범할 때, 이들은 이사야 1장 15절이 자신들에게 적용되는 말씀이라고 생각해도 좋다.

> 너희가 손을 펼 때에
> 내가 내 눈을 너희에게서 가리고
> 너희가 많이 기도할지라도
> 내가 듣지 아니하리니
> 이는 너희의 손에 피가 가득함이라.

하나님의 백성의 기도를 이 백성의 언약의 주님께서 항상 들으시지는 않는다. 많이 받은 자에게는 그만큼 많은 것이 기대되었다. 하나님께 반역하는 이스라엘 백성은 자신들이 무엇을 하든 하지 않든 하나님께서 늘 자신들의 기도를 들으실 것이라고 감히 짐작해서는 안 되었다. 하지만 우리 주 예수의 경우, 아버지께서 "내가 듣지 아니하리니 이는 너희의 손에 피가 가득함이라"라고 예수에게 말씀하실 위험이 전혀 없었다.

하나님께서는 순종하는 예배자의 기도를 들으신다
야고보는 "의인"의 기도는 역사하는 "힘이 큼"이라고 말했는데(약 5:16), 이때 야고보는 기도하는 모든 신자에게 무조건적으로 이를 장담하는 것이 아니다. 모든 그리스도인은 은혜의 보좌 앞에 담대히 나아갈 수 있지만(히 4:15-16), 야고보는 여기서 큰 믿음을 지닌, 특별히 경건한 사람들의 기도에 색다른 효력이 있음을 증언하는 듯하다. 그런 사람들은 뜨겁게 자주 기도할 수 있는 은사를 가지고 있다. 그리스도인이라고 해서 모두 성령 안에서 뜨겁게 기도할 수 있는 동일한 은사를 갖고 있지는 않다. 야고보의 말이 그런 뜻이 아니라면, "의인"이라는 언급을 하지 않고 그냥 "기도에는 힘이 있다"고 했을 것이다. 간단히 말해, 경건함은 기도를 능력 있게 한다. 경건함은 하나님께서 요구하시는 모든 것을 그리스도 중심으로 추구하게 만들고 하나님께서 금하시는 것은 피하게 만든다.

이어서 야고보는 경건한 엘리야의 예를 언급하는데(약 5:17), 엘리야의 뜨거운 기도는 위대한 일을 성취했다. 가뭄에 대한 경고를 포함해 하나님께서 자기 백성에게 위협하신 말씀(신 28:22, 24)에 근거하여 엘리야는 믿음으로, 하나님의 뜻을 좇아, 비가 내리지 않기를 간절히 기도했다. 이어서 이 선지자는 자비를 베풀겠다는 하나님의 약속에 근거해 비가 내리기를 기도했다. 물론 의로운 삶에는 뜨거운 기도 외에 훨씬 많은 것이 수반되지만, 의로운 삶과 뜨거운 기도는 서로를 살찌운다. 경건한 삶은 우리를 고무시켜 하나님을 향한 우리의 간구가 뜨거워지게 한다. 그리고 하나님을 향한 우리의 뜨거움은 경건함을 북돋운다.

엘리야가 그런 모범을 제공한다면, 예수께서 이 땅에서 드린 기도는 얼마나 더하겠는가? 기억하라. 예수께서는 이 땅에서 기도의 사람으로 사셨다는 사실을. 의로움 면에서 완벽하셨던 예수께서는 믿음으로 뜨겁게 자주 자신의 마음을 들어 올리시면서 언제나 효력 있게 기도하셨다. 엘리야처럼 예수께서도 하나님의 뜻을 아시되, 제한 없이 아셨다.

사도 요한의 말을 생각해 보라. "무엇이든지 구하는 바를 그에게서 받나니 이는 우리가 그의 계명을 지키고 그 앞에서 기뻐하시는 것을 행함이라"(요일 3:22). 이 구절은 하나님에게서 무언가를 받는 것과 하나님을 향한 순종이 병행한다는 사실을 분명히 하고 있다. 싱클레어 퍼거슨이 주목하다시피, "이것이 바로 참된 기도가 진실한 거룩함과 절대 분리될 수 없는 이유다. 믿음의 기도는 하나님의 언약적 은혜와 목적에 더욱 부합하는 삶을 사는 '의로운' 사람만이 드릴 수 있다. 기도의 영역에서도 …… 행위 없는 …… 믿음은 …… 죽은 믿음이다."[1]

예수의 말을 아버지께서 들으셨다

요한복음 11장 38-40절에서 마르다가 나사로의 무덤에서 돌을 치우는 데 동의한 듯한 후(예수께서 약간 신학적으로 설득해 주신 덕분에), 예수께서는 옆에서 구경하는 사람들의 귀를 의식한 깜짝 놀랄 만한 기도를 하셨다(요 11:41-42). "아버지여 내 말을 들으신 것을 감사하나이다 항상 내 말을 들으시는 줄을 내가 알았나이다 그러나 이 말씀 하옵는 것은 둘러선 무리를 위함이니 곧 아버지께서 나를 보내신 것을 그들로 믿게 하려 함이니이다." 예수께서는 "우리 친구 나사로가 잠들었도다 그러나 내가 깨우러 가노라"(요 11:11)라고 언급하심으로써 앞에서 이와 같은 확신을 이미 드러내셨다.

친구 나사로가 죽음에서 일으킴 받을 것을 우리 주님께서는 어떻게 그리도 확신하실 수 있었을까? 주님께서 부활 권능을 소유하셨기 때문일까?(요 10:18) 아버지께서 하시고자 하는 것만을 행하는 분께서 신적 권세를 그렇게 쓴다면 이는 주제넘어 보일 터였다. 그보다는, 이제 곧 행하시려는 기적을 포함해 무엇을 가르치고 무엇을 행할 것인가에 관한 아버지의 뜻을 성령께서 예수께 지도하셨다. 이 기적은 사실 예수의 부활 권능을 나타냈지만, 예수께서는 이 권능을 자발적으로가 아니라 아버지의 뜻에 일치하게 행사하셨다(요 5:19). 성자와 성부 사이에 이렇게 완벽하게 목적이 대칭됨은 두 위격의 친밀한 관계를 보여 주었다. 또한 성자께서 요청하시고 성부께서 이를 들어 주시는 광경이 아름답게 병행되었다.

그래도 이것을 단순히 신적 질서를 따르는 것으로 생각해서는 안 된다. 특히 예수와 나사로의 관계를 생각하면 더욱 그렇다. 예수께서는 친구의 죽음을 슬퍼하셨지만(요 11:35), 이 일을 계기로 하나님의 영광이 드러나리라는 것을 알고 계셨다(요 11:4). 그래서 예수께서는 믿음으로, 그리고 큰 자신감으로, 아버지께 나사로의 생명을 요청하셨다. 그런 확신은 어디에서 오는 것일까? 간단히 말하자면, "의인의 간구는 역사하는 힘이 큼"(약 5:16)이다.

예수께서 아버지께 요청하시고 요청한 것을 받으심은 예수 자신과 하나님 사이에 눈에 보이지 않는 그 어떤 장벽도 없는 상태에서 믿음으로 구하셨기 때문이다. 예수와 하나님 사이를 가로막는 죄가 전혀 없었기에 아버지께서 들리지 않는 귀를 가지실 근거가 없었다. 예수의 특별한 위격과 삶 때문에 아버지께서는 예수의 말을 경청하셨다. 그래서 결과가 나오기도 전에 우리 주님께서는 기도 응답에 대해 놀랍게도 감사를 표현하셨다. "예수께서 눈을 들어 우러러보시고 이르시되 아버지여 내 말을 들으신 것을 감사하나이다 항상 내 말을 들으시는 줄 내가 알았나이다"(요 11:41-42).

여기에 더해, 우리는 히브리서 5장 7절 말씀을 잊어서는 안 된다. "그는 육체에 계실 때에 자기를 죽음에서 능히 구원하실 이에게 심한 통곡과 눈물로 간구와 소원을 올렸고 그의 경건하심으로 말미암아 들으심을 얻었느니라." 그리스도의 의는 기도가 하나님께 들리게 하는 데 여전히 유효한 수단이었고, 이 같은 사실은 예배를 드리는 듯 '경건'한(하나님을 두려워하는) 예수의 태도에 나타나 있다. 경건한 두려움은 하나님 앞에서 믿는 자의 특징이다. 하나님을 가장 잘 아는 분으로서 예수에게는 하나님께 대한 건전한 두려움이 있었고, 이 두려움은 다른 모든 사람의 두려움을 능가했다. 예수께서 이 땅에서 아버지에 대해 비할 데 없는 인식을 지니셨다는 사실 덕분에 우리 구주는 기도 응답을 받기에 더욱 합당한 존재가 되었다.

사람들이 알 수 있도록

역사상 일부 신학자, 특히 아리우스파가 교회에 큰 위협이 되었을 당시의 신학자들은 예수께서 단지 우리가 따라야 할 기도의 한 모범으로서 기도하셨을 뿐이라고 주장했다. 어떤 신학자들은 예수께서 정말 기도할 필요가 있었는지, 아니면 기도는 어떻게 하는 것인지 그저 보여 주려고 하신 것인지에 대해 명확한 견해를 보이지 않았다. 어떤 이들은 나사로 사건에서 예수께서 "그러나 이 말씀 하옵는 것은 둘러선 무리를 위함이니 곧 아버지께서 나를 보내신 것을 그들로 믿게 하려 함이니이다"(요 11:42)라고 기도하신 것을 근거로 그런 애매한 태도를 보였다.

그러나 앞에서 말했다시피, 예수께서는 나사로의 생명을 위해 이미 아버지께 간구하셨다. 예수께서는 기도하셨고, 응답받으셨다. 이어서 예수께서는 둘러선 사람들의 귀에 들리게 기도하시면서 자신의 말을 들으신 것에 대해 아버지께 감사하셨고, 아버지와의 이 친밀한 관계를 사람들이 얼핏이나마 들여다볼 수 있게 하셨다. 사역 중의 그리스도께서는 자신이 '홀로 돌아다니는 존재'(lone ranger)가 아니라는 사실을 이렇게 자주 분명히 하셨다. 두세 증인이 그리스도께서 하신 모든 일을 증언했다. 그리스도의 사역에서 주된 증인은 성부와 성령이었다. 요한복음 17장에서 대제사장의 기도를 드릴 때 예수께서는 자신이 아버지께로부터 보냄 받았음을 사람들이 알 수 있기를 또 한 번 소원하셨다. "나는 아버지께서 내게 주신 말씀들을 그들에게 주었사오며 그들은 이것을 받고 내가 아버지께로부터 나온 줄을 참으로 아오며 아버지께서 나를 보내신 줄도 믿었사옵나이다"(요 17:8). 예수께서는 "아버지여, 아버지께서 내 안에, 내가 아버지 안에 있는 것같이 그들도 다 하나가 되어 우리 안에 있게 하사 세상으로 아버지께서 나를 보내신 것을 믿게 하옵소서"(요 17:21)라고 기도하셨다.

그리스도의 지상 사역 전체가 그리스도께서 야훼, 이스라엘의 하나님에게서 왔음을 변호했다. 사람들이 오랫동안 기다려 온 메시아께서는 자신이 아브라함과 이삭과 야곱의 하나님에게서 왔다는 사실을 숨기지 않고 하나님의 백성 앞에서 일하셨다. 그분이 행하신 기적, 이를테면 요한복음 11장에서 행하신 것 같은 기적은 그분의 주장을 부인할 수 없게 입증했다. 예수는 사기꾼이 아니라 하나님의 신실한 아들로, 이분의 기도는 아버지께서 늘 들으셨다. 나사로의 경우만큼 우리의 경우에도 이는 실로 매우 좋은 소식이다.

7 / 예수께서는 아버지의 영광을 위해 기도하셨다

> 요한복음 12장 27-28절
> 지금 내 마음이 괴로우니 무슨 말을 하리요
> 아버지여 나를 구원하여 이때를 면하게 하여 주옵소서
> 그러나 내가 이를 위하여 이때에 왔나이다
> 아버지여, 아버지의 이름을 영광스럽게 하옵소서 하시니
> 이에 하늘에서 소리가 나서 이르되
> 내가 이미 영광스럽게 하였고 또다시 영광스럽게 하리라 하시니라.

그리스도의 주된 목적

많은 사람, 심지어 장로교와 개혁주의 전통 밖에 있는 사람도 웨스트민스터 소요리문답 첫 번째 문답을 안다.

> 문1: 사람의 주된 목적은 무엇입니까?
> 답: 사람의 주된 목적은 하나님을 영화롭게 하고 그분을 영원히 즐거워하는 것입니다.

우리는 영화롭게 할 만한 가치가 있는 분을 영화롭게 해야 한다(고전 10:31). 사실 이 땅에서 그리스도의 사명은 아버지를 영화롭게 하기를 주된 목적으로 철저히 추구했다. "아버지께서 내게 하라고 주신 일을 내가 이루어 아버지를 이 세상에서 영화롭게 하였사오니"

(요 17:4). 그리스도께서 하신 일의 결과로 나는 우리가 다음과 같이 좀 더 충분히 말할 수 있게 되었다고 믿는다. 즉, **우리의 주된 목적은 성령을 통해 하나님**(아버지)**과 그리스도를 영화롭게 하고, 하나님의 백성과 더불어 영원히 이 세 분을 즐거워하는 것이라고 말이다**(롬 11:36, 고후 13:14, 골 1:16-18, 엡 1:23, 3:16, 계 21:2).

우리는 예수와 관련해 이렇게 삼위일체 강조를 계속해 나갈 수 있다. 성자께서 성령을 통해 성부를 영화롭게 하셨고, 이제 구속받은 백성 및 선택받은 천사들과 나란히 천국에서 하나님의 임재(즉, 얼굴)를 즐거워한다고 말이다. 하지만 이런 영광의 이상을 품기 위해서는, 그리고 우리가 이 이상을 공유할 수 있으려면, 예수께서 아버지를 독특한 방식으로 영화롭게 하셔야 했다. 죽음을 통해서 말이다.

괴로운 마음

그리스도께서는 자신의 괴로운 마음을 제자들에게 알리셨다. 칼케돈 신조가 분명히 하고 있다시피, 인간과 완전히 동일 본질이기 위해 성자께서는 몸과 (이성적) 마음을 지닌 참 인성을 취하셨다.

그리스도의 마음이 괴로웠던 것은 단순히 제자들이 앞으로 충실하지 않으리라는 것을 아셨기 때문일까? 그렇다고 한다면 요한복음 12장 27-28절 말씀이 이치에 닿지 않는다. 그보다 우리는 그리스도께서 겟세마네에 육신으로 존재하신 것을 그분께서 일종의 '영속적 겟세마네'로서 평생 감내하신 고뇌의 절정으로 볼 필요가 있다. 이제 그 실제 장소에서 십자가의 현실이 총력으로 예수를 타격했다. 여기서 우리는 우리를 대신한 그분의 죽음이, 골고다로 가기도 전부터 특별히 모질게 실현되는 광경과 조우한다.

시편 6편에서 다윗은 마음이 괴롭다는 것이 어떤 경험인지 드러낸다.

> 여호와여 내가 수척하였사오니 내게 은혜를 베푸소서
> 여호와여 나의 뼈가 떨리오니 나를 고치소서
> 나의 영혼도 매우 떨리나이다
> 여호와여 어느 때까지니이까
> 여호와여 돌아와 나의 영혼을 건지시며
> 주의 사랑으로 나를 구원하소서
> 사망 중에서는 주를 기억하는 일이 없사오니
> 스올에서 주께 감사할 자 누구리이까
> ……
> 여호와께서 내 간구를 들으셨음이여
> 여호와께서 내 기도를 받으시리로다
> 내 모든 원수들이 부끄러움을 당하고 심히 떪이여
> 갑자기 부끄러워 물러가리로다(2-5, 9-10절).

다윗이 이런 기도를 했지만, 여러 세대를 통해 다른 경건한 사람들 역시 이런 기도를 할 수 있었다. 이 기도의 내용은 특히 그리스도를 이야기하고 있으며, 여기서 그분의 괴로운 마음은 변론받기를 청했다.

우리 주 예수는 참된 몸이나 마음이 없는 가현적(docetic) 환영이

느낌이나 감정도 없이 생명 사이를 뚫고 다닌 유령이 아니었다. 요한복음 12장 27절에서 "괴로우니"(troubled)라고 번역된 단어는 여기서 극도의 긴장감을 전달하며 공포를 암시하기도 한다. 십자가와 관련해 깊은 고뇌가 그리스도에게 엄습했다. 그런 때 그리스도께서는 어떻게 하셨는가? 신학으로 고개를 돌리시고 기도하셨다.

무슨 말을 하리요

요한은 여기서 그리스도께서 겟세마네 전에 겪은 '겟세마네'를 묘사한다. 곧 일어날 일을 예감하신 예수께서는 "무슨 말을 하리요"라고 물으신다. 이 질문 직후에 예수께서는 기도를 하신 듯하다. 예수께서는 자신을 "이때"에서 구해 달라고 아버지께 요청하시는데(요 12:27), ESV 번역이 암시하는 것처럼 "'아버지여 나를 이때에서 구원하시옵소서'라고 할까요?"라는 질문 형식으로 가정적으로 요청하시는 게 아니라, 겟세마네에서 우리가 보는 것처럼 단순한 간구로써 요청하신다. "이르시되 아빠 아버지여 아버지께는 모든 것이 가능하오니 이 잔을 내게서 옮기시옵소서 그러나 나의 원대로 마시옵고 아버지의 원대로 하옵소서 하시고"(막 14:36).

여기에 어떤 일이 걸려 있었는가? 곧 다가올 자신의 죽음과 더불어 그리스도께서는 어떤 일이 자신을 기다리고 있는지 알고 계셨다. 그리고 자신의 고통을 다른 이들에게 표현하시되 심약한 모습으로가 아니라 용기를 가지고 그렇게 하셨다. 오늘날 교회 안에는 이런 용기가 결여된 이가 많다. '강한' 사람은 자신을 괴롭히는 문제를 타인에게 이야기하지 않는다. 하지만 그런 경향은 약함과 교만을 나타내는 것일 수 있다.

요한 크리소스토무스(John Chrysostom, 349경-407)는 그리스도의 고뇌를 다음과 같이 잘 조명한다.

> [이 사례는] 그분의 인성을, 그리고 죽기를 내켜 하지 않고 현재의 삶에 집착하는 본능을 고결하게 보여 주어 그분이 인간의 감정에서 예외가 아님을 입증한다. 배고픈 것 혹은 잠자는 것은 아무 잘못이 아닌 것처럼, 현재의 삶을 바라는 것도 잘못이 아니다. 그리고 그리스도께서는 참으로 죄에서 깨끗한 몸을 갖고 계셨으나, 자연스러운 욕구에서 자유롭지는 않으셨으니, 자연스런 욕구가 없다면 그 몸은 몸이 아닐 것이다.[1]

그리스도께서 무슨 말을 할 수 있었을까? 자신을 기다리고 있는 무시무시한 시간에서 구출되기를 바라는 그분의 바람을 우리는 정확히 이해할 수 있으며, 이는 우리 구주의 필연적 인성을 나타내는 바람이었다. 그런 바람은 우리의 구원이 확보되는 일에서 그분의 신성만큼이나 중요한 부분으로 남아 있다.

아버지의 원대로 되기를 원하나이다

그리스도께서는 아버지의 뜻을 행하는 것을 부단한 습관으로 삼으셨기에 그 외에는 다른 어떤 일도 추구할 수가 없으셨다. "내가 하늘에서 내려온 것은 내 뜻을 행하려 함이 아니요 나를 보내신 이의 뜻을 행하려 함이니라"(요 6:38). 여기서 그리스도께서는 괴로운 시간에서 구해 주십사 하는 자신의 요청에 스스로 답변하시는데, 우리가 어떤 문제와 씨름하며 기도할 때 흔히 그러는 것처럼, 결국 이 요청은 기도라는 바로 그 행위를 통해 문제를 해결하기 위해서였다. 예수께서는 "내가 이를 위하여 이때에 왔[다]"는 것을 인식하시고, 본질적으로 "아버지의 원대로 되기를 원하나이다"라고 말씀하신다. 이 깨달음으로, 순종은 죽음과 입맞춤했다.

이 짤막한 기도에서 우리는 예수의 삶에 대한 큰 통찰을 얻는데, 이 삶에는 제자들과 함께 돌아다니고, 기적을 행하고, 주린 자들을 먹이시며, 그런 후 인민재판의 손에 사형을 당하시는 것 외에 더 많은 것이 포함된다. 훨씬 많은 것이 말이다.

우리가 알기로 예수께서는 이 괴로움을 표현하기 전 자신의 죽음을 여러 번 생각하셨다(예를 들어 막 8:31). 마찬가지로, 그리스도의 괴로운 마음에 대한 적어도 또 하나의 사례를 누가복음 12장 50절에서 보게 되는데, 여기서 그리스도께서는 자신이 받을 "세례"(죽음)에 대해, 그리고 이 세례가 자신을 얼마나 "답답"하게 하는지, 혹은 자신을 소진시키는지에 대해 말씀하신다. 이런 예들과 비슷하게 이사야도 예수를 "간고를 많이 겪었으며 질고를 아는 자"로 말한다(사 53:3).

성부 하나님께 영광을

솔리 데오 글로리아(*Soli Deo Gloria*)! 오직 하나님께만 영광을! 종교개혁의 이 '솔라'(*sola*)는 개신교도의 입에서 쉽게 나오는 말이다. 하지만 깊은 절망 가운데서 이 말을 부르짖는 사람은 얼마나 될까? 우리는 하나님의 영광을 추구하는 것이 우리의 '주된 목적'임을 알고 있지만, 고통에서 도망치면서 자기 자신의 영광을 구하는 다른 해결책으로 쉽게 눈을 돌려 버릴 때가 있다. 하나님께서 섭리적으로 우리에게 안기시는 괴로운 일 가운데서 우리의 정통 신학을 시험하실 때가 있는데, 이때 하나님께서는 우리가 좋은 신학을 단순히 알고만 있는 게 아니라 그 신학을 삶으로 살아 내기를 바라신다. 이는 하나님의 아들의 경우에도 마찬가지였다. 그리고 우리에게도 마찬가지일 것이다.

기본적으로 아버지를 영화롭게 하려고 이 땅에 오신 만큼 예수께서는 바로 이 일을 하셨다. "스스로 말하는 자는 자기 영광만 구하되 보내신 이의 영광을 구하는 자는 참되니 그 속에 불의가 없느니라" (요 7:18. 8:29, 50, 17:1, 4도 보라). 하나님을 어떻게 영화롭게 하는가? 간단히 말해 성경에 계시된 하나님의 뜻에 순종함으로써다(웨스트민스터 소요리문답 2문). 예수께서는 정해진 도덕법과 의식법을 준수하셨지만, 이것 말고도 예수께서 순종해야 할 특별한 명령이 있었다. 아버지께서는 예수에게 십자가에서 죽을 것을 요구하셨다.

예수께서 아버지의 '목적'을 이행하고 '아버지의 이름을 영광스럽게'("뜻이 이루어지이다", "이름이 거룩히 여김을 받으시오며") 하기를 바라셨을 때, 아버지께서는 귀에 들리는 음성으로 응답하셨다. 예수의 사역 중에 있었던 이런 사례가 성경에 단 세 번 기록되어 있는데, 이때 일도 그중 하나다. 자신의 이름에 대해 말씀하시면서 아버지께서는 "내가 이미 영광스럽게 하였고 또다시 영광스럽게 하리라"고 대답하셔서, 아들이 구하는 영광이 틀림없이 확보되리라고 안심시키셨다. 삶을 통해서나 기도를 통해서 하나님의 이름이 "거룩히 여김을"

받기를 진심으로 바랄 때 우리도 그런 약속을 굳게 붙든다. 그리스도처럼 우리도 확신을 갖고 이 기도를 할 수 있다. "아버지의 이름을 영광스럽게 하옵소서."

8 / 예수께서는 자신의 영광을 위해 기도하셨다

> 요한복음 17장 1절
> 아버지여 때가 이르렀사오니 아들을 영화롭게 하사
> 아들로 아버지를 영화롭게 하게 하옵소서.

천상적 중보 기도

성경에서 하나님께서 우리를 향해 말씀하신다는 것이 얼마나 큰 특권인지 우리는 이생에서는 절대 다 분별하지 못한다. 그런데 요한복음 17장에 기록된 예수의 기도에서 우리는 우리를 향한 하나님의 말씀을 넘어서는 어떤 것, 즉 성삼위 하나님의 내적 성소를 드러내 보여 주는 광경을 보게 된다. 이 말씀에서 우리는 하나님(성령)의 권능으로 하나님(성부)에게 말씀하시는 하나님(성자)을 본다. 요한복음 17장의 장관(壯觀)에 대해 여러 유명 신학자가 발언을 했고, 그 발언에서 가져온 인용문도 풍성하다. 이 인용문이 도움이 될 수도 있지만, 성령의 역사로써 그리스도인이라면 누구나 하나님께서 여기서 우리에게 접근권을 주사 삼위일체 관계 내부의 아름다움과 영광을 들여다볼 수 있게 해주시는 것에 경이로워할 수밖에 없다.

요한복음 전체에서, 그리고 특히 이 기도에서 우리는 무언가 지배적인 주제를 만난다. 그것은 바로 순종, 영광, 죽음, 높아지심, 제자 됨, 일치 등이다. 대체로 우리는 여기서 공관복음이 그리스도의 기도를 언급하는 것(마 6:9-13, 14:23, 19:13, 26:36-44, 27:46, 막 1:35, 6:46, 14:32-39, 15:34, 눅 3:21, 5:16, 6:12, 9:18, 28-29, 11:1, 22:41-45, 23:46)보다 훨씬 광범위한 기도 내용을 볼 수 있다.

여러 면에서 요한복음 17장은 신학의 거룩한 체계를 제공해 주어 하나님에 관해 많은 것을 우리에게 가르쳐 주며, 그것도 거룩한 토대 위에서 그렇게 한다. 요한복음 17장에 담긴 진리의 상당 부분은 요한복음 전체에 갖가지 형태로 흩어져 있음을 볼 수 있다. 예수의 말씀과 기도에 대한 암시는 일찌감치 등장했으며, 특히 요한복음 12장 27-28절에서 이를 볼 수 있지만, 요한복음 17장은 아주 특별한 무언가를 제공하기 때문에 어떤 이들은 아무 해설 없이 그냥 경건한 자세로 묵묵히 읽어 보라고만 조언한다. 설득력 있는 경건한 조언인 만큼, 우리는 이 기도문을 펼쳐 읽고 깨달아 아는 것이 좋다.

다락방 강설은 그리스도께서 제자들에게 하신 가장 위대한 설교일 수 있는데, 이 설교 후 그리스도께서는 기도를 하셨다. 놀랍게도 이 기도에서 우리는 이 천상적 중보 기도(heavenly intercession)의 한 사본을 보게 된다. 그리스도께서 현재 천국에서 우리를 위해 우리 아버지께 어떻게 대언하고(intercede) 계신지 알고자 한다면, 그리스도께서 이 땅에 계실 때 우리의 유익을 위해 주신 이 말씀에서 많은 것을 알 수 있다. 이런 간구는 그 힘과 효력이 전혀 줄어들지 않은 채 아버지 앞에 영원히 존재한다. 이 기도에 담긴 진리는 어떤 면에서 천상의 여러 곳에 울려 퍼지고 있다.

때가 이르렀사오니

실제로 그러셨듯 영원히 지속되는 겟세마네에서 살면서 예수께서는 자신의 '때'가 이르리라는 것을 늘 알고 계셨다. 영원히 작정된 계획은 우리 주님의 생각과 마음에서 역사적으로 실현되었다. 그때까지는 예수를 죽이거나 해를 끼치는 그 어떤 일도 없이 예수와 예수의 사역이 안전했다. 왜인가? 그분의 때가 아직 이르지 않았기 때문이다. "그들이 예수를 잡고자 하나 손을 대는 자가 없으니 이는 그의 때가 아직 이르지 아니하였음이러라"(요 7:30. 7:6, 8, 8:20도 보라). 하지만 "헬라인 몇이" 예수를 만나고자 찾아왔을 때(요 12:20-21), 때가 이르렀다. "예수께서 대답하여 이르시되 인자가 영광을 얻을 때가 왔도다" (요 12:23. 12:27-28, 31-32, 13:1, 31도 보라).

예수께서는 이 일이 무슨 의미인지 알고 계셨다. "내가 날마다 너희와 함께 성전에 있을 때에 내게 손을 대지 아니하였도다 그러나 이제는 너희 때요 어둠의 권세로다"(눅 22:53). 이제 어둠의 권세가 예수께 광포하게 임할 터였다. 아버지께서 인간의 손으로부터 가차 없는 징벌을 안기셨다는 사실에도 불구하고 예수께서는 여전히 아버지로서의 그분에게 청하셨다. 그리스도께서는 하나님의 뜻과 별개로는 자신에게 그 어떤 비참한 일도 일어날 수 없으리라는 것을 알고 계셨다. 그와 동시에 그리스도께서는 때가 오면 신적으로 정해진 '참화'에 직면해야 한다는 것을 인식하셨다.

이 '때'는 영원에 비교하면 한순간일 뿐이지만(롬 8:18), 그렇다고 해서 그 괴로움이 줄어들지는 않았다(요 16:21). 하나님의 자녀로서 우리가 당연히 그래야 하듯, 성자께서는 기도하는 자세로 이 무시무시한 상황 속으로 자신을 던져 넣으셨다. 주목할 만한 점은 이 기도가 아직 일어나지 않은 일에 대한 그리스도의 초자연적 지식을 보여 준다는 점이다. 이 시점에서는 유다를 비롯한 배신자들이 어디에서도 보이지 않았다. 예수께서 귀에 들릴 만한 소리로 이 말씀을 선포하셨을 때 로마의 호송병들이 몽치와 검을 들고 서 있지도 않았다. 하지만 예수께서는 자신의 때가 이르렀음을 아셨다. 그 생각이 예수로서는 얼마나 감당하기 힘드셨을지. 정말로 결백했던 역사상의 유일한 사람으로서 예수께서는 자신이 부당하게, 그리고 공개적으로 신성모독 죄인으로 취급되리라는 것을 알고 계셨다. 하지만 예수께서는 몸을 숨기지도, 혹은 신적 권세를 휘두르며 방어하지도 않으셨다. 그저 자신의 마음과 목숨과 뜻과 힘을 하늘에 계신 아버지께 맡기셨다.

수치 중의 영광

십자가가 예수께 소름끼치는 것이기는 했지만, 그리스도의 영화를 위해 꼭 필요한 길을 제공하기도 했다(요 13:31-33, 골 1:16). 그리스도께서 낮아지신 상태로 이 땅에서 살던 동안에도 그분의 영광에 대한 암시를 찾아볼 수 있다. 복음의 본질과 세상을 향한 하나님의 계시가 이를 명백히 나타낸다.

예를 들어 구유에 초라하게 뉘었던 아기가(눅 2:7) 나중에 영광스러운 별의 인도를 받아 찾아온 박사들에게 경배를 받는다(마 2:1-2).

이어서, 마귀에게 맹렬히 공격받으신 영혼이(눅 4:1 이하) 시험 후에 천사들의 수종을 받는다(마 4:11). 마찬가지로, 명성 높은 만찬 주최자에게 환대받지 못한 주님께서는 눈물로 그 발을 적시며 입 맞추는 한 창기에게서 영광을 받으신다(눅 7:44-50). 또는 십자가에 못 박힌 우리 구주께서 범죄자 두 사람에게 욕설을 듣다가 그중 한 사람이 회개하며 드리는 영광스러운 예배를 받으신다는 사실을 생각해 보라. 수치가 있는 곳에 영광의 불꽃이 있다.

십자가에서 죽으신 그리스도의 수치스러운 죽음은 그분의 영광의 한 부분이 되었다. "이제 이 세상에 대한 심판이 이르렀으니 이 세상의 임금이 쫓겨나리라 내가 땅에서 들리면 모든 사람을 내게로 이끌겠노라 하시니 이렇게 말씀하심은 자기가 어떠한 죽음으로 죽을 것을 보이심이러라"(요 12:31-33). 그리스도의 죽음에서, 심지어 부활 전에도 우리는 마귀에 대한 승리를 볼 수 있다(창 3:15, 히 2:14). 여기서 그리스도께서는 자기 백성들의 죄를 처리하여 자신에게는 치욕 중에 받는 영광이 되게 하시고 사탄에게는 멸망이 되게 하셨다. 그리스도께서는 자신의 죽음이 자신의 영광이 되리라는 것을 완전히 알지 못한 채 십자가로 가시지 않았다.

여기서 주목할 것은, 영광을 열망하는 자기본위의 영적 패기로 충만해도 되는 분은 오직 그리스도뿐이라는 점이다. 그리고 이는 여전히 예수께 대한 하나님의 약속과 선언에 근거하고 있다. "너희가 서로 영광을 취하고 유일하신 하나님께로부터 오는 영광은 구하지 아니하니 어찌 나를 믿을 수 있느냐"(요 5:44). 예수처럼 우리는 예수의 영광을 추구해야 한다. 요한복음 12장에서 "사람의 영광을 하나님의 영광보다 더 사랑"(43절)했던 관리들과 달리 말이다. 약속의 부재는 주제넘는 억측이 존재함을 암시한다. 하나님께 받은 선물을 단단히 고정시킬 약속이 없는 곳에서는 하나님에게서 무엇을 받을 기대를 할 수 없다. 토마스 맨튼(Thomas Manton, 1620-1677)이 아주 적절히 말하다시피, "여기서 우리는 범죄하지 않고도 자기 명예와 영광을 추구할 수 있다. 오! 은혜의 그 관대함과 너그러움을 보라! 하나님께서는 우리의 영적 욕구에 아무런 제한을 두지 않으신다. 우리는 은혜뿐만 아니라 영광도 추구할 수 있다."[1]

하지만 세상의 영광을 추구하는 이들은 주의해야 한다. 우리에게 주어지는 하나님의 영광은 흔히 고난으로 포장되어 찾아온다. 하나님께서는 우리가 강해질 수 있게 하시려고 우리를 연약하게 만드신다(고후 10장). 그리스도께서는 영광을 향해 가는 길에서 십자가를 피하지 않으셨으며, 우리 또한 그래야 할 것이다. 그리스도께서는 영광이 오직 십자가를 통해서만 온다는 것을 아시고 영광을 위해 기도하셨다. 그리스도처럼 우리도 하나님에게서 오는 영광을 추구해야 한다(롬 2:7).

영원한 영광

아버지께서는 영광을 구하는 그리스도의 기도에 응답하셨다. 그리스도께서 구하신 영광은 **영원이라는 엄청난 전망과** 영광이었으며, 이 기도는 곧 이어진 일에서 응답되었다. 즉, 아버지께서 교회를 구원하신 것이다. 대제사장으로서의 기도를 드리기까지 그리스도께서 이 땅에서 공개적으로 행하신 사역의 관점에서는 이사야의 두 번째 종의 노래가 떠오른다.

> 그러나 나는 말하기를 내가 헛되이 수고하였으며
> 무익하게 공연히 내 힘을 다하였다 하였도다
> 참으로 나에 대한 판단이 여호와께 있고
> 나의 보응이 나의 하나님께 있느니라(사 49:4).

자기 백성에게 거절당하고 곧이어 자기 제자들에게도 버림받고 부인당했기에, 예수께서는 자신의 수고가 헛일이었다고 결론 내릴 수도 있었다. 하지만 예수께서는 사람들을 의지하지 않고 여호와를 의지했으니, 여호와께서만 예수의 겸손한 순종에 대해 영원하고 풍성한 상급을 주실 수 있었다. "이러므로 하나님이 그를 지극히 높여 모든 이름 위에 뛰어난 이름을 주사 하늘에 있는 자들과 땅에 있는 자들과 땅 아래에 있는 자들로 모든 무릎을 예수의 이름에 꿇게 하시고 모든 입으로 예수 그리스도를 주라 시인하여 하나님 아버지께 영광을 돌리게 하셨느니라"(빌 2:9-11). 신인이신 예수 그리스도에게 이보다 더 큰 상급은 존재하지 않는다. 바로 온 창조 세상에 대한 주권(lordship) 말이다. 이 주권이 온 우주에 공개적으로 영원히 선언된 것과 관련해 성자께서는 영원한 예배를 받으실 것이다.

요한계시록은 해석이 힘들지만, 그만큼 그리스도의 영광을 명쾌하고도 풍성하게 드러낸다. 요한계시록은 요한복음 17장 1절에 기록된 그리스도의 기도, 즉 "아들을 영화롭게" 해달라는 기도에 대한 응답으로 존재한다. 이 땅에 천국이 임하는 일과 우리가 새 땅에 영원히 거하는 것에 관해 여기에 기록된 사건은 모두 그리스도의 영광을 반영하며, 이 그리스도에 관해 우리는 다음과 같은 말씀을 보게 된다.

> 죽임을 당하신 어린양은
> 능력과 부와 지혜와 힘과
> 존귀와 영광과 찬송을 받으시기에 합당하도다(계 5:12).

그리스도께서 자신의 영광을 자기 신부인 우리, 곧 교회와 함께 나누신다는 것은 그리스도를 알고 사랑하는 사람들에게 얼마나 좋은 소식인가. 그리스도께서는 우리 안에서 영화롭게 되시고, 우리는 그리스도 안에서 영화롭게 된다(요 17:10). 그리스도께서 많이 받으실수록 우리도 많이 받는다. 그러므로 "아들을 영화롭게" 해달라는 기도는 그리스도뿐만 아니라 우리를 위해서도 타당하다. 그리스도의 영광을 바란다는 것은 곧 우리의 가장 큰 영적 유익을 추구하는 것이다.

9 / 예수께서는 영생에 관해 기도하셨다

요한복음 17장 1-2절

아버지여 때가 이르렀사오니 아들을 영화롭게 하사
아들로 아버지를 영화롭게 하옵소서
아버지께서 아들에게 주신 모든 사람에게 영생을 주게 하시려고
만민을 다스리는 권세를 아들에게 주셨음이로소이다.

십자가는 아버지를 영화롭게 한다

그리스도께서 제사장으로서 드린 기도의 맥락을 보면, 아들께서 갈보리에서 죄인들을 위해 죽으신 죽음은 아들의 영광이 되었다. 이런 식으로 십자가와 그리스도의 영광은 동전의 양면이다. 아들이 영광을 받음에 따라, 이 위대한 구속의 당당한 건축가이신 아버지께서도 영광을 받으셨다.

온 창조 세상과 전 구속 역사를 다 둘러보아도 아버지께서는 다른 어디도 아닌 자기 아들 예수 그리스도, 즉 보이지 않는 하나님의 보이는 형상(골 1:15) 안에서 자기 자신을 가장 영화롭게 하시며, 그 그리스도의 얼굴이 하나님의 영광을 드러낸다(고후 4:6). 이생에서 그리스도의 '얼굴'은 우리에게 그리스도의 육체적 용모가 아니라 지상 사역 때, 아주 구체적으로는 죄인들을 위해 일하실 때 하나님과 관

련해 그리스도께서 대표하시고 드러내시는 모든 것을 의미한다. 다가올 생에서 그리스도의 '얼굴'은 가시적으로, 영적으로 눈에 보여서 하나님과 그리스도에 관해 우리가 알고자 하는 모든 지식을 전해 줄 것이다.

하나님의 속성은 성경의 다른 어느 곳보다 십자가에서 생생하고 밝게 빛난다. 사랑하는 아들이 골고다에서 죄인들을 구하려고 죽을 때, 하나님의 지혜, 자비, 선함, 공의, 은혜, 사랑, 인내, 진노, 그리고 그 외 많은 속성이 그 언덕에 모두 제시된다. 그리스도를 통해 하나님께서는 "자기도 의로우시며 또한 예수 믿는 자를 의롭다 하[시는]" 분으로 자신을 보여 주신다(롬 3:26). 하나님께서는 그리스도의 연약함을 통해 이 세상 통치자(사탄)를 물리치심으로써 자신의 지혜를 보여 주신다(요 12:31, 고후 13:4, 히 2:14). 그리스도께서는 자기 백성이 하나님을 알기를 바라셨다(요 17:3). 그래서 자신의 죽음이 모든 사람으로 하여금 아버지의 본질을 확실히 보고 알아 궁극적으로 그분을 예배하게 함으로써 아버지를 영화롭게 하리라는 것을 아시고 기꺼이 십자가를 향해 가셨다. 이 점에 관해 칼뱅은 이렇게 말한다.

> 그리고 하나님은 그분 안에서 영화롭게 되신다. 앞 절에 바로 이어지는 이 구절은 확증을 위해 덧붙여진다. 인자의 영광이 사람들 사이에서 수치로 여겨지는 죽음, 심지어 하나님 앞에서 저주받은 것으로 여겨지는 죽음에서 생겨났다는 것은 역설적인 말이었기 때문이다. 그런 까닭에 그분은 어떤 식으로 해서 자신이 그런 죽음에서 영광을 획득하시는지를 보여 준다. 이는 그런 죽음으로써

그리스도께서 하나님 아버지를 영화롭게 하기 때문이다. 그리스도의 십자가에서, 마치 장엄한 극장에서처럼, 헤아릴 수 없을 만큼 큰 하나님의 선함이 온 세상 앞에 펼쳐지니 말이다. 실로 귀하고 천한 모든 피조물 가운데 하나님의 영광이 빛나지만, 그 어디에서도 십자가에서보다 더 밝게 빛나지는 않으며, 십자가에는 만물의 놀라운 변화가 있고, 모든 인간의 정죄가 드러나며, 죄가 완전히 지워지고, 인간에게 구원이 회복된다. 간단히 말해, 온 세상이 새롭게 되고, 만물이 선한 질서를 되찾는다.[1]

만민을 다스리는 권세

영원하시고 전능하시며 전지하신 하나님께서는 다른 누군가에게서 권세를 받지 않으신다. 하나님은 신적 권리로써 권세를 무한히, 불변하게 소유하신다. 그런데 요한복음 17장 1-2절에서 예수께서는 만민을 다스리는 자신의 권세가 아버지에게서 온다는 점을 인정하면서 아버지께 기도하신다. 요한은 (다른 성경 구절과 나란히) 이 주제를 되풀이해서 강조한다.

- 아버지께서 아들을 사랑하사 만물을 다 그의 손에 주셨으니(요 3:35).
- 아버지께서 내게 주시는 자는 다 내게로 올 것이요 내게 오는 자는 내가 결코 내쫓지 아니하리라(요 6:37).
- 나를 보내신 이의 뜻은 내게 주신 자 중에 내가 하나도 잃어버리지 아니하고 마지막 날에 다시 살리는 이것이니라(요 6:39).

- 그들을 주신 내 아버지는 만물보다 크시매 아무도 아버지 손에서 빼앗을 수 없느니라(요 10:29).
- 예수는 아버지께서 모든 것을 자기 손에 맡기신 것과 또 자기가 하나님께로부터 오셨다가 하나님께로 돌아가실 것을 아시고(요 13:3).

그리스도께서 아버지와 아들 사이의 상호적 영광과 관련해 요한복음 17장 1절에서 하신 기도는 2절의 근거를 제공하는데, 2절에서 예수께서는 "만민"(all flesh)을 다스릴 권세를 받으신다. 여기서 'flesh'는 셈어(Semitic)에서 쓰이는 용어로, 예레미야 32장 27절의 표현을 떠올리게 한다. "나는 여호와요 모든 육체(all flesh)의 하나님이라 내게 할 수 없는 일이 있겠느냐." 예수께서는 모든 육체의 구주로서의 자기 자신에게 이 말씀을 적용하니, 이 구주에게는 할 수 없는 일이 없다. 만물을 다스릴 권세 덕분에, 아버지께서 예수에게 주시는 모든 사람은 예수의 영광과 상급으로서 믿음을 갖게 될 것이다. 아버지께서 예수에게 모든 권세를 주심은 예수께서 우리에게 영생을 주실 수 있도록 하기 위해서다.

그래서 부활 후 예수께서는 한 산에서 제자들에게 말씀하셨고, 이 산에서 제자들은 자신들의 주님을 뵈옵고 경배하였다. 이때 예수께서는 제자들에게 이렇게 알리셨다. "하늘과 땅의 모든 권세를 내게 주셨으니"(마 28:18). 그 결과, 제자들이 성공적으로 사명을 완수하게 되었는데, 이는 그리스도께서 왕으로서 지니신 부활 권세와 권능으로 삼위일체 하나님의 이름으로 이들을 파송할 터였기 때문이다

(마 28:19-20). 이들은 하나님께서 "모든 육체"에게 영생을 주시는 수단이 될 터였다.

아버지께서는 예수에게 중보자에게 속하는 권세를 주셨다. 성자 하나님으로서 예수께서 지니시는 권세는 삼위일체의 다른 두 위격의 권세와 동일하지만, 예수의 기도는 신인으로서 중보자에게 속하는 권세와 관련된다. 그런 권세는 그리스도께서 성실하게 완수하신, 그리고 아직은 적용되지 않은 사역의 결과로 온 것이다. 권세와 관련해 쓰인 표현은 이 권세를 독특하고 특이한 특권을 통해 그리스도께 속하는 하나의 상급으로 말하고 있다.

영생

아버지께서는 모든 일을 아들에게 맡기셨다. 그리스도에게는 아버지를 아는 특별한 지식이 있었고, 이 지식을 근거로 아버지께서는 아들이 다른 이들을 이렇게 하나님을 아는 지식으로 인도하는 일을 하도록 허락하셨다(마 11:27). 이는 예레미야 31장 33-34절의 새 언약의 약속에서 예견된 대로 영생을 구체화한다.

> 내가 나의 법을 그들의 속에 두며 그들의 마음에 기록하여 나는 그들의 하나님이 되고 그들은 내 백성이 될 것이라 여호와의 말씀이니라 그들이 다시는 각기 이웃과 형제를 가리켜 이르기를 너는 여호와를 알라 하지 아니하리니 이는 작은 자로부터 큰 자까지 다 나를 알기 때문이라 내가 그들의 악행을 사하고 다시는 그 죄를 기억하지 아니하리라.

마찬가지로 바울은 그리스도와 그분의 부활의 권능을 아는 것이 자신의 '회심 체험'의 목표라고 생각한다(빌 3:10).

그리스도께서는 '앎'(knowing)의 관점에서 영생을 설명하셨다. 자신이 아버지의 마음을 소유했고, 그 아버지께서 모든 일을 자신에게 맡기셨기 때문이다. 그리스도만이 만대 만방의 모든 인간에게 넉넉히 전할 수 있는 독특한 지식으로 하나님을 아는 것이 얼마나 큰 아름다움과 특권인지 아신다. 하나님께서 그리스도에게 자신을 계시하신 것에서는 사랑과 긍휼에서 비롯되는 한 가지 바람이 드러나는데, 그것은 다른 이들도 하나님을 아는 그리스도의 그 지식을 함께 나누었으면 하는 것이다. 예를 들어 다락방 강설에서 이를 확인할 수 있는데, 이 강설에서 예수께서는 제자들에게 그런 지식을 펼쳐 보이신다. 제자들에게 영생이란 곧 하나님과 하나님의 아들을 아는 것과 연관된다. 아버지께서 아들을 통해, 그리고 성령의 권능에 의해 자기 자녀들에게 주시는 이 복은 우리로 하여금 다니엘과 한마음으로 기뻐하게 만든다(단 2:20-21).

> 다니엘이 말하여 이르되
> 영원부터 영원까지 하나님의 이름을 찬송할 것은
> 지혜와 능력이 그에게 있음이로다
> 그는 때와 계절을 바꾸시며
> 왕들을 폐하시고 왕들을 세우시며
> 지혜자에게 지혜를 주시고
> 총명한 자에게 지식을 주시는도다.

다니엘은 하나님의 이름을 영원히 찬송하고 싶어 하며, 하나님께서는 사랑하는 자들에게 "지혜와 능력"으로 자신을 아는 지혜와 지식을 주신다. 이는 영생의 근본적 목표를 아름답게 묘사한다.

영생의 영광은 삼위일체 하나님을 알고 그에 따라 그 하나님을 사랑하는 특권과 관계된다. 하나님을 아는 모든 참된 지식은 하나님을 사랑하게 되는 결과를 낳는다. 한데, 구원은 영생을 포함해야 한다. 그렇지 않으면 하나님께서 주시는 것은 우리를 비참하게 만들 것이니, 하나님께서 주시는 것이 오직 이생에만 관련되기 때문이다. 그래서 영생을 소유한 하나님의 자녀는 하나님을 점점 더 많이, 영원히 알게 될 것이다. 하지만 하나님을 아는 지식이 계속 자라간다 해도 우리는 그 지식의 대상이 되시는 삼위일체 하나님의 영광을 절대 샅샅이 규명하지는 못한다.

10 / 예수께서는 우리가 하나님과 예수 자신을 알기를 기도하셨다

> 요한복음 17장 3절
> 영생은 곧 유일하신 참 하나님과
> 그가 보내신 자 예수 그리스도를 아는 것이니이다.

유일하신 참 하나님

'하나님'을 믿고, 그분을 위해 큰 희생을 하며, 그분을 섬기는 일에 자기를 바치는 사람은 많다. 하지만 그리스도께서 요한복음 17장 3절에서 가르치시는 대로 유일하신 참 하나님을 알지 못하면 이 모든 것이 다 헛일이다. 지식 부족은 참 신앙을 망치며, 하나님의 백성도 때로 그런 죄를 범할 수 있다.

> 그러므로 내 백성이 무지함으로 말미암아
> 사로잡힐 것이요(사 5:13).

하지만 이것이 하나님께서 자신의 궁극적 목적을 완수하시는 것을 가로막지는 못한다. 하박국 2장 14절에는 하나님의 영광과 하나님을 앎이라는 주제가 병행되고 있다.

> 이는 물이 바다를 덮음같이
> 여호와의 영광을 인정하는 것이
> 세상에 가득함이니라.

유일하신 참 하나님을 아는 지식이 세상을 가득 채울 것이다.

> 오직 여호와는 참 하나님이시요
> 살아 계신 하나님이시요 영원한 왕이시라(렘 10:10).

이스라엘의 이 기본적 고백은 한 분 하나님이, 우리가 섬기는 그 하나님이 존재하신다는 믿음을 표현한다. 이 한 분 하나님께서 인간에게 자신을 계시하시기에, 이 하나님은 절대 충성을 요구하셔야 한다(살전 1:9).

요한복음 17장 3절 주석에서 칼뱅은 다음과 같이 말한다.

> 참되다는 형용사와 유일하다는 형용사 두 가지가 덧붙여진다. 첫째로, 믿음은 하나님을 인간이 꾸며 낸 무익한 허구와 구별해서 단호한 확신으로 받아들여야 하며, 변하거나 주저하지 말아야 하기 때문이다. 둘째로, 믿음은 하나님에게는 모자라거나 불완전한 것이 전혀 없다고 믿고 오직 하나님만으로 만족해야 하기 때문이다.[1]

유일하신 참 하나님께 닻을 내린 믿음 외에는 그 어떤 믿음도 살아남지 못한다. 이 믿음은 하나님의 선물로 임해야 하며(엡 2:8), 그리하여 우리를 하나님께로 다시 인도한다. 다른 어떤 '신'도 유일하신 참 하나님에게서 오는 믿음을 충족시킬 수 없을 것이다.

그런데 그리스도께서는 하나님을 알기와 관련된 무언가를 여기에 덧붙이는데, 언뜻 보기에 이는 특이해 보인다. 그리스도께서는 백성들이 하나님뿐만 아니라 하나님께서 보내신 자 "예수 그리스도"도 알기를 기도하신다. 여기서 그리스도께서는 자기 자신을 삼인칭으로 언급하신다. 그리스도께서 왜 그렇게 하시는지는 우리가 알지 못할 수도 있으나, 우리 자신이 이 기도의 응답을 받는 쪽에 있어야 한다는 것은 확실하다.

우리는 우리의 중보자 예수 그리스도를 통해서만 유일하신 참 하나님을 안다. "본래 하나님을 본 사람이 없으되 아버지 품속에 있는 독생하신 하나님이 나타내셨느니라"(요 1:18, 마 11:27도 보라). 예수께서는 아버지를 알리시고, 아버지에게 이르는 유일한 길을 제공하시며, 그와 동시에 자기 입으로 이를 증언하신다. "내가 곧 길이요 진리요 생명이니 나로 말미암지 않고는 아버지께로 올 자가 없느니라"(요 14:6). 예수께서는 아버지를 '알리실' 뿐만 아니라, 아버지께 다가간다는 관점에서 아버지를 우리가 '알 수 있는' 분으로 만드신다. 참 신자라면 모두 그렇게 아버지께 다가감을 실천해야 한다.

예수님 당시에도 야훼를 믿는다고 하는 사람은 많았지만, 예수께서는 자신을 야훼로 믿는 믿음을 그 신앙에 반드시 포함시키기를 요구하셨다. 육신을 입은 하나님, 복된 삼위일체의 두 번째 위격으로서 예수께서는 사람들에게 자신의 참 정체를 숨길 수 없었다. "예수께서 외쳐 이르시되 나를 믿는 자는 나를 믿는 것이 아니요 나를 보내신 이를 믿는 것이며 나를 보는 자는 나를 보내신 이를 보는 것이니라"(요 12:44-45).

요한복음 17장에 기록된 예수의 기도의 흐름을 여기까지 살펴보았을 때, 구원에 이를 만큼 하나님과 그리스도를 아는 지식은 창조 세상이 그리스도께 드리게 되어 있는 영광과 관련해서 중요한 의미를 지닌다는 사실을 우리는 알게 된다. 하나님께서는 자기 자신을 영화롭게 하려고 세상을 창조하셨다. 이 사실에서 알 수 있는 것은 아버지께서는 성령으로써 신인(자신의 아들)에게 영광을 돌리며, 이 아들의 목표는 아버지를 영화롭게 하는 것인데, 아들은 성령의 권능으로 이 일을 하신다. 예수 그리스도 아닌 다른 어떤 길을 통해 하나님을 옹호한다면 이는 하나님의 영광을 훼손하는 일일 것이다. 하나님께서는 주로 예수 그리스도를 통해 자기 자신을 영화롭게 하시기 때문이다.

아버지를 알기

요한복음 17장 3절의 기도에서 예수께서는 영생을 받는 이들이 유일하신 참 하나님을 알기를 요구한다. 예수께서는 여기서 성부, 성자, 성령을 언급하는 것일까? 그렇기도 하고 아니기도 하다. 성부, 성자, 성령은 모두 동등하다. 세상에는 한 분 하나님이 계신다. 그런데 우리 주님께서는 또 이렇게 덧붙이신다. "그가 보내신 자 예수 그리스도"(요 17:3). 이 표현이 우리를 위해 문제를 해결해 준다.

외적 사역 중 어떤 것은 그것이 어떤 일이냐에 따라 신성의 삼위 중 특히 어느 한 위격의 사역으로 돌려지기도 한다. 이는 귀속의 교리(doctrine of appropriations)로 알려져 있다. 삼위일체의 세 위격 모두 공통의 특권을 소유한다. 하지만 예를 들어 어떤 한 일은 위격의 질서 안에서 성부의 독특성을 나타내기 위해 성부께서 하시는 일로 돌려질 수 있다(예를 들어 화목은 성부께서 하시는 일로 돌려진다[고후 5:18-19]). 삼위 하나님의 나뉘지 않는 외적 사역(아드 엑스트라 ad extra)은 흔히 (최종 사역으로서) 삼위 중 특별히 어느 한 위격을 드러낸다. 그럼에도 삼위 하나님의 외적 사역은 나뉘지 않지만 말이다.

하나님의 구속 사역의 질서와 경륜상, 성부께서 성자를 보내시고, 성자는 아버지의 아들이요 대표로서 기꺼이 가신다(요 3:17, 17:18, 20:21, 갈 4:4). 신약 성경은 보통 성부를 그냥 "하나님"으로 언급하며 때때로 하나님(성부)과 그리스도를 명백히 구별한다. 이는 예를 들어 고린도전서 8장 6절에서 볼 수 있는 '경륜적' 표현이다. "그러나 우리에게는 한 하나님 곧 아버지가 계시니 만물이 그에게서 났고 우리도 그를 위하여 있고 또한 한 주 예수 그리스도께서 계시니 만물이 그로 말미암고 우리도 그로 말미암아 있느니라"(고전 15:15, 27, 고후 13:14도 보라).

신약 성경에서, 앞서 언급한 원칙에 따라 하나님과 그리스도가 별개의 위격으로 구별되는 것을 볼 수 있다. 신약 성경은 그리스도를 통해 화목이 이뤄지는 대상은 성부라고 우리에게 알려 준다(고후 5:18-19). 성부는 본체(subsistence)의 질서상 첫 번째이시며, 그래서 구원의 경륜에서 성자께서 우리를 성부와 화목케 하신다. 물론 화목에는 죄 사함만이 아니라 그 이상의 일이 포함된다는 점을 주목해야 한다. 화목이라는 말의 완전한 의미상 이는 우리가 성부와 교제하도록 하려고(즉, 성부를 알도록 하려고) 성자께서 우리를 성부께로 데려간다는 사실을 표현하다시피 말이다.

존 오웬이 다소 획기적인 저서 「하나님과의 교제에 관하여」(*On Communion with God*)에서 아주 잘 언급했다시피, 신자는 주로 사랑으로 아버지와 교제한다. 예수께서는 우리가 아버지를 알 수 있기를 기도하시는데, 이는 아버지를 사랑하기와 우리를 향한 아버지의 사랑을 알기를 뜻한다. 오웬에게 아버지를 알기란 우리의 영혼이 아버지께 사랑받으며 그래서 우리가 아버지를 기뻐한다는 뜻이다. 그런데 오웬은 그리스도인이라면 마땅히 하나님 아버지를 기뻐하며 즐거워해야 하건만 그러지 못하는 이가 많다는 사실을 한탄한다. 그리고 (유감스럽게도) 이는 오늘날 교회에서 우리에게도 해당되는 일일 수 있다.

> 하나님과 친밀히 동행하기를 내켜 하지 않는 태도가 여전히 존재한다. 이 불건한 태도의 기저에는 무엇이 있는가? 사랑으로 아버지와 교제 나누는 것이 익숙지 않아서인가, 아니면 이 의무를 등한시해서인가? 우리는 하나님의 사랑을 아는 만큼 하나님을 기뻐할 뿐, 그 이상은 아닐 것이다. 하나님의 사랑을 알지 못한 채 하나님에 대해 다른 것을 알게 되면 그때마다 우리 영혼은 하나님에게서 멀리 도망치게 될 것이다. 하지만 마음이 아버지의 사랑의 이 고귀함에 일단 사로잡히면, 이에 감동되고 이에 정복되며 하나

님께 사랑받지 않을 수 없다. 이 사랑이 우리에게 역사해 하나님과 함께 거하게 만들 것이다. 아버지의 사랑이 아이로 하여금 아버지를 기뻐하게 만들지 못한다면 다른 무엇이 그렇게 만들겠는가?[2]

하나님을 아는 모든 참된 지식에는 하나님과 구속받은 죄인 사이의 상호 사랑의 대화가 수반된다. 사랑하면 사랑하는 사람을 알고 싶어 하게 된다. 하나님께서는 우리를 완벽히 아시며, 따라서 우리는 하나님께서 주시는 모든 도움으로 하나님 알려고 해야 한다. 이것이 최고로 중요하지 않다면 그리스도께서 자신의 사역에서, 특히 이 기도에서 이 점을 그렇게 여러 번 강조하시지 않았을 것이다.

그리스도를 알기

베드로는 주님께서 이 땅에서 사시는 동안, 그리고 그 후에도 그리스도를 알았다. 베드로는 친밀한 제자이자 사도로서 이 진귀한 특권을 소유했다. 그리스도께서 승천하신 지 몇 년 후, 사도의 권한으로 베드로는 신자들에게 "우리 주 곧 구주 예수 그리스도의 은혜와 그를 아는 지식에서 자라 가라 영광이 이제와 영원한 날까지 그에게 있을지어다"(벧후 3:18)라고 명령했다. 여기서 우리는 그리스도의 영광이라는 주제와 그리스도를 아는 지식이라는 주제가 서로 묶여 있는 것을 또 한 번 확인한다. 우리가 그리스도를 많이 알수록 그리스도께서는 영광을 더 많이 받으신다. 예수께서 기도로 구하신 것을 베드로는 그리스도를 대신해 명령했다. 베드로가 이 감동적인 축도를 했을 때 그리스도께서 대제사장으로서 드린 기도가 그의 뇌리에 번쩍 스쳐 지나간 것이 아닌가 하는 생각이 든다. 어떻든 간에, 그리스도의 위격과 사역을 안다는 것은 그리스도인에게 선택이 아니다. 우리에게 이는 본분을 다하는 기쁨이다.

예수가 만약 "그 안에는 지혜와 지식의 모든 보화가 감추어져 있[는]"(골 2:3) 신인(神人)이 아니었다면, 예수의 이 기도는 정신 나간 사람의 기도로 들렸을 것이다. 예수께서는 백성들, 곧 "각 나라와 족속과 백성과 방언에서 아무도 능히 셀 수 없는 큰 무리"(계 7:9)가 자신을 알기를 원하신다. 예수가 그렇게 많은 이가 알 만한 가치가 있는 존재였거나 아니면 예수를 신성모독 죄로 고소한 유대인들이 옳았거나 둘 중 하나다.

물론 예수는 우리가 알 가치가 있는, 잘 알 만한 가치가 있는 분이다. 예수는 "살아 계신 하나님의 아들"(마 16:16), 육신이 되신 말씀(요 1:14), "보이지 아니하는 하나님의 형상"(골 1:15), "하나님의 영광의 광채"(히 1:3), "만군의 여호와이신 왕"(사 6:5), "하늘에 있는 자들과 땅에 있는 자들과 땅 아래에 있는 자들"이 "주라 시인하여 하나님 아버지께 영광을 돌리[는]"(빌 2:10-11) 분이다. 이 세상이 인간 그리스도 예수에 관해 "기록된 책을 두기에 부족[할진대]"(요 21:25), 그분은 우리가 알 가치가 있는 분이다.

영생에 관한 예수의 기도는 기독교가 단순히 '감옥 탈출 카드'를 손에 넣는 것이 아니라 그보다 훨씬 큰 무언가와 관련된다는 사실을 우리에게 보여 준다. 그리스도인의 삶은 주로 소극적인(우리가 …… 에서 구원받았다는) 어떤 일이 아니라 적극적인(우리가 …… 에게로 구원되었다는)

어떤 일이다. 우리는 하나님과 그리스도를 알기 위해, 영원히 그 두 분과 교제하며 살기 위해 구원받는다. 아버지께서 최악(죄인들)을 위해 최상(자신의 아들)을 보내셨음을 알면 자비, 은혜, 지혜, 진리로 충만하신 이 하나님을 더 알고자 박차를 가하게 될 것이다. 그리스도를 앎으로써 우리는 하나님을 알며, 하나님을 앎으로써 우리는 그리스도를 안다.

11 / 예수께서는 세상이 존재하기 전에 소유하셨던 영광을 위해 기도하셨다

> 요한복음 17장 4-5절
> 아버지께서 내게 하라고 주신 일을 내가 이루어
> 아버지를 이 세상에서 영화롭게 하였사오니
> 아버지여 창세전에 내가 아버지와 함께 가졌던 영화로써
> 지금도 아버지와 함께 나를 영화롭게 하옵소서.

아버지의 뜻을 행하기

아버지께서는 아들을 세상에 보내사 큰일을 하게 하셨다. 가장 중요한 것은, 아들이 아버지의 뜻을 행하러 온 것은 아버지를 영화롭게 하고 그럼으로써 아들 자신도 고유의 영광을 상급으로 받기 위해서였다는 점이다. 아버지께서 세상을 창조하신 목적은 자신의 피조물로써 영화롭게 되기 위해서였으며 이보다 고귀한 목적은 없었다. 예수께서는 가장 고귀한 단계의 영광을 하나님께 바치셨다. 또한 그렇게 함으로써 예수께서는 자기 고유의 독특한 영광도 소유하셨다.

에덴 동산의 아담과 하와 시대에서부터 최후의 심판이 임할 때까지 무한하신 하나님께서 창조주로서 자신의 유한한 피조물에게 당하는 불순종에도 불구하고, 하나님께서는 세상을 즉각 멸하지 않으셨다. 그런 기다림은 하나님께서 예수 그리스도에게 명하사 행하게

하신 순종과 일 덕분에 정당성이 입증되었다.

이사야의 세 번째 종의 노래에서 우리는 하나님의 종의 순종에 대해 알게 된다.

> 주 여호와께서 나의 귀를 여셨으므로
> 내가 거역하지도 아니하며
> 뒤로 물러가지도 아니하며
> 나를 때리는 자들에게 내 등을 맡기며
> 나의 수염을 뽑는 자들에게 나의 뺨을 맡기며
> 모욕과 침 뱉음을 당하여도
> 내 얼굴을 가리지 아니하였느니라(사 50:5-6).

아버지께서는 종(그리스도)에게 고통스럽고 치욕적인 일을 맡기셨고, 그리스도의 생전에 이 일의 가치를 알아보는 이는 거의 없었다. 하지만 예수께서는 자신이 감당하는 힘든 일이 어떤 일인지 잘 알고 계셨고, "나의 양식은 나를 보내신 이의 뜻을 행하며 그의 일을 온전히 이루는 이것이니라"(요 4:34. 5:36도 보라)는 확고한 결단으로 기꺼이 이 일을 행하셨다.

또한 예수께서는 자신의 일이 헛수고가 아님을 알고 계셨다. 우리는 예수께서 다음과 같이 부르짖었을지도 모르는 이유를 때로는 이해할 수 있다.

> 그러나 나는 말하기를 내가 헛되이 수고하였으며

무익하게 공연히 내 힘을 다하였다 하였도다(사 49:4).

무엇보다, 많은 사람이 예수를 믿었을 때에도 예수께서는 "그의 몸을 그들에게 의탁하지 아니하셨으니 이는 친히 모든 사람을 아심이요 사람에 대하여 누구의 증언도 받으실 필요가 없었으니 이는 그가 친히 사람의 속에 있는 것을 아셨[기]" 때문이다(요 2:23-25). 사람을 의식하지 않는 예수의 태도는 결코 지나치게 냉소적인 태도가 아니었으며, 오히려 이 태도가 옳았음은 사역 과정에서 결국 여러 차례 입증되었다(요 6:66을 보라). 아버지의 뜻을 행하는 데 시종일관 마음이 붙박여 있었기에, 예수께서는 자신이 하는 일이 궁극적으로 헛되지 않을 것을 알고 계셨다. 그래서 이사야 49장에서 하나님께서는 그 종에게 이렇게 화답하신다.

네가 나의 종이 되어
야곱의 지파들을 일으키며
이스라엘 중에 보전된 자를 돌아오게 할 것은 매우 쉬운 일이라
내가 또 너를 이방의 빛으로 삼아
나의 구원을 베풀어서 땅끝까지 이르게 하리라(6절).

요한복음 17장의 기도를 하실 때 예수께서는 아버지의 일을 완수하면 큰 상급을 받게 될 것을 알고 계셨다. 예수는 "이방의 빛"이 되실 터였다. 이 시점에서 예수는 아직 사명을 완수하지 못한 것이 분명했다. 하지만 여기서 예수께서는 자신의 장차 사역이 이미 완수되

기라도 한 듯 예언적 방식으로 말씀하셨다. 우리가 때로 말하다시피, 십자가의 사역을 "다 이루었다"고 말씀할 수 있기 전에 하신 이 기도는 예수의 사명을 '끝난 거나 다름없이' 취급한다. 오늘날 가장 위대한 성도라 할지라도 그런 식으로 기도하면 건방진 기도가 될 테지만, 무죄하신 하나님의 아들의 경우에는 그렇지 않았다. 그분은 평생 아버지께 완벽히, 완전히, 그리고 기쁘게 순종하셨다. 이때 예수께서는 자신의 모든 일이 완료된 것처럼 말할 수 있는 모든 권리를 다 소유하셨다. 그러하기에 예수께서는 상급을 요청하셨다. 바로 영광 말이다.

창세전의 영광

하나님께서는 자신의 영광을 누구에게도 주시지 않으며(사 42:8), 이는 이스라엘 사람이라면 누구나 아는 사실이었다. 예수는 자기 고유의 지식 및 어린 시절 회당에서 읽은 구약 성경 덕분에 이를 잘 알고 계셨다. 하나님께서 하시는 일은 모두 하나님 자신을 위한 일이다.

> 나는 나를 위하며 나를 위하여 이를 이룰 것이라
> 어찌 내 이름을 욕되게 하리요
> 내 영광을 다른 자에게 주지 아니하리라(사 48:11).

예수가 하나님이 아니라면, 자신의 영광을 구하는 예수의 기도에서는 이단과 신성모독의 기미가 느껴졌을 것이다. 구약 성경 학도로서 예수께서 아무 권리도 없이 어떤 것을 요구하고 있었다 할 것이다. 하지만 예수께서는 사실 창세전에 아버지와 함께 소유했던 영광을 요구하셨다. 예수께서는 자신에게 이 영광을 소유할 자격이 있음을 알고 계셨으며, 뿐만 아니라 예수가 하나님의 선재(先在)하시는 아들일 경우 이는 이치에 맞는 요구였다. 하지만 우리가 이 구절을 다루는 데에는 몇 가지 해석상 어려움이 있다.

참 인성(인격이 아니라)을 입은 성자의 역사적 실재(實在)를 고려할 때, 예수께서는 어떻게 창세전에(따라서 성육신 전에) 소유하셨던 어떤 것을 요구할 수 있었을까? 그리스도께서는 자신의 신성을 따라 말씀하는 것이었을까, 아니면 인성을 따라 말씀하는 것이었을까? 전자라면, 하나님의 영광은 무한하고 불변하고 영원한데 그 영광이 어떻게 줄어들거나 상실되었다가 이제 회복되거나 다시 주어질 수 있다는 것일까? 또한, 그리스도께서 만약 인성을 따라 말씀하신 것이라면, 성자가 시간 가운데서 육체가 되셨는데(즉, 성육신은 역사 속에 실제 있었던 사건인데) 어떻게 영원 전의 과거에 주어진 어떤 것을 다시 받을 수 있다는 것일까?

첫째, 그리스도께서는 중보자, 신인으로서 이 요구를 하셨다. 그리스도께서는 인성이나 신성으로서가 아니라 중보자이신 분으로서 영광을 요청하셨다. 어떤 이들은 그리스도께서 성삼위의 두 번째 위격, 즉 성자 하나님께 속한 영광을 간구하셨다고 말한다. 또 어떤 이들은 성삼위의 어떤 위격에게든 영광이 회복된다는 것은 있을 수 없는 가정이라고 주장한다. 애초에 영광은 줄어들 수 없는 것이기 때문이라고 말이다. 하나님의 어떤 속성이 줄어들 수 없는 것과 마찬가지로 하나님의 영광은 줄어들 수 없다. 하나님은 모든 속성에서 불변하시고 무한하시다.

그리스도께서는 이 땅에 계시는 동안 감춰져 있거나 일시 중지되었던 영광을 요청하셨다. 그러므로 이 특별한 영광은 있는 그대로의 신적 영광일 수 없었다. 이 영광은 다른 무엇이어야 했다. 토머스 굿윈(Thomas Goodwin, 1600-1680년)은 이 문제에 관해 어쩌면 가장 만족스러운 논의법을 제시한다. 굿윈은 성자의 창세전 영광이 단순히 그분의 신성에서 고려된, 성자 하나님으로서 그분이 소유한 영광을 가리킨다는 주장을 부인한다. 창세전 영광은 중보자로서 신인이신 예수 그리스도 자신의 영광이었다.

하나님으로서 성자께서는 영광을 구하는 기도를 할 필요가 없었다. 사실 이 땅에 계시는 동안에도 성자는 여전히 완전한 하나님이었고, 그래서 완전히 영화로우셨다. 그리스도께서 영광을 구하셨기에, 창세전에 지니셨던 그 영광의 "중지"(굿윈의 말처럼) 상태가 있었던 것이 틀림없다. 그래서 굿윈이 주목하다시피, "기도로 구한 영광의 주체는 인간이다. …… 영광의 주체가 인간이라는 것, 아니 그보다는 (신성과 인성이) 함께 결합된 상태의 신인 자신이 기도의 주체임이 분명함은" 아래와 같은 이유에서다.

1. 그리스도께서는 낮아지셨으나 그럼에도 아버지를 위한 사역에 충실하신 분으로서 기도하셨다.
2. 그리스도께서 요청한 영광은 중지되어 있었으나 이 영광은 여전히 확실한 상급이었다. "그리스도가 이런 고난을 받고 자기의 영광에 들어가야 할 것이 아니냐"(눅 24:26).

3. 그리스도께서는 영원한 신인으로서의 자신의 인성에 나타날 하늘의 영광을 구하셨다. 그리스도께서는 이 영광을 자기 백성들이 보기를 바라셨다. "아버지여 내게 주신 자도 나 있는 곳에 나와 함께 있어 아버지께서 창세전부터 나를 사랑하시므로 내게 주신 나의 영광을 그들로 보게 하시기를 원하옵나이다"(요 17:24).

4. 요한복음 17장 24절은 그리스도께 주어진 영광, 구속받은 성도도 누릴 수 있는 영광을 언급한다. 우리는 영화(榮化) 상태에서도 하나님의 본질적 영광은 이해할 수 없을 것이다. 그 영광은 하나님의 아들, 예수 그리스도를 통해 중재되어야 한다.

5. 하나님은 영이시며, 그래서 인간인 우리는 예수 그리스도의 얼굴에서 하나님을 가시적으로 본다. 본다는 것은 시각적인 일이기도 하고 지적인 일이기도 해서 하나님께서 인간을 향해 (높아진 상태일지라도) 자기를 낮추실 것이 요구된다.

그렇다면 그리스도께서는 어떻게 창세 전의 영광을 소유하실 수 있었을까? 굿윈은 이렇게 답변한다.

> 이는 두 번째 위격이 하나님의 단일한 예정에 따라 신인(神人)이 되신 상태에서, 자신에게 주어진 바로 그 예정 안에서, 그리고 그 예정에 의해, 하나님의 독생자의 영광으로, 그에 따른 완전하고 정교한 의미상 그분의 당연한 권리로서 그분에게 주어지고 그분에게 미리 정해진 것으로 소유한 영광이었다.[1]

아우구스티누스도 기본적으로 동일한 해석을 제시했다. 비록 아리우스파와 싸우고 있었고 앞서 언급한 다른 견해를 지지할 모든 이유를 다 갖고 있었지만 말이다. 굿윈은 계속해서 이렇게 말한다. "하나님께서는 먼저 하나의 주된 목적을 가지고 신인이신 그리스도 자신의 영광을 위해서, 그리고 그리스도에 대한 하나님의 예정으로서 그리스도에게 [영광이라는] 재산을 절대적으로, 따로, 독립적으로 주신 후, 그 최초에 주어진 영광을 모든 피조물의 영광이라는 임대물로 그분에게 주셨다"(고전 2:8).[2]

존 오웬도 이 견해를 취한다.

> 하지만 성부의 뜻의 모든 의논을 실행하기 위해 성부께서 계획하신 대로, 성자의 위격에 속하는 독특한 영광과 존귀가 있었다. 그래서 성자의 그 기도는 그 의논의 성취에 관한 기도였다. "아버지여 창세전에 내가 아버지와 함께 가졌던 영화로써 지금도 아버지와 함께 나를 영화롭게 하옵소서"(요 17:5). 주 그리스도께서 이 말씀으로 기도하신 것이 신성의 속성을 인간에게 실제로 전해 주사 인간을 무한하고 전지하며 어떤 공간에도 제한받지 않게 만들어 달라는 것이었다고 생각한다면, 이는 그리스도께서 높아지심이 아니라 멸망을 위해 기도한 것이라 생각하는 것이다.[3]

하나님 아버지께서는 예정된 영광으로써 택함 받은 자들의 중보자인 아들에게 복을 주셨고, 이 영광에는 자신의 일을 성실히 완수한 데 대해 약속된 상급도 포함되었다. 교회의 머리, 세상의 구주,

영광과 존귀로 관을 쓴 하나님의 가시적 형상이 되는 것도 그분에게 약속된 영광에 포함되었다.

이어서 하나님께서는 그리스도에게 이를 예정하신 바로 그 순간, 이 영광을 그리스도에게 주셨다. 그리스도께서 낮아지신 상태에 있어 비록 사람들 눈에는 잘 안 보였지만 말이다. 성자는 선재하는 분이었기 때문에, 이는 가능했을 뿐만 아니라 하나님의 장대한 계획과 목적에도 들어맞았다. 성자는 중보자로서 자신의 것이 될 영광을 창세전에 알고 계셨다. 성자는 죄와 비참함의 세상으로 자원하여 들어오셨다. 자신만이 세상을 그 속박과 부패 상태에서 구해 내리라는 것을 아시고서 말이다. 그렇다면 하나님께서 예정하신 목적을 이룰 존재로서 그분께서 자신의 영광을 구한 것은 합당한 일이었다.

우리는 창세전부터 우리에게 주어진 것을 위해 기도할 수 있고 또 기도해야 한다. 하나님께서는 그리스도 안에 있는 모든 영적 복으로 영원 전부터 우리에게 복을 주셨으며, 그분의 형상을 닮아 가는 것도 이 복에 포함된다(롬 8:29). 우리는 이렇게 기도할 수 있다. "아버지여, 이생에서는 믿음으로써, 그리고 내세에서는 보이는 것으로써 우리가 아들을 닮게 하심으로써 우리를 영화롭게 하소서." 우리는 그리스도 안에서 택함 받았을 때 이 영광을 소유했지만(엡 1:4-5), 우리가 이미 그리스도와 함께 다시 살리심을 받았기에(골 3:1) 우리 소유가 된 이 영광의 완성은 아직 임하지 않았다. 그때까지 우리는 이 현실이 실현되기를 기도해야 한다.

12 / 예수께서는 하나님의 자기 계시에 관해 기도하셨다

요한복음 17장 6-8절

세상 중에서 내게 주신 사람들에게 내가 아버지의 이름을 나타내었나이다
그들은 아버지의 것이었는데 내게 주셨으며
그들은 아버지의 말씀을 지키었나이다 지금 그들은
아버지께서 내게 주신 것이 다 아버지로부터 온 것인 줄 알았나이다
나는 아버지께서 내게 주신 말씀들을 그들에게 주었사오며
그들은 이것을 받고 내가 아버지께로부터 나온 줄을 참으로 아오며
아버지께서 나를 보내신 줄도 믿었사옵나이다.

그리스도, 신성한 보고(寶庫)

우리의 구원과 관련해 가장 중요하면서도 자주 간과되는 측면 중 하나는 예수가 하나님께서 교회에게 계시하시는 모든 구원의 진리의 '보고'(repository, 즉 근원, 샘)라는 사실이다. 예수는 우리에게 계시된 모든 거룩한 진리의 보고일 뿐만 아니라 그 진리의 총합과 중심을 제공하신다. 예수는 성육신하신 하나님이시기에, 그리스도 없이는 신학도 없다. 바울이 골로새 교회에게 바란 것은, 이들의 마음이 격려를 받고 사랑으로 서로 연합하며 "확실한 이해의 모든 풍성함과 하나님의 비밀인 그리스도를 깨닫는" 것이었으며, "그 안에는 지혜와 지식의 모든 보화가 감추어져" 있었다(골 2:2-3).

신인, 곧 하나님과 택함 받은 자 사이의 유일한 중보자로서 예수께서는 하나님의 복음의 비밀에 속하는 모든 것을 교회에 전달하신

다. 스티븐 차녹(Stephen Charnock, 1628-1680)은 "무엇이든 하나님의 영광에 이바지하는 것은 …… 그리스도께서 완전히 계시하신다"고 말한다.[1] 아들은 아버지를 아시며 그래서 아버지를 계시하신다. 죄인인 인간은 자기 스스로는 이 일을 할 수 없었다. 그리스도에게는 성부와 성령과의 친밀한 관계가 있으며 한낱 인간은 이 관계를 이해할 수도, 기대할 수도, 혹은 이 관계를 소유했다고 주장할 수도 없을 것이다(요 3:13). 게다가 그리스도는 '창조라는 하나님의 첫 계시의 수단'이었다(잠 8:22, 요 1:3-4, 히 1:2를 보라). 그리스도는 창조뿐만 아니라 구속(救贖)에서도 하나님의 지혜와 권능이시다.

차녹은 이렇게 덧붙인다.

> 이제 창조에서 성자 하나님께서 하나님의 어떤 형상을 모든 피조물에게 전달하셨고, 이성을 가진 피조물에게 하나님을 알리는 것이 창조의 목적인 만큼, 추후에 하나님을 더 설명할 필요가 있었을 때 맨 처음 세상이란 구조물에서 하나님을 나타냈던 성자 하나님께서 그 일을 하시는 것이 매우 타당했다. 마음속 이성의 아름다운 심상이 언어와 말로 발현될 때 마음의 내적 인식, 생각, 관념, 본질, 자세를 표현하기에 가장 적절한 것처럼, 본질적 하나님의 말씀이 육신의 옷을 입고 하나님에게서 나와 하나님의 본질(nature)과 생각을 우리에게 나타낸다. 하나님의 말씀인 그분은 하나님의 본질을 나타내기에 가장 합당하시다.[2]

그리스도만이 하나님의 이름을(즉, 하나님의 존재를) 완벽히 나타내실 수 있었다. 그래서 성자가 성부에게 보냄 받아 성령의 능력으로 세상에 오신 '큰 목적'은 하나님을 계시하는 것이었다(마 13:35, 요 1:18). 성경에서 우리가 어떤 내용을 보든, 이는 다 그리스도의 손에서 왔다. 사실 예수의 말씀 부분만 빨간 글씨로 표현한 성경책은 중요한 신학적 포인트를 놓치고 있다. 즉, 성경의 모든 말씀이 다 그리스도의 말씀이라는 사실을 말이다.

하나님의 계시라는 개념에서 그리스도가 매우 중요하기에 심지어 천사들도 그리스도에게서 오는 하나님에 관한 지식에 의지하니, 그리스도는 바로 천사 창조의 수단이었다. 차녹의 말에 따르면, 천사들은 그리스도께서 지상에서 공적 사역을 하실 때, 특히 마지막 며칠 몇 시간 동안 그분의 생애가 전개되는 것을 보면서 "하나님과 하나님의 본질에 대해, 하나님의 지혜의 깊이에 대해, 하나님의 은혜라는 보화에 대해, 그리고 하나님의 진노의 힘에 대해 깨닫되 하나님께서 세상에서 …… 천사들이 존재해 온 그 사천 년 동안 행하신 모든 행위를 보았을 때보다 더 많이 깨달았다."[3]

하나님의 이름을 나타냄

그리스도의 지상 사역의 주된 목표 중 하나는 하나님의 이름을 나타내는 것이었다. 기도할 때 그리스도께서는 자신이 이미 알고 있는 것을 아버지께 올바로 아뢰었다. 하나님께서는 우리가 말씀드리는 것을 이미 다 알고 계신다. 그러므로 기도란 하나님께서 이미 알고 계신 것을 그저 아뢰는 것이 아니라 그 이상의 일이다. 그리스도께서는 기도 중에 진리를 확증하셨다.

요한복음 6장 45-46절에서 그리스도께서는 이사야 54장 13절을 인용함으로써 자신을 비판하는 자들에게 답변을 시작하신다. "네 모든 자녀는 여호와의 교훈을 받을 것이니." 여호와께 속한 사람들은 그리스도께 속할 것이니, 그리스도께서 야훼의 대변자로 일하시기 때문이다. 그리스도께서는 야훼를 아는 지식을 아버지께서 자신에게 주신 사람들에게 중간에서 전달한다. "아버지께 듣고 배운 사람마다 내게로 오느니라"(요 6:45).

요한복음 17장 6-8절에서는 그리스도의 사역에 대한 확신이 등장한다. 그리스도께서는 아버지를 성실하게 계시하셨고, 이는 아버지를 본 그리스도만이 하실 수 있는 일이다(요 6:46). 사역으로든, 말씀으로든, 예수께서는 아버지의 이름을 계시하신다. 이 "이름"(요 17:6)은 단순한 이름보다 훨씬 많은 것을 수반하며, 하나님께서 자기 자신에 관해 우리에게 계시하시는 모든 것을 포함한다. 사람들은 왜 예수가 아버지에게서 오신다고 믿어야 할까? 이들이 아버지께 속해 있고 예수는 아버지에게서 나셨기 때문이니, 하나님을 안다고 하는 사람은 모두 예수 그리스도를 통해서만 그렇게 주장할 수 있다. 예수의 말씀을 들었을 때 사람들은 예수를 통해 아버지께서 하시는 말씀 또한 들었다. 예수의 말씀은 아버지에게서 왔기 때문이다(요 17:8).

이 같은 말로 기도했을 때 이 기도가 그리스도께 안겨 드렸을 기쁨을 우리는 기억해야 한다. 하나님의 주 대변인 예수는 아버지의 뜻에 내밀히 관여하게 되었다. 그래서 예수께서는 아버지를 아는 독특한 특권을 소유하셨으며, 어떤 면에서 이 때문에 오직 예수만이 하나님 나라의 비밀을 계시하기에 적합한 존재가 되었다(마 13:11). 그리스도의 모든 말씀은 하나님의 말씀이며(요 5:19-30), 이는 말씀이라 불린 분(요 1:1, 14)에게 여전히 합당하다.

하나님의 백성에 관하여

기도에 대한 그리스도의 확신은 아버지와의 본래 관계에서 비롯되었다. 더 나아가 그리스도께서는 하나님의 뜻에 따라 성령으로 기도하셨다. 이 점에서 하나님의 뜻에 따라 그리스도께서는 하나님께서 주신 백성을 위한 대표로서 세상에 들어오셨다. 시편 2편 8절이 이 점을 분명히 한다.

> 내게 구하라 내가 이방 나라를 네 유업으로 주리니
> 네 소유가 땅 끝까지 이르리로다.

요한은 그리스도에 관한 이 진리를 일찍이 명시적으로 진술했다. "아버지께서 내게 주시는 자는 다 내게로 올 것이요 내게 오는 자는 내가 결코 내쫓지 아니하리라"(요 6:37. 10:28-29도 보라). 예수께서는 아버지께서 자신에게 주신 사람들에게 독특한 방식으로 자기를 계시하신다. 여기서 우리 주님께서는 하나님의 약속에 근거해 기도하시되 그런 약속들이 그리스도 안에서 "예"와 "아멘"이라는 확신으로 기도하신다(고후 1:20).

하나님의 메시아로서 그리스도에게 가장 중요한 소원 중 하나는 사람들이 자신을 그렇게, 즉 야훼의 종/메시아로 알아봐 주었으면 하는 것이었다. 우리를 위한 중보자로 하나님에게서 보냄 받은 예수께서 이 일에 관해 기도하신 이유는 궁극적으로 여전히 이것이 우리 구원의 큰 목적이기 때문이다. 즉, 하나님과 그리스도를 알게 되는 것 말이다(요 17:3).

요한복음 17장 6-8절에서 예수께서는 아버지를 백성들 앞에서 높이신 것처럼 자기 백성을 아버지 앞에서 칭찬하신다. 하나님의 백성과 하나님 사이의 사슬은 절대 끊어지지 않을 것이다. 그리스도와 성령이 우리가 영원히 하나님의 은총과 사랑 안에 있도록 묶어 주는 띠이기 때문이다. 그리스도께서 여기서 하시는 말씀은 하나님의 모든 참 자녀에게도 해당되어야 한다. 하나님의 자녀가 저마다 하나님의 말씀을 받아 지키는 것은 이 말씀이 그리스도의 손에서 오기 때문이며, 그리스도께서는 친히 자신의 영을 우리에게 주사 우리가 하나님의 일을 믿게 하신다.

놀랍게도 그리스도께서는 그런 식으로 우리 상황을 아버지 앞에서 변론하신다. "이들은 아버지의 말씀을 거의 지키지 않았습니다. 이들은 하나님의 약속을 믿지 않았습니다. 이들은 아둔하고 듣기를 더디합니다"라고 말씀하실 수도 있지 않았을까? 그러나 하나님의 백성의 많은 약점과 실패에도 불구하고 그리스도께서는 여전히 우리를 칭찬하신다. 이 사실로 이제 우리는 확신을 얻어야 한다. 그리스도께서 하늘에서 중보하실 때도 우리의 불순종을 아버지께 아뢰는 일보다는 우리의 순종을 아뢰는 일에 더 큰 관심을 보이신다고 말이다. 기뻐하는 구주로서 그리스도께서는 우리에게서 볼 수 있는 자신의 권능과 수고의 결과가 아버지를 기쁘시게 하리라는 확신으로 우리를 굽어보신다. 왜인가? 아버지께서 자기 아들이 한 일을 기뻐하실 것이기 때문이다.

하나님의 말씀 지키기

그리스도를 증언하는 말씀은 최고로 중요한 말씀이다. 우리는 이 문제에 관해 모호한 태도를 보일 수 없다. 그래서 그리스도께서는 기도하실 때 자기 백성이 하나님의 말씀을 지킨다는 사실을 확언하는 것을 목표로 삼으셨다. 성경은 그리스도께서 시종 그 일에 충실하셨다는 사실을, 그렇게 할 필요가 있었다는 사실을 명백히 보여 준다.

- 예수께서 이르시되 오히려 하나님의 말씀을 듣고 지키는 자가 복이 있느니라 하시니라(눅 11:28).
- 예수께서 대답하여 이르시되 내 어머니와 내 동생들은 곧 하나님의 말씀을 듣고 행하는 이 사람들이라 하시니라(눅 8:21).
- 너희는 말씀을 행하는 자가 되고 듣기만 하여 자신을 속이는 자가 되지 말라(약 1:22).

하나님께서는 듣기가 행하기로 이어져야 한다고 분명히 명하신다. 아버지께서 아들에게 주시는 사람들에게서는 모두 그렇게 이뤄질 것이다. 이 경우 그리스도의 기도는 확실히 그 일을 성취할 것이다. 하나님의 말씀을 지키려는 우리의 열심은 그 말씀이 설파될 때 우리가 그 말씀을 어떻게 받아들이느냐 하는 데서 비롯된다(살전 2:13을 보라). 그리스도, 곧 우리에게 큰 구원을 확신시키시는 분의 손에서 직접 말씀을 받으면 결국 순종하게 될 것이 분명하다. 우리가 말씀을 지킨다는 것은 사실 구원의 축복으로서, 그리스도께서는 이 복에 관해 기도하신다. 즉, 그리스도께서는 우리의 부분적 구원이 아니라 온전한 구원에 관해 기도하신다.

우리는 하나님의 말씀을 지켜야 하는가? 그렇다. 우리는 하나님의 말씀을 지킬 것인가? 그렇다. 사실 이생에서는 불완전하게 지킬 수밖에 없지만 말이다. 그리스도께서는 이 목표를 염두에 두고 기도하심으로써 이 일을 가능하게 만드셨다. 내가 그리스도인이고 하나님의 말씀을 지킨다면, 내가 그렇게 할 수 있도록 그리스도께서 기도하셨다는 사실을 마음에 새기라. 아버지께서 나를 그리스도에게 주셨으니, 그리스도는 하나님의 말씀을 지키셨고 하나님의 목적을 이루는 방식으로 내가 그 말씀을 '듣고' '행할' 능력을 갖게 되기를 아버지께 기도하신 분이다. (성령의 능력으로) 우리가 하는 순종은 모두 성자의 기도에 대한 응답으로서 온다. 이것은 얼마나 우리를 겸손케 하는 동시에 위로가 되는 사실인가!

13 / 예수께서는 택함 받은 자가 예수를 영화롭게 하기를 기도하셨다

> 요한복음 17장 9-10절
> 내가 그들을 위하여 비옵나니 내가 비옵는 것은 세상을 위함이 아니요 내게 주신 자들을 위함이니이다 그들은 아버지의 것이로소이다 내 것은 다 아버지의 것이요 아버지의 것은 내 것이온데 내가 그들로 말미암아 영광을 받았나이다.

그리스도께서는 세상을 위해 기도하지 않으신다

아주 간단히 말해, 그리스도께서는 자신이 중보 기도하는 사람들을 구원하신다. 만약 그리스도께서 기도하시기를, 하나님의 뜻에 따라 온 세상이 구원받기를 기도하신다면, 예외 없이 모든 사람 한 명 한 명이 다 구원받을 것이다. 하지만 요한복음 17장 9-10절에서 보다시피 그리스도께서는 그렇게 하시지 않는다. 그리스도께서는 "세상을 위함이 아니요 내게 주신 자들을 위[해]" 기도하신다. 그리스도께서는 아버지의 주권적 계획에 따라 구원으로 택함 받은 자들을 위해 중보 기도하신다. 토마스 맨튼이 (존 캐머론과 존 오웬의 말을 인용해) 말하다시피, "우리는 거룩한 인간으로서의 그리스도의 기도와 중보자로서의 그리스도의 기도를 구별해야 한다."[1] 거룩한 인간으로서 그리스도께서는 자기 원수들을 위해 기도하실 필요가 있었다(마 5:44). 하지만 중보자로서 그리스도께서는, 요한복음 17장의 경우처럼 택함 받은 자들만을 위해 기도하셨다.

요한복음 17장을 이렇게 이해하는 것에 모두가 다 동의하지는 않는다. 여기서 예수께서는 제자들을 위해 기도하셨다고, 제자들이 말씀을 들고 세상으로 갈 수 있기를 위해 기도하신 것이라고 말하는 이도 많다. 하지만 D. A. 카슨(Carson)이 주목하는 것처럼, 그리스도께서 하신 구별은 단순히 실용적인 구분이 아니다. 마치 제자들이 말씀을 가지고 세상으로 나가는 것만을 위해 기도하시기라도 한 양 말이다. 카슨은 이렇게 설명한다.

> 사실 제자들의 사명은 몇 구절 뒤에 언급되며(18절), 예수께서는 제자들의 메시지를 통해 자신을 믿고자 하는 사람들을 위해 기도하시는 것일 수도 있다(20절). 설령 그렇더라도, 이 시점에서 누구를 위해 기도하느냐에 관해 예수께서 스스로 짊어지신 제한은 실용주의적이거나 선교학적 제한이 아니라 신학적 제한이다. **실용주의적 제한이나 선교학적 제한은 우리 몫이다.** 하나님의 사랑이 얼마나 광대하든(3:16), 세상을 향한 예수의 자세에 얼마나 구원 의지가 강하든(12:47), 제자들을 서로, 그리고 제자들을 신성과 동여매 주는 사랑, 친밀함, 순종, 믿음, 의존, 기쁨, 평강, 종말론적 축복, 결실의 독특한 관계가 있다.[2]

이 기도의 직접적 정황은, 사도들을 주로 염두에 두고 있더라도 배타적으로 사도들만 생각하면서 하는 기도가 아님을 보여 준다. 아버지께서는 만물을 아들에게 주신다(요 5:19-24). 여기서 그리스도께서는 아버지께서 주신 사람들 사이의 공통적 관심사를 아버지께 일깨워 드린다. 이 사람들은 그리스도 안에서 아버지에게 택함 받은 사람들이다(엡 1:3-5). 그리스도께서는 중보자로서 자신에게 주어진 사람들을 위해 기도하시며, 말씀을 가진 제자들이라는 핵심 그룹만이 아니라 다가올 모든 시대 모든 곳의 모든 택함 받은 자들까지 여기 포함된다.

마찬가지로 그리스도의 기도에 쓰인 표현은 그리스도를 거부하는 사람들에게 적용하기에는 지나치게 친밀하다는 점을 주목하라. 그리스도의 중보 기도는 누구든 그분께서 기도해 주시는 사람은 구원받는다는 유효한 결과를 반드시 낳는다. 간단히 말하면, 그리스도께서는 자신에게 주어지지 않은 자, 즉 유기자를 위해 기도하시지는 않는다.

그리스도의 중보 기도의 본질

웨스트민스터 소요리문답은 그리스도의 중보자적 제사장 직분에 관해 이렇게 말한다. "그리스도께서는 하나님의 공의를 충족시키고 하나님과 우리를 화해시키려고 자신을 단번에 희생 제물로 드림으로써, 그리고 우리를 위해 쉼 없이 중보 기도를 하심으로써 제사장 직분을 이행하신다"(25문). 개혁주의 신학자들은 일반적으로 봉헌(드려진 희생 제물)과 중보 기도의 관점에서 그리스도의 제사장 직분을 논했다. 차녹이 말하는 것처럼, "봉헌과 중보 기도는 서로 연결되되, 하나가 다른 하나에 선행한다. …… 봉헌이 중보 기도보다 선행하며,

중보 기도는 봉헌 없이는 있을 수 없었다."³

존 오웬도 그리스도의 중보 사역의 이 측면을 거론한다. "죄를 위해 희생 제사를 드리고 죄를 위해 기도하는 것 모두 동일한 중보자에게 속한 일이다."⁴ 앞에서 살펴본 것처럼, 요한복음 17장의 기도는 그리스도께서 천국에서 드리는 기도의 한 유형이다. 그리스도께서 이 땅에서 하시는 기도는 천상에서 하게 될 대언 기도를 미리 보여 준다. 더 나아가 천국에서 그리스도의 중보 사역은 그곳에서도 계속되는 봉헌 역할을 한다. 달리 말해, 오웬의 말에 따르면, "그리스도께서 자신의 죽음과 수난으로 무엇을 탄원하셨든[간청하셨든], 무슨 공로를 얻으셨든, 혹은 무엇을 획득하셨든, 이는 이것을 얻을 자로 그리스도께서 작정하신 사람들에게 틀림없이 적용되고 수여되어야 한다. 그렇지 않으면 그리스도의 중보 사역은 헛일이며, 그리스도께서 중보자로 드린 기도는 하나님께 들리지 않은 것이다."⁵

제사장 직분을 이행하실 때 그리스도의 희생적 죽음(봉헌)과 중보 기도는 불가분으로 연결된다. 토마스 맨튼은 구약 시대의 대제사장이 "자기 자신을 위해서가 아니라 백성을 위해 열두 지파의 이름을 가슴과 어깨에 새기고 [지성소에] 들어갔다. 그래서 그리스도는 우리 모두를 위해 성도 한 사람 한 사람에 대한 독특한 기록을 마음에 새기고 들어가신다"고 설명한다.⁶

그리스도의 중보 기도의 열매

천국에서 우리 주님께서는 자신의 삶과 죽음의 유익을 자신의 피로 값 주고 사신 교회의 몫으로 돌리신다(행 20:28). 역사적으로, 개혁주의 신학자들 중에는 택함 받은 자의 완전한 칭의가 결국 그리스도의 중보 기도에 달려 있다고 주장한 이가 많았다. 예를 들어 토마스 왓슨(Thomas Watson, 1620-1686)은 이렇게 말한다. "그런데 우리는 [무엇을 바탕으로] 의롭다 여김 받는가? 그리스도의 중보 기도를 바탕으로 한다."[7]

그리스도께서는 자신의 죽음을 통해 우리의 죄 사함을 초래하시거나 혹은 획득하신다. 그런데 그리스도의 중보 기도는 그리스도의 죽음의 공로가 우리에게 적용되는 수단이다. 그리스도께서 누군가를 위해 죽으신다면, 분명 그 사람을 위해 중보 기도하실 것이다. 아버지께서는 그리스도의 그런 요청을 물리치실 수 없다. 그리고 아버지께서는 그리스도께서 중보 기도해 주시는 사람을 외면하지 않으실 것이다.

이제, 그리스도께서 여기서 하시는 기도(요 17:9-10)와 관련해, 우리는 아버지께서 주신 사람들 안에서 그리스도께서 영화롭게 되시는 것을 본다. 그리스도께서는 자신을 영화롭게 할 사람들을 위해 기도하신다. 이를 알면 여기서 그리스도의 기도의 효력이 어떤 사람에게까지 이르는지 이해하는 데 도움이 된다. 그리스도께서는 자신에게 영광을 돌리는 모든 사람을 위해 기도하신다.

그리스도께서 자기 백성 가운데서 영화롭게 되기 위해서는 그 백성 사이에 어떤 확실한 표징이 있어야 할 것이다. 첫째, 우리는 그리스도의 피로 의롭다 여김 받을 것이며 영원한 영광에 대한 권리를 부여받을 것이다. 우리는 신인의 공로 덕분에 우리의 행위와 상관없이 구원받을 것이다. 둘째, 우리에게는 새 생명이 주어져 분노 상태에서 은혜 상태로 변화될 것이며, 여기에는 경건함(그리스도를 닮은 형상)도 포함된다.

그래서 베드로후서 1장 3-4절에서 우리는 다음과 같은 말씀을 보게 된다.

> 그의 신기한 능력으로 생명과 경건에 속한 모든 것을 우리에게 주셨으니 이는 자기의 영광과 덕으로써 우리를 부르신 이를 앎으로 말미암음이라 이로써 그 보배롭고 지극히 큰 약속을 우리에게 주사 이 약속으로 말미암아 너희가 정욕 때문에 세상에서 썩어질 것을 피하여 신성한 성품에 참여하는 자가 되게 하려 하셨느니라.

셋째, 이 땅에서 그리스도를 영화롭게 한다는 것은 우리가 장차 천상에서 그리스도를 영화롭게 한다는 뜻이다. 우리는 지금 우리의 거룩함으로 그리스도를 영화롭게 할 뿐만 아니라(고후 3:18), 우리의 고난을 통해서도 그리스도를 영화롭게 한다(딤후 2:12). 그렇다면 영원 세상은 여기 이 땅에서 우리 마음과 우리 입술에 일어난 일의 연장일 것이다(롬 15:6-7, 계 1:6, 5:12-13). 어떤 이들이 그리스도께 대해 불타오르는 사랑을 지니며 그리스도의 나타나심을 갈망하는 이유는 무엇인가?(벧전 1:7-8) 우리 안에서 영화롭게 되시기를 그리스도께서 기도하셨기 때문이다(요 17:10).

그리스도께서는 참 하나님에게서 나신 참 하나님으로서 본래적 영광을 소유하신다. 또한 그리스도께서는 신인이요, 보이지 않는 하나님의 보이는 형상으로서 독특한 영광을 소유하신다. 그리고 이 두

가지 영광 외에도 그리스도께서는 세 번째 영광을 소유하신다. 이는 그리스도의 신부에게서 그리스도에게 오는 영광이다. 궁극적으로 이 영광은 (그리스도의 피조물의 일부인) 우리에게 달려 있지 않다. 이 영광이 우리를 통해 그리스도에게 임하는 이유는 우리가 그리스도께 영광을 안겨 드리기를 그리스도께서 기도하시기 때문이다.

요한복음 17장 9절을 그 직접적 정황에서 이해하면, 그리스도를 영화롭게 하는 이들은 그리스도께서 기도해 주시는 이들, 아버지께서 그리스도에게 주신 이들이라는 사실을 분명히 알 수 있다. 위로부터 우리에게 주어진 믿음은 초자연적 믿음이며, 이 믿음은 성자의 큰 이름, 모든 이름 위에 뛰어난 이름을 노래하는 찬양을 불러일으킨다(빌 2:11).

우리가 그리스도를 영화롭게 한다는 생각에 우리는 다소 놀라야 마땅하다. 그런데 바울이 에베소서 1장 22-23절에서 말하는 것처럼, 교회는 그리스도의 몸이요, "만물 안에서 만물을 충만하게 하시는 이의 충만함"이다. 그리스도가 우리의 남편이고 우리는 그리스도의 신부로서 그분을 완전하게 채운다는 의미에서 우리는 그리스도의 충만함이다. 하나님께서 구원을 계획하신 방식상 신부인 교회와 신랑인 그리스도는 서로를 적절히, 훌륭하게 보완한다. 그러므로 그리스도께서 기도하실 때 이를 하나의 책임으로 삼으시는 것은 이상한 일이 아니다. 요한복음 17장에서 아버지와 친숙하게 대화를 나누시면서 그리스도께서는 그 후 줄곧 말씀해 오고 계신 어떤 것을 확실히 하셨다. 즉, "내가 그들로 말미암아 영광을 받았[다]"는 것이다(10절). 한 분 하나님이신 성부 하나님, 성자 하나님, 성령 하나님께서는 반드시 교회가 그리스도를 영화롭게 하도록 만들 것이다.

맨튼은 "우리가 이 땅에서 예수를 영화롭게 할 때 그분은 하늘에서 우리를 위해 대언 기도를 하신다. 우리가 세상에서 예수의 일을 할 때 예수께서는 천국에서 우리의 일을 하신다"는 점에 멋지게 주목한다.[8] 그리스도께서 하늘 보좌에서 중보자로서 우리를 돌보시고 우리는 이 땅에서 그리스도를 높이고 영화롭게 하려고 애쓸 때 상호적 사랑은 저절로 드러난다.

우리가 성자를 영화롭게 할 때 우리는 성부와 비슷하게 행동한다. 맨튼은 이렇게 덧붙인다. "하나님의 모든 섭리에서, 그리고 아들 그 자체에서 하나님의 큰 목적은 아들을 영화롭게 하는 것이다. 하나님께서는 우리의 본성에서 그리스도를 영화롭게 함으로써 하나님 자신의 영광을 추구하신다. 그리스도의 영광을 위해서가 아니라면 우리에게는 말도, 복음도, 그리스도도, 은혜도 없을 것이다."[9]

14 / 예수께서는 아버지께서 교회를 지켜 주시기를 기도하셨다

> 요한복음 17장 11-12절
> 나는 세상에 더 있지 아니하오나 그들은 세상에 있사옵고
> 나는 아버지께로 가옵나니 거룩하신 아버지여 내게 주신 아버지의 이름으로
> 그들을 보전하사 우리와 같이 그들도 하나가 되게 하옵소서
> 내가 그들과 함께 있을 때에 내게 주신 아버지의 이름으로
> 그들을 보전하고 지키었나이다
> 그중의 하나도 멸망하지 않고 다만 멸망의 자식뿐이오니
> 이는 성경을 응하게 함이니이다.

중보 기도의 시작

요한복음 17장 11절에서 예수께서는 "거룩하신 아버지여 …… 아버지의 이름으로 그들을 보전하사"라고 기도하셨다. 10절에서 이어지는 자연스러운 흐름으로 볼 때, 우리가 아들을 영화롭게 할 것이라고 성자께서 선언하신 대로 우리가 그렇게 하기 위해서는 악의 세력에서 보호받을 필요가 있다. 우리 주님께서는 이 땅에서 자신의 시간이 끝나가고 있지만 자신을 따르는 이들은 세상에 남으리라는 것을 알고 계셨다. 그리스도께서 무엇을 획득하셨는지는 분명했다. 그리스도는 영광 중에 아버지의 오른편에 앉게 되실 것이었다("나는 아버지께로 가옵나니").

그리스도의 승천은 주목받아 마땅하건만 대개는 그렇지 못하다. 십자가, 그리고 죽음에서 부활하신 것만이 그리스도의 유일한 승리

는 아니었다. 이렇게 표현해도 될지 모르지만, 그리스도의 승리들은 계속되었고 앞으로도 계속될 것이다. 우리는 아버지가 계신 곳으로 돌아갈 것을 기대하면서 그리스도께서 경험하신 터질 듯한 기쁨을 놓쳐서는 안 된다. 신약 성경은 예수께서 그저 자유로이 떠다니는 영혼으로서가 아니라 신인으로서 천상으로 올라가셨다는 사실을 조심스레 강조한다(행 1:9-11).

평생 구약 성경을 연구하셨으므로 그리스도께서는 언젠가 자신이 천국에서 영광 중에 보좌에 앉게 될 것을 깨닫게 되셨을 것이다.

> 여호와께서 내 주에게 말씀하시기를
> 내가 네 원수들로 네 발판이 되게 하기까지
> 너는 내 오른쪽에 앉아 있으라 하셨도다(시 110:1).

그리스도께서는 십자가에서 마귀를 물리치신 후 죽음에서 일어나 이 땅에서 사십 일을 계시다가 승리한 정복자요, 하나님께서 사랑하시는 아들로서 천국으로 올라가셨을 뿐만 아니라, 우리의 선지자, 제사장, 왕으로서의 사역을 계속함에 따라 이 기도 제목을 하늘로 가지고 가실 것을 알고 계시기도 했다. 그래서 "나는 아버지께로 가옵나니"라고 기도하셨을 때, 여기에는 현재의 중보 기도 대상을 위해 계속 일하시리라는 뜻이 함축되어 있다.

그들을 보전하사

이 기도에서 예수께서는 "거룩하신 아버지여"라는 독특한 호칭으로 아버지께 다가가는데, 이는 성경 다른 곳에서는 찾아볼 수 없는 표현이다. 친밀하게, 하지만 초월적으로 예수께서는 아버지에게 경건함으로 다가가셨다(히 5:7). 그런 특징을 지닌 간구는 아버지 귀에 들리리라는 것을 예수께서는 알고 계셨다. 그러면 이 요청의 정확한 본질은 무엇인가?

"아버지의 이름으로 그들을 보전[해]" 달라는 그리스도의 말씀은 다양하게 이해되어 왔다. 어떤 이들은 여기서 그리스도께서 제자들을 하나님 이름의 권능으로 지켜 주시기를 구하고 있다고 주장했는데, 이는 구약 성경과 풍성하게 연관되는 개념이다. 예를 들면 다음과 같은 구절이 있다.

> 여호와의 이름은 견고한 망대라
> 의인은 그리로 달려가서 안전함을 얻느니라(잠 18:10. 시 5:11도 보라).

또 어떤 이들은 그리스도께서 하나님께 대한 그들의 충성의 관점에서 "[하나님의] 이름으로 그들을 보전[해]" 주시기를 기도하는 것이라고 말한다. 달리 말해, 우리 주님께서는 하나님의 자녀로서 우리가 우리 아버지의 이름에 충실하기를, 즉 우리가 아버지께 속해 있고 아버지를 대표한다는 사실을 늘 기억하기를 기도하신다는 것이다. 이렇게 이해하면 이 기도의 의미가 파악되는 것 같다. 비록 전자의 해석이 여전히 성경에 충실하고 하나님의 보호에 대한 확신을 주기는 하지만 말이다.

우리가 충실해야 할 이름은 아버지께서 예수에게 주신 이름이다.

예수는 아버지의 참 형상을 지닌 분으로서 아버지를 완벽히 계시하시기에, 예수께서는 아버지와 한 이름을 공유하신다. "이러므로 하나님이 그를 지극히 높여 모든 이름 위에 뛰어난 이름을 주사 하늘에 있는 자들과 땅에 있는 자들과 땅 아래에 있는 자들로 모든 무릎을 예수의 이름에 꿇게 하시고 모든 입으로 예수 그리스도를 주라 시인하여 하나님 아버지께 영광을 돌리게 하셨느니라"(빌 2:9-11). 하나님께 충실하려면 하나님의 아들에게 충실해야 하고, 하나님의 아들에게 충실하려면 하나님께 충실해야 한다. 예수께서 아버지를 계시하시는 만큼("내가 아버지의 이름을 나타내었나이다"[요 17:6]), 우리는 하나님과 그리스도께 성실함으로 화답한다.

D. A. 카슨은 이렇게 말한다.

> 아버지께서 내게 주신 이름은 하나님이 예수 안에서 자신을 최고로 계시하심을 가정한다. 이는 [요한]복음의 지배적 주제일 뿐만 아니라(1:18, 14:9), [17장] 6-8절 말씀에 전적으로 부합한다. "세상 중에서 내게 주신 사람들에게 내가 아버지의 이름을 나타내었나이다." …… 간단히 말해, 예수께서는 자신을 따르는 자들을 하나님께서 지켜 주사 예수께서 중간에서 이들에게 친히 전달하신 계시에 이들이 흔들림 없이 충성하게 해주시기를 기도한다.[1]

그리스도께서 여기서 요청하시는 것은 성도의 견인과 중요하게 연관된다. '이름'에 충성하게 해달라는 이 한 가지 요청은 견인에 관해 하나님의 참 자녀에게 있을 수 있는 모든 불확실함을 다 제거한다. 예수께서는 자신의 제자들이 (그리고 더 확장해 모든 제자가) 그 목표에 충실할 수 있도록 지켜 주시기를 하나님께 간청한다. 아버지께서 그리스도의 요청을 좌절시키거나 이뤄 주시지 않을 거라고 생각해야겠는가?

요한복음 17장 11-12절은 하나님과 그리스도께서 제자들을 보호하고 지키시는 것에 대해 말한다. 이는 천상에서 그리스도께서 제사장으로서 대언 기도 하시는 양상을 반영한다. 예를 들어 히브리서 9장 11-12절에서 우리는 아래와 같은 말씀을 본다.

> 그리스도께서는 장래 좋은 일의 대제사장으로 오사 손으로 짓지 아니한 것 곧 이 창조에 속하지 아니한 더 크고 온전한 장막으로 말미암아 염소와 송아지의 피로 하지 아니하고 오직 자기의 피로 영원한 속죄를 이루사 단번에 성소에 들어가셨느니라.

요점은 이것이다. 즉, 그리스도에게 한 번 구원받으면 (그분의 죽음을 통해) 그리스도에게 늘 구원받는다는 것이다(그분의 대언 기도를 통해). 예수께서는 "자기를 힘입어 하나님께 나아가는 자들을 온전히 구원하실 수 있으니 이는 그가 항상 살아 계셔서 그들을 위하여 간구하심이라"(히 7:25).

그리스도께서는 아버지의 이름에 근거를 두고 호소함으로써 우리의 견인의 중요성을 강조하신다. 어떤 의미에서, 주권적이시고 은혜로우시고 불변하시며 영원하신 주님으로서 하나님 자신의 명성이 이 일에 걸려 있다. 결과는 하나님의 권능이 결정할까, 아니면 죄가 결정할까?

유다는 '잃은 자'였다.

요한복음 17장 12절에서 그리스도께서 유다에 관해 하신 말씀은 정말 정신이 번쩍 들게 만드는 말씀이다. 성경에서 어떤 사람이 영원히 저주받는 경우에 관한 이야기는 좀처럼 볼 수 없다. 예수께서는 유다를 "멸망(혹은 '지옥')의 자식"이라고 부르시는데, 이는 유다의 운명을 가리키는 말일 가능성이 높지만, 유다의 성품 또한 가리키는 말일 수 있다. 앞서 예수께서는 이 가혹한 현실에 대해 말씀하셨다. "예수께서 이르시되 이미 목욕한 자는 발밖에 씻을 필요가 없느니라 온몸이 깨끗하니라 너희가 깨끗하나 다는 아니니라 하시니 이는 자기를 팔 자가 누구인지 아심이라 그러므로 다는 깨끗하지 아니하다 하시니라"(요 13:10-11).

유다가 잃은 자가 된 것은 아버지께서 그를 예수께 주시지 않았기 때문이다. 겉으로 보기에는 그리스도를 따르는 자로서 그리스도의 가르침을 받았고 그리스도를 위해 설교했고 그리스도와 함께 기도했지만, 유다는 결국 자신의 위선, 사악함, 그리스도의 대의와 진리에 대한 증오를 드러냈다. 예수께서는 유다의 이 배신행위를 가리켜 성경이 성취된 것이라고 하셨다. 우리는 요한복음 13장 18절에서 이 말씀의 의미를 알게 되는데, 이 구절은 시편 41편 9절을 인용한 말씀이다. "내 떡을 나눠 먹던 나의 가까운 친구도 나를 대적하여 그의 발꿈치를 들었나이다." 이 구절은 그리스도께서 당하실 배신을 예견하고 있다.

마찬가지로, 우리는 배신으로 얼룩진 다윗과 아히도벨의 관계에서 예수와 유다의 관계가 암시되고 있음을 알게 된다.

- 유다와 아히도벨 둘 모두 잘못을 저지른 후 스스로 목을 맸다(삼하 17:23 / 마 27:5).
- [유다와 아히도벨] 둘 모두 밤중에 악행을 도모했다(삼하 17:1 / 요 13:30).
- 다윗과 예수 둘 모두 감람산에서 구원을 위해 기도했다(삼하 15:31 / 막 14:26 이하).
- 다윗과 예수 둘 모두 기드론강을 건넜다(삼하 15:23 / 요 18:1).
- 한 사람의 죽음이 백성에게 화평을 안겨 주리라고 주장된다(삼하 17:3 / 요 11:50).[2]

아히도벨이 다윗을 배신한 일은 유다가 그리스도를 배신하게 될 것을 미리 보여 주는 하나의 예표로 존재한다. 두 사건이 이렇게 눈에 띄게 병행되는 것은 (만사에 대해서와 마찬가지로) 이 사건들에 대한 하나님의 주권, 성경의 성취를 절대 우연에 맡겨 두지 않는 주권을 명백히 보여 준다. 예수께서는 '신뢰하는 친구'가 자신을 배신할 것을 알고 계셨다.

자신의 사명과 우리의 구원에 관한 여러 가지 신적 진리를 아버지 앞에서 기도하시고 확증하실 때 예수께서는 악한 사람들의 행위를 통해서도 말씀이 성취될 것을 충분히 인식하고 계셨다. 그리스도의 영광으로 향하는 길은 반드시, 그리고 되돌릴 수 없이 수치의 골짜기 한가운데로 이어졌다. 가까이 지내던 열두 제자 무리 중 한 사람, 그 멸망의 자식에게 참담하게 배신당하는 것도 그 수치의 일부였다.

이 기도가 예수께 얼마나 고통스러웠을지 우리는 그저 짐작만 할 수 있을 뿐이다. 유다도 하나님의 형상으로 빚어진 사람이고 그렇게 많은 언약의 복을 받은 사람이건만, 악한 것을 위해 모든 선한 것을 결국 거부했다. 유다는 마침내 자신이 원하던 것을 얻었다. 다만 비극적으로 얻었을 뿐이다. 최고의 가르침, 최고의 제자 훈련, 최고의 목회적 돌봄을 받았음에도 유다는 탐욕과 위선과 배신으로 충만했고, 이는 결국 자살이라는 결과로 이어졌으며, 더 나쁘게는 영원한 징벌로 이어졌다.

이렇게 멸망의 자식(유다)은 잃었다고 기도하셨을 때 그리스도께서는 자신의 삶에 하나님의 주권적 뜻이 있음을 인정하셨다. 그리스도께서는 자신이 성실하게 제자들을 목양해 왔음을 알고 계셨다. 그리스도는 유다의 배신의 직접적 원인이 아니었다. 다만 성경이 성취되어야 했을 뿐이다. 아버지의 계획은 어떤 일정한 방식으로 전개되어야 했다.

15 / 예수께서는 제자들이 기뻐하기를 기도하셨다

> 요한복음 17장 13절
> 지금 내가 아버지께로 가오니 내가 세상에서 이 말을 하옵는 것은
> 그들로 내 기쁨을 그들 안에 충만히 가지게 하려 함이니이다.

기쁨의 근거

그리스도께서 아버지에게 기쁨을 요청하지 않으신다면 제자들에게는 기쁨이 없다. 요한복음 17장 13절에서 그리스도께서는 제자들이 진리를 알게 해주셔서 이들이 구주를 대신해 사명을 계속 이행해 나갈 수 있게 해주시기를 구한다. 이 기도문 초반에 예수께서 이미 기도하신 내용은(요 17:1-5) 부활 후 제자들에게 교훈을 주실 때가 되어서야(요 20장) 사실상 그 의미가 명쾌해질 터였다.

제자들은 그리스도께서 죽음을 이기고 부활하시고 그 후 아버지께로 승천하신 후에야 참 기쁨을 제대로 이해하고 그에 따라 그 기쁨을 누릴 수 있었다. 하늘에서 그리스도께서는 위로부터 오는 은혜를 교회에 계속 부어 주심으로써 현재 교회를 보호하고 계신다. 이 은혜를 그리스도께서는 자신의 이름으로 성령의 능력에 의해, 하나

님의 영광을 위해 공급해 주신다.

앞서 우리 주님께서는 제자들의 기쁨과 관련해 자신의 기쁨에 대해 말씀하셨다. "아버지께서 나를 사랑하신 것같이 나도 너희를 사랑하였으니 나의 사랑 안에 거하라 내가 아버지의 계명을 지켜 그의 사랑 안에 거하는 것같이 너희도 내 계명을 지키면 내 사랑 안에 거하리라 내가 이것을 너희에게 이름은 내 기쁨이 너희 안에 있어 너희 기쁨을 충만하게 하려 함이라"(요 15:9-11). 이 구절에서 그리스도께서는 자신과 제자들이 연합되어 있는 현실을 제자들에게 알려 주신다. 제자들이 자신의 계명을 지키면 이들이 자신의 사랑 안에 거할 것이라고 그리스도께서는 증언하신다. 이는 그리스도 또한 아버지의 계명을 지킴으로써 아버지의 사랑 안에 머문다는 현실과 병행한다. 하나님의 계명 지키기는 하나님과 그리스도 안에 거하기와 명백히 연결될 뿐만 아니라 기쁨과도 연관된다. 실제로 예수께서는 요한복음 15장에서 "이것"에 대해 말씀하셔서 제자들의 기쁨이 "충만"해질 수 있게 하셨다(11절).

그리스도를 이 세상에서 없애 버리면, 즉 신인으로 성육신하신 것과 자기 백성을 위해 대신 고난당하신 것과 죽음에서 부활하신 것을 없애 버리면, 하나님의 영원한 축복에 대한 소망도 없고 따라서 참 기쁨에 대한 소망도 없다. 기쁘기는커녕 우리는 이 세상의 비참함 가운데서 밤낮 울어야 할 것이며, 이런 삶은 죽어서 무(無)로 돌아가기 전 잠시 임종실에 머무는 것에 지나지 않는다. 하지만 그리스도께서는 정말로 죽음에서 일어나셨고, 이는 예수가 죽음에서 일어나셨다고 말로 고백하고 진심으로 믿는 모든 이에게는 영원한 기쁨에 대한 소망이 있다는 뜻이다(롬 10:9).

그리스도의 기쁨

바울은 데살로니가 교인들을 보고 그렇게 기뻐했다. "또 너희는 많은 환난 가운데서 성령의 기쁨으로 말씀을 받아 우리와 주를 본받은 자가 되었으니"(살전 1:6). 환난과 그리스도인의 기쁨은 본디 함께 거하게 되어 있는 것이 분명하다.

그리스도께서는 신인으로서 성령의 열매인 경건한 기쁨을(갈 5:22) 경험하시는데, 이는 그리스도께서 성령을 소유하시기 때문이다. 우리는 구약 성경에서 '즐거워하는' 사람으로서의 그리스도를 본다. 잠언 8장 30-31절에서 의인화된 지혜인 성자께서는 이렇게 말씀하신다.

> 내가 그[야훼] 곁에 있어서 창조자가 되어
> 날마다 그의 기뻐하신 바가 되었으며
> 항상 그 앞에서 즐거워하였으며
> 사람이 거처할 땅에서 즐거워하며
> 인자들을 기뻐하였느니라.

이 구절은 아버지의 기쁨이신 그리스도께서 하나님과 세상과 사람의 자녀들을 기뻐하는 광경을 묘사한다.

사실은 "간고를 많이 겪[은]"(사 53:3) 분(a man of sorrow)이지만, 그러면서도 예수는 기쁨을 아는 분이기도 했다. 예수께서는 자기 제자들도 자신과 같기를 바라셨다. 기억하라. 예수께서 "성령으로 기뻐하

[심]"은 예수께서 사탄을 정복하여 이기신 것을 통해 오는 구원을 아버지께서 "어린아이들"에게 계시하셨기 때문이라는 점을(눅 10:21) 말이다. 예수께서는 자신이 사탄을 물리친 것을 즐거워하셨으며, 이는 우리 안에 현재는 물론 미래에 대한 경건한 확신을 낳는다. 십자가의 모든 공포 대신 기쁨이 예수 앞에 자리 잡은 것은 예수께서 믿음으로 십자가에 다가가셨기 때문이다. 예수께서는 하나님께서 아들에게 하신 모든 원대한 약속을 다 지키시리라는 것을 알고 계셨다(히 12:2).

하나님의 계명을 지킨다는 것은 예수께서 아버지의 사랑 안에 머문다는 의미였으며(요 15:10), 이는 우리 구주에게 큰 기쁨을 안겨 주었다. 아버지께서는 예수에게 구체적 계명을 주셨고, 이 계명에는 양 떼를 위해 목숨을 내놓는 것도 포함되었다("이 계명은 내 아버지에게서 받았노라"[요 10:18]). 그래서 자기를 내놓는 희생적 죽음의 시련 가운데서도 기쁨이 부재하지 않았던 것은, 이 기쁨이 하나님께 대한 순종에 닻을 내리고 있었기 때문이다.

예수께서는 요한복음 17장 13절에서 자신이 삼위일체의 두 번째 위격으로서 소유하는 무한한 신적 기쁨과 즐거움을 말씀하고 계신 것이 아니다. 그런 기쁨은 우리가 감당할 수 없다. 그런 특정한 복에 우리가 동참한다는 것은 존재론적으로 불가능하기 때문이다. 그런 기쁨은 우리를 멸절시킬 것이다. 이는 무한하고 영원하고 불변하는 권능, 영광, 공의, 거룩함으로 감싸인 즐거움이기 때문이다. 하지만 예수께서는 자신의 인성을 좇아, 성령의 능력으로, 자신의 제자들에게 전달될 수 있는 참된 영적 기쁨을 알고 경험하셨다.

내 기쁨을 그들 안에

예수께서는 제자들이 자신의 기쁨을 받기를 기도하시지만, 그 일은 하나님께서 정하시는 일정한 수단을 통해서만 일어난다. 예를 들어 예수께서는 제자들에게 이렇게 말씀하신다. "지금까지는 너희가 내 이름으로 아무것도 구하지 아니하였으나 구하라 그리하면 받으리니 너희 기쁨이 충만하리라"(요 16:24). 제자들은 구할 필요가 있다. 예수께서는 요한복음 17장 13절에서 자신이 제자들과 이미 이야기 나눈 것을 기도하신다. 그래서 그 기도의 말을 들었어도 제자들은 놀라지 않았을 것이다. 예수께서는 전에 제자들에게 가르치신 것을 이제 그들을 위해 기도하신다.

바울은 빌립보 교인들에게 기뻐하기를 요구한다. "주 안에서 항상 기뻐하라 내가 다시 말하노니 기뻐하라"(빌 4:4). 토마스 왓슨은 이렇게 이야기한다. "신앙은 절대 침울한 일이 아니다. 신앙은 기쁨을 안겨 준다."[1] 주께서 가까우시므로(빌 4:5) 우리는 불안해할 필요 없이 하나님의 평강을 구하는 기도를 할 수 있으며, 이 평강이 그리스도 안에서 우리 마음과 생각을 지켜 줄 것이다(빌 4:6-7). 예수께서 요한복음 15장 9-11절에서 기쁨을 예수와의 연합 및 예수의 계명 지키기와 연결시킨 것처럼, 바울은 기쁨과 평강을 아래 내용과 연결시킨다.

> 끝으로 형제들아 무엇에든지 참되며 무엇에든지 경건하며 무엇에든지 옳으며 무엇에든지 정결하며 무엇에든지 사랑받을 만하며 무엇에든지 칭찬받을 만하며 무슨 덕이 있든지 무슨 기림이 있든지 이것들을 생각하라 너희는 내게 배우고 받고 듣고 본 바를 행

하라 그리하면 평강의 하나님이 너희와 함께 계시리라(빌 4:8-9).

다시 말해, 기쁨과 평강은 선한 것에 대해 생각하기와 선한 것을 삶으로 구현하기를 하나로 묶어 준다. 평강 없이는 기쁨이 있을 수 없고, 기쁨 없이는 평강도 없다.

예수께서 기도하시되 자신이 받은 모든 선한 것을 우리가 함께 나누기를 바라는 방식으로 기도하신다는 사실 또한 주목하라. 예수는 탐욕스럽거나, 시기하거나, 탐내지 않으신다. 오히려 예수는 너그럽고 온유하시며, 자기 자신만이 아니라 우리에게도 최선인 것을 원하신다. 자기 자신에게만 최선인 것을 원한다면 이는 이기심의 극치일 것이다. 예수께서 무엇을 알고 계시며 무엇을 받을 자격이 있는지를 고려해 볼 때, 자신이 받은 복을 죄인인 인간과 함께 나누고자 하시는 모습은 예수가 왜 구주시며 하나님 백성의 주님이신지를 아주 분명히 보여 준다.

이 같은 사실의 자연스러운 결과로 우리에게는 기쁨을 추구할 의무가 있으며, 이 기쁨을 우리는 하나의 선택 사항으로서가 아니라 확실한 성령의 열매로서 소유한다(갈 5:22). 토마스 맨튼은 이렇게 말한다. "그리스도인이 자기들 고유의 더없는 기쁨을 활용하는 지혜가 없다면 이는 슬픈 일이다. …… 오! 생각해 보라. 부루퉁한 태도는 하나님께는 모욕이요, 내 신앙고백의 신뢰를 떨어뜨리는 일이며, 나 자신에게는 손해이고, 성령께는 슬픔이니 위로자로서의 성령의 사역에 내가 저항하기 때문이다."[2] 예수께서 기뻐하면서 십자가로 가실 수 있다면, 내주(內住)하시는 동일한 성령을 소유한 우리 또한 여러 시련 가운데서 기뻐해야 하지 않겠는가?

우리에게는 기뻐할 모든 이유가 있다. 우리 안에 계신 그리스도, 곧 영광의 소망이신 분(골 1:27)이 우리를 위해 계시며(롬 8:34) 우리가 자신과 함께 있기를 바라신다(요 17:24). 우리는 그리스도가 어떤 분이며 무엇을 기도하셨는지 알아야 한다. 그래야 그리스도의 기쁨이 우리 안에 충만해지기를 구할 수 있다(당연히 그래야 하듯). 우리를 사랑하시며 우리를 위해 자기를 주신 하나님의 아들을 믿는 믿음으로 사는 사람들에게는(갈 2:20) 확실히 이 일이 일어날 것이다.

16 / 예수께서는 세상 가운데 있는 제자들을 위해 기도하셨다

요한복음 17장 14-16절

내가 아버지의 말씀을 그들에게 주었사오매 세상이 그들을 미워하였사오니
이는 내가 세상에 속하지 아니함같이
그들도 세상에 속하지 아니함으로 인함이니이다
내가 비옵는 것은 그들을 세상에서 데려가시기를 위함이 아니요
다만 악에 빠지지 않게 보전하시기를 위함이니이다
내가 세상에 속하지 아니함같이 그들도 세상에 속하지 아니하였사옵나이다.

세상이 미워함

세속적 생각은 하나님과 반목하며(롬 8:7) 하나님의 백성과도 불화한다(요 17:14). 머지않아 이 땅을 떠나 영광 중에 하나님의 오른편에 앉게 될 것을(시 110:1) 염두에 두고 요한복음 17장 14-16절 말씀을 기도할 때 예수께서는 세상의 증오를 깊이 인식하고 계셨다. 또한 예수께서는 세상이 자신을 대적한 것처럼 자신의 이름을 지닌 모든 사람에게도 적대감을 보이리라는 것을 충분히 실감하고 계셨다. 제자들에게 기쁨에 대해 말씀하신 것처럼, 다락방에서 예수께서는 제자들이 세상에서 분명 미움 받을 것을 예상하고 이에 대해서도 제자들을 준비시키셨다.

너희가 세상에 속하였으면 세상이 자기의 것을 사랑할 것이나 너

희는 세상에 속한 자가 아니요 도리어 내가 너희를 세상에서 택하였기 때문에 세상이 너희를 미워하느니라 내가 너희에게 종이 주인보다 더 크지 못하다 한 말을 기억하라 사람들이 나를 박해하였은즉 너희도 박해할 것이요 내 말을 지켰은즉 너희 말도 지킬 것이라(요 15:19-20).

세상이 그리스도와 그리스도의 제자들을 미워하는 가장 근본적인 이유는 이들이 세상에 속하지 않아서다. 세상은 세상과 완전히 다른 이방인들을 미워한다. 요한이 주목하는 것처럼, "그 정죄는 이것이니 곧 빛이 세상에 왔으되 사람들이 자기 행위가 악하므로 빛보다 어둠을 더 사랑한 것이니라 악을 행하는 자마다 빛을 미워하여 빛으로 오지 아니하나니 이는 그 행위가 드러날까 함"(요 3:19-20)이다. 비슷한 예로 "세상이 너희를 미워하지 아니하되 나를 미워하나니 이는 내가 세상의 일들을 악하다고 증언함이라"는 말씀도 있다(요 7:7).

아버지로부터 예수께 주어진 사람들은 하나님의 임재 안에서 영원히 행복을 유지하게 해주는 더없이 귀중한 복을 받는다. 그런데 이들은 성자를 통해 성부로부터 계시된 말씀을 순종할 자들로 세상에서 선택받았다. 이들은 이 세상에 속하지 않고 '그리스도께' 속하여 그분의 가르침에 순종하기 때문에 세상은 이들을 미워한다.

세상에 속하지 않은 사람들을 향해 성경은 흔히 세상의 방식을 버리고 세상 사랑을 피하라고 명령한다. "세상이나 세상에 있는 것들을 사랑하지 말라 누구든지 세상을 사랑하면 아버지의 사랑이 그 안에 있지 아니하니"(요일 2:15). 그리스도께서는 우리에게 사랑할 능력이 주어졌음을 아신다. 하지만 우리가 무엇을 사랑할 것인가 하는 문제가 남는다. 우리는 하나님을 사랑하든지 아니면 세상을 사랑하든지 할 것이다. 하나님과 교제하며 살면서 하나님의 뜻을 알고자 한다면 세상을 본받아서는 안 된다(롬 12:1-2).

악에 빠지지 않게 보전하시다

세상은 믿지 않는 자 및 사탄의 일을 행하는 악한 영들을 포함해, 하나님에게서 멀고 하나님을 대적하는 영역이다. "또 아는 것은 우리는 하나님께 속하고 온 세상은 악한 자 안에 처한 것이며"(요일 5:19). 예수께서는 "이 악한 세대"에서 우리를 건지시려고 자기를 바치셨다(갈 1:4). 그러면 우리는 어떻게 화답해야겠는가?

하나님과 그리스도를 사랑하는 것이 여전히 세상을 사랑하는 것에 대한 최고의 교정책이다. 우리가 세상을 미워하는 것은 단순히 세상이 하나님 보시기에 선하고 사랑스럽고 만족스러운 것을 집어삼키고자 하는 공허하고 적대적인 곳이라는 인상을 주기 때문이 아니다. 우리는 그리스도의 백성으로서 하나님에게서 오는, 그리고 그리스도와 성령 안에서 모든 이를 다시 하나님에게로 인도하는 사랑과 애정을 품어야 한다. 우리가 세상에 속하지 않음은 우리가 자신이나 우리 삶에 그토록 많은 부분을 차지하고 있는 세상이 아니라 하나님을 첫째로 사랑하기 때문이다.

틀림없이 사탄은 하나님의 백성을 집어삼키려고 애쓴다. "근신하라 깨어라 너희 대적 마귀가 우는 사자같이 두루 다니며 삼킬 자를 찾나니"(벧전 5:8. 욥 1:6-12, 2:1-6, 고전 5:5, 고후 2:11도 보라). 베드로를 위해 다음과 같이 기도하실 때 그리스도께서는 이를 잘 알고 계셨다. "시몬아, 시몬아, 보라 사탄이 너희를 밀 까부르듯 하려고 요구하였으나 그러나 내가 너를 위하여 네 믿음이 떨어지지 않기를 기도하였노니 너는 돌이킨 후에 네 형제를 굳게 하라"(눅 22:31-32).

여기 요한복음 17장 15절의 기도는 구체적으로 베드로를 위해 드린 기도를 제자들 전반을 위해 되풀이하고 있다. 우리는 모든 신자를 위해서도 이런 요청이 드려진다고 충분히 확신할 수 있으며, 이 확신 덕분에 우리의 신실한 믿음이 가능해진다. 예수께서는 베드로, 야고보, 요한과 그 외 제자들을 위해서뿐만 아니라 만대의 모든 신자를 위해서도 천국까지 이 기도 제목을 가지고 가신다. 의로우신 분께서 우리를 악에 빠지지 않게 보전하신다.

세상에 속하지 아니함

예수께서 이 세상에 속하지 아니하신다는 사실은 신인으로서 예수의 선재(先在)와 성육신에 비추어 이해할 수 있다. 예수의 존재론(예수가 어떤 분이신가 하는 것, 예수의 존재)은 '세속성'을 불가능하게 만든다. 예수께서는 요한복음 8장에서 유대인들과의 논쟁에서 이 점을 확실히 하셨다. "너희는 아래에서 났고 나는 위에서 났으며 너희는 이 세상에 속하였고 나는 이 세상에 속하지 아니하였느니라"(23절).

요한복음 8장의 정황은 존재론적 정황이 아니라 도덕의 정황이다. 하늘에서 아버지에게 보냄 받은 예수께서는 아래에서 나지 않으셨다. 예수께서는 도덕적으로 하나님께 반역하는 세상과 맞서신다. 세상은 세상을 악하다고 말하는 예수의 증언 때문에 예수를 미워한다(요 7:7). 세상은 여전히 진리와 의를 보지 못하는 눈먼 상태이며, 그것이 바로 예수께서 와서 가르치시는 이유다(요 6:45). 죄 가운데 있는 세상을 위한 유일한 비상구는 예수를 믿는 것(요 8:24), 세상의 죄를 없애 주신 무죄한 어린양을(벧전 1:19) 믿는 것뿐이다.

그리스도 및 그리스도께서 하신 주장의 도덕적 탁월함이 바로 그리스도께서 미움 받으신 이유였다. 우리가 그리스도를 좋아할수록 같은 유형의 미움을 그만큼 더 많이 받는다.

찰스 스펄전은 그리스도께서 그러셨던 것처럼 우리도 다른 세상에 속해야 할 필요성을 올바로 강조한다.

> 그리스도께서 특별했던 그 부분에서 우리 또한 세상과 다르다는 것, 이는 특징적인 표다. 중요하지 않은 부분에서 특이한 것이 아니라 …… 하나님의 아들이요, 인자이신 예수 그리스도, 곧 우리의 영광스러운 모범이신 분께서 다른 사람과 구별되었던 그 부분에서 우리 또한 세상과 다른 것 말이다.[1]

예수께서는 선한 일을 행하시는 한편(행 10:38) 이 일이 아버지의 뜻과 연관 있음을 증언하셨다. 예수께서는 그런 삶으로 자신을 영화롭게 하지 않으셨으니, 아버지의 뜻을 행하는 것은 예수의 "양식"이었기 때문이다(요 4:34).

하나님 나라를 위해 의롭게 살고 그리스도의 영광을 입증할 때, 우리는 필연적으로 박해에 직면한다. 바울이 디모데후서 3장 12절에서 말하는 것처럼, "무릇 그리스도 예수 안에서 경건하게 살고자 하는 자는 박해를 받는다]."

마찬가지로, 베드로는 택함 받고 흩어져 사는 나그네들에게 보내는 편지에서, 이들이 선을 행하는 데 열심을 보이면 누구도 사실 이들을 해칠 수 없다고 말한다(벧전 3:13). 하지만 이들이 그리스도를 본받고 하나님께 순종하는 삶을 살면 고난은 문제가 되지 않는다. 그런 경건함은 하나님으로부터의 축복으로 귀결되기 때문이다(벧전 3:14). 이들은 비방받는 중에도 선한 양심을 지닐 수 있으며, 한편 "너희의 선행을 욕하는 자들로 그 비방하는 일에 부끄러움을 당하게" 할 수 있다고 베드로는 말한다(벧전 3:16). 악에 빠지지 않게 보전된다는 것이 그 어떤 고난도 당하지 않는 삶을 보장하지는 않는다. 악에 빠지지 않게 보전된다는 것은 우리가 그리스도를 닮게 되며, 그래서 하나님께 반역하는 세상에 동화되는 상태에 빠지지 않는다는 뜻이다.

세상은 여러 속임수와 유혹으로 우리를 꾄다. 요한복음 17장 14-16절에 기록된 그리스도의 기도의 말씀이 없다면 우리는 세상에 맞설 수 있는 가능성이 없다. 성공, 명예, 권력, 그리고 이런 것들과 함께 오는 갖가지 유혹이 우리를 짓씹은 뒤 뱉어 낼 것이다. 그리스도의 말씀은 어떤 마술적 공식이 아니라 우리를 세속성에서 지키기 위해 하나님께서 정해 주신 기도라는 수단의 효험을 믿는 분의 입에서 나온 말씀이다. 세상에 속하지 않으려 하는 그런 신실함은 가난, 수치, 질병 등을 안겨 줄 수 있다. 그래서 예수의 기도는 세상이 생각하는 그런 건강, 부, 명성에 관한 기도가 아니다.

잠언에 등장하는 유일한 기도문은 세속성과 관련해 우리에게 큰 교훈을 준다. 아굴은 하나님께 두 가지를 요구한다.

> 내가 두 가지 일을 주께 구하였사오니
>
> 내가 죽기 전에 내게 거절하지 마시옵소서
>
> 곧 헛된 것과 거짓말을 내게서 멀리 하옵시며
>
> 나를 가난하게도 마옵시고 부하게도 마옵시고
>
> 오직 필요한 양식으로 나를 먹이시옵소서
>
> 혹 내가 배불러서 하나님을 모른다
>
> 여호와가 누구냐 할까 하오며
>
> 혹 내가 가난하여 도둑질하고
>
> 내 하나님의 이름을 욕되게 할까 두려워함이니이다(잠 30:7-9).

아굴은 거룩해지기를 요구할 뿐만 아니라 가난이나 부에서 오는 유혹을 피할 수 있는 외적 조건에 있게 해주시기를 요청한다. 악함과 세속성은 사람을 가리지 않는다. 세상의 유혹에서 우리를 지켜주시고 마귀에게 충성하지 않게 해주시기를 하나님께 기도할 때 우리는 그리스도께서 우리를 위해 기도하시기 때문에 우리도 기도한다고 확신할 수 있다.

그와 같은 현실의 조명 가운데 살 수 있도록 우리는 우리가 어떤 존재인지를 늘 의식해야 한다. 우리가 세상에 속하지 않았다는 말씀을 들었으므로 우리는 세상에 속한 사람처럼 살지 않을 것이다. 세상에 속하기는커녕 우리는 거룩하다. 그러므로 우리는 거룩하게, 하나님을 두려워하며 살아야 한다.

17 / 예수께서는 제자들이 거룩하게 되기를 기도하셨다

> 요한복음 17장 17-19절
> 그들을 진리로 거룩하게 하옵소서 아버지의 말씀은 진리니이다
> 아버지께서 나를 세상에 보내신 것같이 나도 그들을 세상에 보내었고
> 또 그들을 위하여 내가 나를 거룩하게 하오니
> 이는 그들도 진리로 거룩함을 얻게 하려 함이니이다.

성화

그리스도인치고 거룩함을 어떤 대가를 치르고서라도 피해야 할 신학적 괴물로 여기는 사람은 없을 것이다. 하지만 오늘날 거룩함은 대단히 인기 있는 교리는 아니다. 특히 북미를 비롯해 (서양) 세계 다른 지역에서는 더욱 그렇다. 자기 백성이 거룩하기를 그리스도께서 기도하셨기에 우리는 그리스도인의 믿음에서 거룩함의 중요성을 받아들여야 한다(요 17:17).

우리 모두가 기본적으로 알고 있는 것 한 가지는 우리가 거룩한 것은 하나님께서 우리에게 거룩함을 주시기 때문이라는 사실이다. 그런대로 맞는 말이다! 하지만 성경은 우리의 거룩함에 대해 훨씬 명시적으로 주장한다. 그리스도를 세상으로 보내실 때 아버지께서는 그리스도를 "거룩하게 하[셨다]"(요 10:36). 하나님은 "거룩하다 거

룩하다 거룩하다"(사 6:3, 계 4:8). 물론 이는 그리스도께서 "거룩하다 거룩하다 거룩하다"(사 6:1, 요 12:41)는 의미다. 하지만 그리스도께서는 중보자로서 성별/성화를 받으시며, 여기에는 그분의 완전한 인성도 포함된다. 하나님께서는 자신의 종들을 경건한 목적을 위해 따로 구별하신다.

> 내가 너를 모태에 짓기 전에 너를 알았고
> 네가 배에서 나오기 전에 너를 성별하였고
> 너를 여러 나라의 선지자로 세웠노라(렘 1:5).

하나님께서는 섬김을 준비시킬 생각으로 자기 백성을 '거룩하게' 하신다. 그리고 나서 하나님께서는 거룩함(성별)이란 이 일을 위해 백성을 보전하신다. 우리는 성경이 이 보전하심을 분명히 강조한다는 점에 주목해야 한다(요 17:11, 16-17). 하나님께서는 다름 아닌 자신의 종 예수를 붙들어 지키셨다.

> 내가 붙드는 나의 종,
> 내 마음에 기뻐하는 자 곧 내가 택한 사람을 보라
> 내가 나의 영을 그에게 주었은즉
> 그가 이방에 정의를 베풀리라(사 42:1).

하나님께서 예수를 붙들어 지키기는 하셨지만, 예수께서도 자기 백성을 위한 속죄 제물로 자신을 적극적으로 성별하여 바치셨다. "또 그들을 위하여 내가 나를 거룩하게 하오니"(요 17:19). 예수께서 먼저 우리를 위해 자신을 거룩하게 하지 않으셨다면(요 1:29) 우리는 거룩할 수도, 하나님께 성별될 수도 없었을 것이다. 참으로 하나님께 성별된 분으로서 예수께서는 아버지의 뜻을 행하셨다. 아버지의 말씀을 전했고, 아버지의 일을 행했으며, 참되고 살아 계신 하나님을 섬기는 일에 전적으로, 철저히 자신을 '구별'하셨다. 한량없이 성령 충만하신(요 3:34) 예수께서는 이 세상에서 하나님께서 정하신 거룩함의 최고 목표셨고 지금도 그러하시다. 우리의 거룩함은 하나님에게서 직접 오는 게 아니라 그리스도를 통해서 오며, 그리스도는 자신의 거룩함을 통해 우리가 거룩해지기를 기도하신다.

그래서 패커(J. I. Packer)가 성화에 관해 올바로 주목하는 것처럼, 성화는 "성별을 유지하는 상태 안에서 변화가 지속되는 것이며, 성화는 관계상의 거룩함 안에서 실질적 의로움을 발생시킨다." 패커는 이렇게 말한다. "관계상의 성화, 하나님을 위해 영원히 구별되는 상태는 십자가에서 흘러나오며, 십자가는 하나님께서 자신을 위하여 그리스도를 통해 우리를 값 주고 사셔서 소유권을 주장하신 곳이다(행 20:28, 26:18, 히 10:10)." 패커는 여기에 이렇게 덧붙였다.

> 도덕적 혁신은 우리가 과거의 우리에서 점점 변화되어 가는 수단으로서, 내주하시는 성령의 행위에서 발생하여 흘러나온다(롬 8:13, 12:1-2, 고전 6:11, 19-20, 고후 3:18, 엡 4:22-24, 살전 5:23, 살후 2:13, 히 13:20-21). 하나님께서는 자기 자녀들을 성결로 부르시며 자신이 명하시는 것을 은혜로이 베푸신다(살전 4:4, 5:23).[1]

어떤 이들은 즉각적 성화와 점진적 성화, 또는 결정적 성화와 점진적 성화, 또는 신분상 성화와 점진적 성화에 대해 말했다. 표현이 어떠하든, 우리는 하나님께 성별되는데 장래의 어떤 소망으로서가 아니라 우리가 믿고 그리스도의 형상을 계속 닮아 가는 것을 체험하는 당면한 현실로서 성별된다.

자기 백성이 거룩하게 되기를 구하는 기도에서 예수께서 두 가지 모두를 의도하신다는 데에는 의심의 여지가 없다. 예수께서는 한쪽에 치우친 혹은 불완전한 제사장 역할을 하시지 않는다. 예수께서는 우리를 성별하신 뒤 뒷일은 우리에게 맡기고 떠나가지 않으신다. 그보다는 우리를 성별하시고, 자신이 시작하신 일을 우리 안에서 계속해 나가신다. 예수께서는 말씀과 성령이라는 수단을 통한 계속적 중보 사역(continued intercession)으로써 이 일을 하신다.

말씀으로써

예수께서는 제자들이 자신을 닮기를 기도하신다. 거룩하고, 성화되고, 구별되며, 성별되기를 말이다. 하지만 예수께서는 이 일이 저절로 일어나기를 기도하지는 않으신다. 예수께서는 제자들이 "진리로"(in the truth) 거룩하게 되기를 명시적으로 기도하신다(요 17:17). 개인적으로 나는 "진리로써"(by the truth)라는 표현을 좋아한다. 성화의 수단은 많다(예를 들어 말씀, 기도, 성례). 이 기도에서 그리스도께서는 진리로 자신의 제자들을 거룩하게 해주시기를 하나님께 구한다. 왜냐하면 예수가 진리이시기 때문이다(요 14:6). 존 오웬은 그리스도께서 대제사장으로서 드리는 기도의 이 부분을 가리켜 "우리 거룩함의 복

된 샘"(blessed spring of our holiness)이라고 한다.[2]

예수께서는 "그 안에는 지혜와 지식의 모든 보화가 감추어져 있[는]" 분으로서(골 2:3) 자기 제자들이 그저 무언가 확실하지 않은 선을 행하고 악은 행하지 않음으로써 추상적으로 성화되지 않기를 바라신다. 예수께서는 그리스도를 통해 하나님에게서 오는 진리로써 이들이 성화되기를 추구하신다. 그리스도는 하나님의 말씀의 알맹이다. 예수가 소크라테스처럼 책을 한 권도 쓰지 않았지만 그래도 큰 스승이라고 하는 것은 말이 안 된다. 예수께서는 성령으로 성경을 집필하사 이 책들이 자신을 계시하게 하셨다.

다락방에서 분명히 말씀하셨듯, 그리스도께서는 보혜사를 보내사 제자들을 모든 진리로 인도하게 하실 터였다(요 16:13). 이는 무슨 의미인가? 아주 간단히 말해, 성령(보혜사)께서 그리스도를 영화롭게 하시리라는 것이다. 성령은 그리스도에게서 나와 그리스도의 진리를 제자들에게 선포하셨다. 진리로 성화되는 것에는 그리스도의 형상을 닮는 것과(롬 8:29) 동일한 목표가 있다. 참된 거룩함은 주로 우리가 무엇을 보느냐 보지 않느냐, 무엇을 먹느냐 먹지 않느냐, 혹은 무엇을 마시느냐 마시지 않느냐에 있지 않다. 참된 거룩함에는 그리스도의 마음을 갖기(고전 2:16), 이 세상에 살면서 그리스도를 좇아 그리스도처럼 생각하는 법을 배우기가 수반된다.

물론 하나님의 말씀에는 약속, 명령, 경고 등의 형태로 주어진 많은 진리가 있다. 이 진리가 주어진 것은, 그리스도와 복음이라는 더 넓은 정황에서 올바로 이해되어 하나님의 백성을 거룩하게 하기 위해서다.

하나님의 말씀은 우리의 성화와 관련해 선택 사항이 아니다. 칼뱅은 이 구절을 다음과 같이 생생히 주해한다.

> [그리스도께서는] 성화의 수단을 지적하시며, 여기에는 이유가 없지 않다. 세상에는 성화에 관해 여러 가지 쓸데없고 실없는 말에 골몰하면서 하나님의 진리, 곧 하나님께서 우리를 자신에게로 성별시키는 도구는 등한시하는 광신자들이 있기 때문이다. 또한 세상에는 진리에 관해 아주 어리석게 지껄이면서 말씀은 경시하는 자들도 있는 만큼, 그리스도께서는 하나님께서 자기 자녀를 성화시키는 도구인 진리는 다른 어디도 아니고 말씀에서만 찾을 수 있다고 분명히 말씀하신다.[3]

이런 이유로, 우리는 쉼 없이 말씀을 읽고 묵상하며 말씀이 설교되고 가르쳐지는 내용을 들어야 한다. 그래야 그리스도에 관해 하나님에게서 배울 수 있다. 우리의 순종, 거룩함, 그리스도 닮기는 우리가 말씀에 접근하고 말씀을 받아들이는 방식과 연관된다. 존 오웬은 다음과 같이 말한다.

> 성경을 읽다 보면 우리 영혼을 비추고, 소성시키고, 위로하고, 귀히 여기며, 흥미를 끄는 은혜로운 말씀을 얼마나 자주 만나는지, 그리고 그때마다 얼마나 놀라는지! 또한 죄가 타격을 입고, 은혜가 고무되며, 믿음이 환기되고, 사랑이 불붙는 것도 자주 보게 되는데, 더욱 놀라운 점은 이것들이 우리가 살아가다 보면 피하기

어려운 변화무쌍한 내면 상태와 외부적인 일을 배경으로 해서 일어난다는 것이다.[4]

하나님의 말씀은 그리스도를 입증하기 때문에, 이 말씀에는 우리의 무익한 상상이 만들어 내는 구원자가 아니라 말씀에서 발견되는 그리스도를 영화롭게 하려고 성령께서 도구로 쓰시는 독특한 능력이 있다. 그리스도의 입에서 나오는 요한복음 17장 17-19절 말씀에서 우리는 말씀과 성령이 왜 우리 영혼에 참된 거룩함을 이루는지 그 이유를 알게 된다. 오웬이 올바로 주장하는 것처럼, "말씀이 실제로 전달됨을 통해 맺히는 그리스도의 중보 기도의 독특한 열매 외에는 그 무엇도 이 거룩함에 속하지 못한다."[5]

성령이 동행하면 말씀은 능력을 행사한다. 하지만 그리스도께서 그 능력을 위해 중보하시지 않으면 성령께서는 우리 영혼에 말씀의 능력을 주시지 않을 것이다. 하나님의 말씀이 어떤 사람에게 능력으로 다가간다면, 이는 "권능자의 우편에 앉[아]" 계신(막 14:62) 분 때문일 것이다.

존 데이브넌트(John Davenant, 1572-1641)가 증언한 것처럼, "거듭난 사람을 향한 하나님의 사랑은 그 사람의 완전함이나 절대적 정결이 아니라 중보자 그리스도에게 근거를 둔다. 그리스도께서 중보하시는 한 이 사람들이 받는 은혜는 끊어지지 않는다."[6] 하나님께서 우리를 그리스도 안에서 사랑하시고 그 그리스도께서 우리를 위해 중보하사 자신을 닮게 하시기 때문에 말씀과 성령은 효력을 발할 것이라고 우리는 확신할 수 있다. 그래서 우리는 데살로니가전서 5장 23절에 기록된 바울의 말로 기도할 수 있다. "평강의 하나님이 친히 너희를 온전히 거룩하게 하시고 또 너희의 온 영과 혼과 몸이 우리 주 예수 그리스도께서 강림하실 때에 흠 없게 보전되기를 원하노라."

18 / 예수께서는 교회 일치를 위해 기도하셨다

> 요한복음 17장 20-21절
>
> 내가 비옵는 것은 이 사람들만 위함이 아니요
> 또 그들의 말로 말미암아 나를 믿는 사람들도 위함이니
> 아버지여, 아버지께서 내 안에, 내가 아버지 안에 있는 것같이
> 그들도 다 하나가 되어 우리 안에 있게 하사
> 세상으로 아버지께서 나를 보내신 것을 믿게 하옵소서.

자기 신부를 위해 기도하심

요한복음 17장 20-21절에서 그리스도의 기도에는 중요한 전환이 발생하여, 가까운 제자 무리를 넘어 만대의 모든 신자에게까지 기도 대상이 확장된다. 우리는 이 두 그룹의 제자들이 구별되는 것을 지나치게 강조하지 않도록 주의해야 한다. 만대의 신자들이 비록 예수께 직접 배운 제자들의 설교를 통해 믿음에 이르기는 하지만 말이다. 여기서 예수의 간구는 "그들"이 사도들만이 아니라 역사를 통해 존속한 온 교회를 말한다는 암시를 준다. 바울이 말하다시피, 우리는 다 하나님 집안의 일원으로, "사도들과 선지자들의 터 위에 세우심을 입은 자라 그리스도 예수께서 친히 모퉁잇돌이 되셨느니라 그의 안에서 건물마다 서로 연결하여 주 안에서 성전이 되어" 간다(엡 2:20-21).

교회는 세상이 누리지 못하는 독특한 관계를 예수와 더불어 누린다. 천국에는 요한복음 17장 20-21절에 기록된 그리스도의 기도에 포함되지 않는 성도가 한 사람도 없었고 앞으로도 없을 것이다. 그리스도를 믿는 사람이 다 믿음을 갖는 것은, 그리스도의 삶과 죽음과 부활과 대언 사역 덕분에 초자연적 믿음이라는 하나님의 은혜로운 선물이 가능해지기 때문이다(요 1:12-13, 3:6-8, 엡 2:4-10). 믿을 수 있는 능력은 그리스도의 대언 사역에서 오며, 이로써 그리스도께서는 성령을 보내사 어둠 속에 있는 이들에게 빛을 안겨 주신다(행 2:33, 26:18). 그래도 그리스도께 나오는 모든 사람은 적극적으로 그분을 믿어야 한다. 그리스도께서는 우리를 대신해 믿어 주시는 게 아니라 확실히 믿을 사람들을 위해 기도해 주신다("나를 믿는 사람들도 위함이니").

설교된 말씀을 통한 믿음

그리스도께서는 제자들이 자신에 관해 증언하게 될 것을 이들에게 알리신다. 성령은 그리스도의 영으로서, 그리스도에 관해 증언하신다(요 15:26, 롬 8:9). 사도들 또한 그리스도에 관해 증언하게 될 것은, 처음부터 그리스도와 함께 있었던 자들로서의 이들의 독특한 소명 때문이다(요 15:27). 많은 해석가가 교회에 기대되는 하나 됨의 의미를 이해하는 데에만 지나치게 집중한 나머지 믿음이 복음 설교를 통해서 온다는 점을 놓치고 만다. 우리는 이 점을 놓쳐서는 안 된다. 그래서 예수께서는 택함 받은 사람이 사도들의 '말'을 통해 믿음에 이르게 되기를 기도하시는데, 이 '말'은 한마디로 성령의 능력으로써 그리스도의 이름으로 전해지는 하나님의 말씀을 가리킨다.

바울은 그리스도의 사도로서 로마서 10장 14-15절에서 이 점을 명확히 강조한다.

> 그런즉 그들이 믿지 아니하는 이를 어찌 부르리요 듣지도 못한 이를 어찌 믿으리요 전파하는 자가 없이 어찌 들으리요 보내심을 받지 아니하였으면 어찌 전파하리요 기록된 바 아름답도다 좋은 소식을 전하는 자들의 발이여 함과 같으니라.

디도서 서두에서도 바울은 구원의 전 경로를 기본적인 부분에서 분명하고도 꼼꼼하게 설명한다.

> 하나님의 종이요 예수 그리스도의 사도인 나 바울이 사도 된 것은 하나님이 택하신 자들의 믿음과 경건함에 속한 진리의 지식과 영생의 소망을 위함이라 이 영생은 거짓이 없으신 하나님이 영원 전부터 약속하신 것인데 자기 때에 자기의 말씀을 전도로 나타내셨으니 이 전도는 우리 구주 하나님이 명하신 대로 내게 맡기신 것이라(딛 1:1-3).

그리스도께서 요한복음 17장에서 하시는 기도는 택함 받은 사람들의 구원을 위해 자신의 종들이 공개적으로 (그리고 무차별적으로) 복음을 설교하게 될 일에 관한 기도다. 바울이 로마서 10장 14-15절과 디도서 1장 1-3절에서 하는 말은 그리스도의 기도를 확실히 성취한다. 하나님께서 말씀을 도구로 하여 사람들에게 그리스도를 믿는 믿음을 전하도록 정하신 것은 그 말씀이 그리스도를 증명하기 때문이다. 하나님께서는 목적과 상관없는 도구는 쓰지 않으신다. 우리 구원의 '목적'은 그리스도를 완전히 닮는 것이요, 삼위 하나님과 교제하는 것이며, 이는 마침내 끝나지 않는 찬양과 찬미로 이어진다. 논증을 위해 가정하자면, 만약 하나님께서 '꿈'을 이용해 어떤 무슬림을 그리스도를 믿는 사람으로 만드신다면, 그 꿈의 내용까지도 반드시 그리스도의 말씀일 것이다. 보통의 경우 하나님께서는 설교된 말씀을 수단으로 사용하신다. 하나님께서 다른 어떤 도구를 쓰신다 해도 그 도구는 하나님의 사랑하는 아들에 대해 말하는 내용과 동떨어진 것일 수 없다. 더 나아가 성령께서는 자신의 사역으로 그리스도를 영화롭게 하신다. 성령께서는 마법 행위를 하시는 게 아니라 말씀을 통해 그리스도의 형상으로 다시 빚어지도록 하기 위해, 살아있는 어떤 사람 안에서 그리스도의 일을 행하신다.

하나 됨

예수께서는 말씀을 통해 자신을 참으로 믿게 될 사람들이 '하나'로 연합되기를 기도하신다. 바울은 자신의 여러 편지에서 교회에서의 그런 일치(분열이 부재하는 상태)를 크게 강조한다(엡 3-4:16을 보라). 가시적 교회의 목표는 하나 됨이다(요 17:11, 21-23). 교회의 역사를 생각해 볼 때, 요한복음 17장에서 하나 됨을 장려하는 구절들이, 저마다 배경이 다른 신학자들 사이에 중요한 논쟁(분열?)을 불러일으켜 온 것은 놀랄 일도 아니다.

 우리는 예수께서 기도하시는 하나 됨이 성부와 성자 사이의 하나

됨을 반영한다는 사실에 주목해야 한다.

- …… 우리와 같이 그들도 하나가 되게 하옵소서(요 17:11).
- 아버지여, 아버지께서 내 안에, 내가 아버지 안에 있는 것같이 그들도 다 하나가 되어……(요 17:21).
- …… 우리가 하나가 된 것같이 그들도 하나가 되게 하려 함이니이다(요 17:22).
- 내가 그들 안에 있고 아버지께서 내 안에 계시어 그들로 온전함을 이루어 하나가 되게 하려 함은……(요 17:23).

이를 왜 강조하는가? 교회에서의 일치가 아니라 아버지와 아들 안에서의 하나 됨이 그리스도께서 대제사장으로서 드리는 기도의 궁극적 목표이기 때문이다. 신자들은 오직 하나님과 그리스도 안에서만 '하나'다.

예수께서는 자신과 아버지와의 일치를 깊이 인식하고 계신다. "나와 아버지는 하나이니라"(요 10:30). 흥미롭게도 칼뱅은 이 부분에 대해 다음과 같이 말한다.

> 옛날 사람들은 이 구절을 그리스도가 성부와 동일한 본질을 지닌 분(오모우시온[homoousion], 동일 실체)임을 입증하는 말로 잘못 활용했다. 그리스도께서는 실체의 일치에 관해서 논하시는 것이 아니라 아버지와의 일치에 관해 말씀하는 것이기에 어떤 일이든 그리스도께서 하시는 일은 아버지의 권능으로써 확증될 것이다.[1]

잉글랜드의 청교도 토마스 굿윈도 비슷한 견해를 보인다. "성부와 성자는 두 위격이지만 두 위격 사이의 뜻은 하나이고, 두 위격 사이의 능력도 하나다. …… 요한복음 10장 30절을 보면 '나와 아버지는 하나이니라'고 하는데, 이는 두 위격이 하나의 동일한 능력으로 나를 구원하시며, 생각과 뜻도 하나라는 것이다."[2] 물론 구속 행위에서 두 위격의 뜻과 능력이 일치한다는 것은 두 위격 사이의 존재론적 일체성을 반영하며, 이것이 바로 요한복음 10장 31절에서 유대인들이 돌을 들어 예수를 치려 한 이유다.

언뜻 보기에, 성부와 성자 사이의 하나 됨은 본질의 동질성에 관한 것이라고 하는 것이 가장 타당해 보인다. 하지만 신자들은 신적 본질과의 이런 동질성을 체험할 수 없고, 그래서 이 해석은 기각되어야 한다. 그보다 우리는 성부와 성자 사이의 하나 됨을 구원 문제에서 신적 목적과 권능이 일치됨을 표현하는 것으로 보아야 한다. 이 조건이 필수적인 이유는, 신격에 그런 일치가 존재하는 것'같이' 신자들에게도 일치가 있기를 예수께서 바라시기 때문이다. 이 땅에서 하나님의 일을 성취할 때, 우리는 그분과 함께 일하되 우리가 최선이라고 생각하는 방식이 아니라 그분께서 원하시는 방식으로 일해야 한다. '천상적' 목적이 아니라 '지상적' 목적으로 가득한 교회들이 많다. 그것도 어쩌면 부지불식간에 말이다.

앞서 예수께서는 이렇게 말씀하셨다. "아들이 아버지께서 하시는 일을 보지 않고는 아무것도 스스로 할 수 없나니 아버지께서 행하시는 그것을 아들도 그와 같이 행하느니라"(요 5:19). 그래서 요한복음 10장에서 칼뱅과 굿윈은 다음과 같은 직접적 문맥 때문에 이 하나

됨을 성부와 성자께서 구원을 이행하신다는 관점에서 본다.

> 나는 선한 목자라 나는 내 양을 알고 양도 나를 아는 것이 아버지께서 나를 아시고 내가 아버지를 아는 것 같으니 나는 양을 위하여 목숨을 버리노라 또 이 우리에 들지 아니한 다른 양들이 내게 있어 내가 인도하여야 할 터이니 그들도 내 음성을 듣고 한 무리가 되어 한 목자에게 있으리라 내가 내 목숨을 버리는 것은 그것을 내가 다시 얻기 위함이니 이로 말미암아 아버지께서 나를 사랑하시느니라(요 10:14-17).

성부와 성자가 목적과 사랑에서 하나이시라면("이로 말미암아 아버지께서 나를 사랑하시느니라"[요 10:17]), 신자들도 마찬가지여야 한다. 그리스도에 관한 하나님의 말씀의 계시는 우리에게 내주하시는 성령께서 확증하신 계시로서, 그 목적이 열매 맺게 하는 수단이다. 우리가 성령으로써 하나님 및 그리스도와 연합하면, 이 연합은 우리 구주가 하나님 나라를 위해 그러하셨듯 우리에게 결실할 수 있는 능력을 준다(요 15:4-7).

이뤄지지 않은 기도?

그렇다면 이 기도는 교회를 위해 응답되어 왔는가? 역사를 통해 교회 안에서 줄곧 진행된 분열을 생각할 때 이 기도는 이뤄지지 않았다고 많은 사람이 한탄한다. 나중에 이 문제를 다시 다루게 되겠지만, 먼저 그런 일치가 오직 다가올 세대에서만 일어날 희망 사항일

개연성에 대해 생각해 보자. 이 일치는 이 기도가 처음 발화된 때 이후 줄곧 교회가 마땅히 추구하는 바였어야 한다. 신자라면 그 누구도 이 기도가 함축하는 의미를 회피하지 못한다.

역사 전체를 통해 교회는 여러 차례의 분열을 겪어 왔다. 예를 들어 초기에는 몬타누스파(Montanism), 노바티아누스파(Novatianism), 도나투스파(Donatism)의 형태로 분열되었다. 그 후 1054년에는 다른 문제 중에서도 성령의 발출과 관련된 니케아 신조의 필리오케 조항(filioque clause, "그리고 성자에게서"[and from the Son])을 두고 동서 교회가 분열되었다. 1529년 마르부르크 회의(Colloquy of Marburg)에서는 성찬에서 그리스도의 임재의 본질 문제를 두고 루터파와 츠빙글리파가 나뉘었다. 그리스도인이라면 16세기 종교개혁이 진행되는 동안 로마 가톨릭과 개신교의 분열이 뚜렷해졌다는 것, 그리고 그 후 이 분열을 화해시키려는 시도를 두고 논쟁이 계속되었다는 것쯤은 어느 정도 알고 있다. 슬프게도 분열 이야기는 해도 해도 끝이 없다.

교회가 겪는 일에 비추어 볼 때 하나 됨을 구하는 그리스도의 기도는 어떻게 이해해야 할까? 그리스도께서 하나 되기를 바라시는 사람들이 어떤 사람들인지 그 본질을 알아보는 것이 좋은 출발점이다. 일치를 구하는 요한복음 17장의 기도에서 우리 주님께서는 하나님을 알고(3절), 아버지께서 그리스도에게 주시며(2, 6, 9, 24절), 하나님의 말씀을 받아들였으며(7절), 세상에 있으되 세상에 속하지 않고(15-16절), 진리로 거룩하게 되고(17-19절), 그리스도와 연합한(21, 23, 26절) 사람들을 위해 기도하신다.

가시적 교회는 일치를 추구하는 가운데 교회의 화평과 순수성을 목표로 한다. 그리스도께서 기도로 구하는 일치는 눈에 보이지 않는 일치가 아니라 눈으로 볼 수 있는 일치다. 그리스도께서 기도로써 하나 되기를 구하시는 사람들은 이들이 속한 교파와 상관없이 일치를 경험할 수 있다. 하지만 이들의 일치는 진리 안에 존재해야 한다. 그래서 일치는 거짓 복음을 받아들이는 사람들과 참 신자 사이에서는 경험될 수 없다. 그리스도께서는 값없는 은혜의 복음을 거부하는 어떤 제도화된 '기독교적' 교파나 유사 기독교 분파는 일치를 구하는 자신의 기도에 포함시키지 않으신다. 하지만 그런 집단 안에도, 이 집단이 공식적으로 가르치는 내용에도 불구하고 개별적으로 참 복음을 믿고 그 복음이 제시하는 그리스도를 받아들이는 사람들이 있을 수 있다. 예수께서는 그런 사람들은 일치를 구하는 자신의 기도에 포함시키신 것이 분명하다.

요한복음 17장 20-23절의 기도는 응답되어 왔고 응답되고 있으며, 언젠가는 궁극적으로 성취될 것이다. 예수께서 추구하시는 하나 됨은 교회의 남은 자들이 경험하는 어떤 미래의 영광에 관한 것이 아니다. 사도들에서부터 그리스도께서 다시 오시기 전 마지막으로 회심하는 사람에 이르기까지, 그리스도의 참 제자들 사이에는 하나 됨이 존재한다. 예수께서는 "한 무리가 되어 한 목자에게 있으리라"(요 10:16)고 말씀하신다. 그 무리 안에 있는 사람들은 하나님, 그리스도, 그리고 서로와 하나다. 이 사람들은 하나님의 이름을 알며(요 17:6), 그리스도와의 연합이 자신에게 무엇을 의미하는지 그 모든 것을 안다.

헤르만 리덜보스(Herman Ridderbos)는 그리스도의 말씀을 읽고 교회 안에 명백히 보이는 불일치를 슬퍼하는 사람들 가운데서 교회에 관한 불안감을 줄이는 데 도움이 되는 중요한 지적을 한다.

> 이 모든 것으로 볼 때 다가올 교회 공동체의 일치는 여기서 '서로 함께함'의 관점에서 고려되지는 않으며, 서로 연합된 집단을 형성해서 가장 효과적인 방식으로 그 집단을 조직하고 빚어 가려는 욕구와 의욕의 관점에서는 더더욱 고려되지 않는다. 예수의 고별 강화(講話)에서 보더라도, 그 일 역시 직접적으로든 조금 파생적인 의미에서든 교회를 위한 예수의 돌보심에 속한 일임이 분명하다(요 13:12 이하 참조). 하지만 여기 예수의 기도에 담긴 지배적 생각은 교회의 일치를 좌우하는 것, 교회 일치의 기준을 찾을 수 있는 곳은 교회와 성부 성자와의 일치, 즉 예수께서 세상에 들어오신 것, 그리고 아버지와의 일치를 유지하는 가운데 세상에서 일하심이라는 것이다.[3]

리덜보스는 요한복음 17장 21절의 하반절 말씀("세상으로 아버지께서 나를 보내신 것을 믿게 하옵소서")이, 예수가 아버지께 보냄 받은 분이라고 세상이 믿게 되는 것은 교회의 완전한 일치 때문이 아니라 "교회에서 표현되는 예수의 말씀과 예수의 영의 자유하게 하는 능력"[4] 때문이라는 결론으로 이어진다는 점에 주목함으로써 자신의 주장을 강화한다. 교회는 구속받은 죄인들, 즉 많은 약점과 부족함(이 모든 것은 교회의 선지자, 제사장, 왕으로서의 그리스도께서 마침내 처리해 주실 것이다)에도 불구하고, 생명과 영광을 얻게 하고 변론해 주시는 그리스도의 중보 사역의 수혜자로서 서로 하나 됨을 나누는 사람들로 구성된다.

하나님의 말씀에 따라, 성경에서 우리에게 주어진 조언의 원리에 맞는 방식으로 진리를 추구하는 것이 그리스도께서 기도하시는 '일치'를 위해 노력하는 한 가지 길이다. 하나님과 그리스도와 하나가 되어 동일한 목적을 확립해 나가는 일은 하나님과 그리스도를 참되이 아는 지식과 별개로는 일어날 수 없으며(요 17:3), 필연적으로 이는 진리 추구가 하나 됨을 추구하는 한 방법이라는 뜻이다. 그래서 예를 들어 개혁자들이 로마 교회의 가르침을 거부한 것은 옳은 행동이었다. 어떤 이들은 이들이 불일치를 초래했다고 공공연히 비난했지만 사실은 그 반대다. 복음에 기반을 둔 진리는 참된 하나 됨이라는 목적을 위한 것이지 로마 교회가 제시하는 조악한 '하나 됨'을 위한 것이 아니다.

19 / 예수께서는 우리가 자신의 영광을 받기를 기도하셨다

> 요한복음 17장 22-23절
> 내게 주신 영광을 내가 그들에게 주었사오니
> 이는 우리가 하나가 된 것같이 그들도 하나가 되게 하려 함이니이다
> 곧 내가 그들 안에 있고 아버지께서 내 안에 계시어
> 그들로 온전함을 이루어 하나가 되게 하려 함은
> 아버지께서 나를 보내신 것과 또 나를 사랑하심같이 그들도 사랑하신 것을
> 세상으로 알게 하려 함이로소이다.

영광이 주어지다

그리스도께서 중보자로서 받으신 영광은 삼위일체의 두 번째 위격으로서 소유하시는 영광과 전적으로 같지는 않은 영광이며, 교회에게 '주어질' 수 있다. 이 방식으로 우리는 아버지와 그리스도 사이에 존재하는 목적과 특권의 하나 됨에 참여할 수 있다. 얼마나 믿을 수 없는 축복인가! 우리는 예수 그리스도께서 주시는 영원한 생명을 누리며 그리스도를 통해 하나님에게서 영광을 받는다. 내재하는 죄 없이, 보는 것으로써(by sight) 성삼위 하나님을 아는 것이 언젠가 우리의 영광이 될 것이다.

우리의 영광은 장래에만 (완전히) 오지 않고 즉각(부분적으로) 온다. 그리스도의 헤아릴 수 없는 부요함을 사람들에게 전함으로써, 이 땅에서 그리스도인의 삶을 살면서 그리스도의 부활 능력과 권세에 참

여할 때 그 일이 일어난다. 좋은 소식, 곧 복음을 널리 전하는 것이 우리의 영광이 된다. 우리는 그리스도의 신부이기 때문에 그리스도의 영광과 우리의 아름다움이 세상에 전시된다. 이는 우리가 영광을 단순히 미래의 약속으로서가 아니라 현재의 현실로 경험함에 따라 믿음의 눈으로써만 알아볼 수 있다. 그리고 이 영광은 우리를 정체 상태에 버려두는 게 아니라 하나님과 하나님의 아들의 영광을 세상에 알리기를 촉구할 것이다. 성령은 이 목표와 목적을 사랑하시는 분으로서 그리스도의 대리(vicar)로 우리 안에서 일하사 아버지의 목적을 이루신다.

상호 내주(內住)

아버지와 중보자 그리스도는 신적 본질의 일체성을 소유하신다. 그러나 아버지께서는 신인이신 그리스도에게, 그리스도의 인성을 좇아 (성령을 통해) 영적 생명을 전하신다. 요한복음 6장 57절에서 우리는 다른 의미에서 아버지께서 그리스도에게 생명을 주시는 것을 보게 된다. "살아 계신 아버지께서 나를 보내시매 내가 아버지로 말미암아 사는 것같이 나를 먹는 그 사람도 나로 말미암아 살리라." 성령은 아버지에게서 그리스도에게로, 이어서 그리스도에게서 우리에게로 생명이 전달되는 수단이다. 앞에서도 예수께서는 비슷한 말씀을 하셨다. "아버지께서 자기 속에 생명이 있음같이 아들에게도 생명을 주어 그 속에 있게 하셨고 또 인자 됨으로 말미암아 심판하는 권한을 주셨느니라"(요 5:26-27).

이사야는 그리스도에게 성령을 부어 주사 중보자로서의 사역을 위해 그리스도를 준비시키려는 아버지의 의도에 대해 예언했다.

> 내가 붙드는 나의 종,
> 내 마음에 기뻐하는 자 곧 내가 택한 사람을 보라
> 내가 나의 영을 그에게 주었은즉
> 그가 이방에 정의를 베풀리라(사 42:1).

아버지가 예수 안에 계신 것을 사람들은 어떻게 알았는가? 우리 주님께서 요한복음 10장 37-38절에서 이에 대답하신다. "만일 내가 내 아버지의 일을 행하지 아니하거든 나를 믿지 말려니와 내가 행하거든 나를 믿지 아니할지라도 그 일은 믿으라 그러면 너희가 아버지께서 내 안에 계시고 내가 아버지 안에 있음을 깨달아 알리라." 아버지께서 성령을 통해 붙들어 주신 그리스도께서는 아버지께서 주신 일을 하셨다. 예수께서 말씀하시고 행하신 일 때문에 예수 안에 아버지가 계시다는 유형적이고 가시적인 증거가 존재했다. 아버지께서는 거룩함의 영을 통해 이 능력을 예수께 전하셨다.

그래서 우리가 하나님의 영광을 위해 이 세상에서 이렇게 일치된 목적과 사명에 참여하고자 한다면, 성삼위 하나님께서 우리 안에 내주하셔야 한다(엡 3:17, 빌 2:13). 성경은 복되신 삼위일체의 세 위격 모두가 각 신자 안에 거하시되 하나님과 우리 사이의 사랑과 교제로 귀결되는 특별한 방식으로 거하심을 분명히 보여 준다.

바울은 로마서 8장 10절에서 우리 안에 계신 **그리스도**에 대해 말한다. "또 그리스도께서 너희 안에 계시면 몸은 죄로 말미암아 죽은 것이나 영은 의로 말미암아 살아 있는 것이니라." 이는 골로새서 1장 27절에 기록된 바울의 말을 반영한다. "하나님이 그들로 하여금 이 비밀의 영광이 이방인 가운데 얼마나 풍성한지를 알게 하려 하심이라 이 비밀은 너희 안에 계신 그리스도시니 곧 영광의 소망이니라." 또 다른 곳에서는 다소 화려한 표현으로, 그리스도께서 "믿음으로 말미암아" 우리 마음에 내주하신다고 기록되어 있다(엡 3:17).

다음으로, 바울은 로마서 8장 11절에서 성령의 내주를 고찰한다. "예수를 죽은 자 가운데서 살리신 이의 영이 너희 안에 거하시면 그리스도 예수를 죽은 자 가운데서 살리신 이가 너희 안에 거하시는 그의 영으로 말미암아 너희 죽을 몸도 살리시리라." 예수 그리스도를 살리신 바로 그 성령께서 자기 죄 가운데 죽은 사람들에게 생명을 주시고 우리 안에 처처를 잡으신다. 이 내주하심은 절대 상실되지 않는 것으로서, 우리 안에 구원에 이르는 믿음 및 이제와 영원히 그리스도와 연합한 새 생명이라는 결과를 낳는다.

마지막으로, 요한은 요한일서 4장 12절에서 아버지 또한 우리 안에 내주하시는 것에 대해 말한다. "어느 때나 하나님을 본 사람이 없으되 만일 우리가 서로 사랑하면 하나님이 우리 안에 거하시고 그의 사랑이 우리 안에 온전히 이루어지느니라." 앞서 "하나님이 자기의 독생자를 세상에 보내[셨다]"고 하는 9절의 맥락으로 볼 때, 12절에서 요한은 하나님의 거하심을 아버지의 거하심으로 여기는 것이 분명하다. 거기에서 우리는 무언가 엄청나면서도 잘 고찰되지 않는 사실을 보게 된다. 성부, 성자, 성령 세 위격으로 계시는 성삼위 하나님께서 모든 신자의 마음에 내주하신다는 것이다!

내주하시는 성삼위 하나님에 관한 이 놀라운 진리는 우리에게 큰 확신을 안겨 주는 것이 당연하다. 성령께서 영원히 우리 안에 거하신다. 비록 우리의 거룩함 때문에 성령께서 그렇게 하시는 것은 아니지만 말이다. 사실 우리는 우리 자체로는 거룩하지 않다. 그보다는 성령께서 성부와 성자와 함께 우리 안에 값없이, 은혜롭게 내주하시며, 이 세 위격은 영원히 서로에게 전념하신다. 그래서 세 위격 모두가 하나님의 백성 안에 거처를 정하실 때, 우리는 한 위격이 거하시면 세 위격 모두 거하신다는 확신을 가질 수 있다. 하나님은 한 분이시기 때문이다. 마찬가지로, 우리는 한 위격이 우리를 떠나는 일은 없을 것이라 확신한다. 그것은 곧 한 위격이 다른 두 위격에게서 떠나신다는 의미일 것이기 때문이다.

그리스도처럼 사랑받다

요한복음 17장 23절의 하반절 말씀은 여전히 우리가 뜻을 파악하기 어렵다. 아버지께서 우리를 사랑하시되 아들을 사랑하심'같이' 사랑하신다고 생각하면 특히 더 그렇다. 삼위일체의 세 위격 사이에는 무한하고 영원하고 전능한 사랑이 있으며, 이 사랑은 신적 본질을 지닌 세 위격에게만 적합한 사랑이다. 존재론적으로 우리가 이런 유형의 사랑을 받을 수 없음은 우리가 이 사랑을 다른 이에게 줄 수 없기 때문이다. 그런 상호적 사랑의 표현은 삼위일체 내부의 신적 사랑에 한정된다.

아버지께서는 자신을 위해서 아들을 사랑하신다. 우리는 그리스도를 위해서 사랑받는다. 그리스도는 본래 아들이시고 우리는 양자들이다. 아버지께서 우리를 사랑하심은 그리스도로 말미암아 우리가 하나님의 자녀이기 때문이다. "보라 아버지께서 어떠한 사랑을 우리에게 베푸사 하나님의 자녀라 일컬음을 받게 하셨는가, 우리가 그러하도다 그러므로 세상이 우리를 알지 못함은 그를 알지 못함이라"(요일 3:1). 아버지께서 예수를 사랑하는 아들로서 사랑하신다면, 우리 또한 사랑받는 자녀들일 것이다. 아버지께서 예수를 기뻐하심은 예수가 하나님의 아들이기 때문일 뿐만 아니라 예수께서 아버지를 향해 성실한 자녀처럼 행하시기 때문이기도 하다. 아버지께서는 예수를 향한 자신의 사랑을 공개적으로나 은밀하게 확인해 주시지 않을 수가 없으며, 예수를 하나님께서는 몹시 총애하는 자로서 매우 기뻐하신다(사 42:1, 마 3:17, 17:5). 예수께서는 언제나 아버지에게 기쁨이 되는 일을 하신다(요 8:29).

하나님의 자녀로서 우리는 아버지에게서 영원한 자비의 사랑을 받으며, 이 사랑은 그 보답으로 하나님을 사랑하고자 하는 성향을 우리 안에 만들어낸다. 우리는 이 사랑을 획득할 수 없다. 이 사랑은 완전히 무조건적이다. 그러나 요한복음 14장 21-23절에서는 하나님의 자기만족적 사랑, 혹은 우리가 사랑으로 하나님께 화답할 때 우리를 기뻐하시는 것을 약간 다른 초점으로 보게 한다.

> 나의 계명을 지키는 자라야 나를 사랑하는 자니 나를 사랑하는 자는 내 아버지께 사랑을 받을 것이요 나도 그를 사랑하여 그에게 나를 나타내리라 가룟인 아닌 유다가 이르되 주여 어찌하여 자기를 우리에게는 나타내시고 세상에는 아니하려 하시나이까 예수께

서 대답하여 이르시되 사람이 나를 사랑하면 내 말을 지키리니 내
아버지께서 그를 사랑하실 것이요 우리가 그에게 가서 거처를 그
와 함께하리라.

아들의 성실함과 순종 때문에 아들을 사랑하시는 것처럼, 아버지
께서는 우리가 신실함과 사랑을 보일 때 우리 또한 그렇게 사랑하실
것이다. 아버지께서는 예수를 사랑하셨듯 우리를 사랑하실 것이다.
정말 이런 일이 있을 것인지 염려할 필요가 없다. 정말로 그런 일이
일어나는 이유는 그리스도께서 그렇게 기도하셨기 때문이다. 세상
은 순종하는 자녀들에게 아버지께서 보이시는 그런 기쁨에 대해 알
아야 한다.

하나님께서는 그리스도의 순종을 받아들이시고 그에 따라 상급
을 주셨다. 그리스도 안에서, 성령의 능력으로 우리의 불완전한 성
실함도 하나님의 상급을 이끌어 낸다. 그리스도가 아니면 아버지께
서는 우리의 순종을 거절만 하실 수 있다. 어떻게 그럴 수 있는가?
칼뱅은 다음과 같이 대답한다.

> 그리스도는 언제나 여전히 아버지를 우리와 화해시키는 중보자시
> 다. 그리고 그리스도의 죽음에는 영원한 효력이 있다. 즉, 깨끗케
> 함, 충족시킴, 속죄, 그리고 마지막으로 완전한 순종의 효력이 있
> 으니, 이것으로 우리의 모든 부정함이 다 덮인다. 에베소 교인들
> 에게 바울은 은혜를 바탕으로 우리에게 구원의 발단이 있다고 하
> 지 않고 우리가 은혜로 말미암아 구원받되 "행위에서 난 것이 아

니니 이는 누구든지 자랑하지 못하게 함이라"(엡 2:8-9)고 한다.[1]

그리스도의 계속적 사역이 우리의 공로로 돌려진다는 이 사실로써 칼뱅은 다음과 같이 입증한다.

> [우리의 공로는] 사람이 먼저 [하나님] 앞에서 은총을 받았을 때에만 하나님을 기쁘시게 한다. 그리고 여기서 우리는 성경이 우리를 손잡아 이끄는 순서를 충실히 지켜야 한다. 모세는 이렇게 기록한다. "여호와께서 아벨과 그의 제물(works)은 받으셨으나"(창 4:4). 여호와께서 사람의 행위(works)를 고려하시기 전 사람에게 먼저 호의를 보이시는 방식을 모세가 지적하고 있는 것이 보이는가? 그러므로, 우리에게서 나오는 그 행위가 하나님께 호의적으로 받아들여질 수 있기 위해서는 마음의 청결함이 선행되어야 한다.[2]

그리스도의 더할 나위 없이 흡족한 공로를 아버지께서 기뻐하시기에, 아버지께서는 그리스도 안에서 우리가 행하는 일도 마찬가지로 기뻐하신다. 이는 우리의 행위가 그리스도의 보혈에 덮여 가려지고 성령을 통해 하나님께서 받으실 만하게 된다는 뜻이다. 또한 하나님께서는 그리스도의 공로에 대해 그리스도께 상급을 주시며, 마찬가지로 자녀들의 행위에 대해서도 상급을 주실 것이다. 하나님께서는 그리스도의 기도에 맞춰 그렇게 하신다. "아버지께서 …… 나를 사랑하심같이 그들도 사랑하신[다]"(요 17:23).

그리스도의 기도에서 우리는 그리스도와 아버지의 깊은 인격적 관계를 알아차리지 않을 수가 없으며, 이 관계는 사랑을 확증하는 말을 자주 토해낸다. 기도를 수반하는 진정 경건한 삶의 한 가지 주도적 측면이 있다면, 그것은 바로 우리가 사랑받는다는 사실이다. 하나님께서 우리를 사랑하시지 않는다면 기도를 왜 하겠는가? 반면, 하나님께서 자기 아들을 사랑하는 것과 같은 방식으로 우리를 사랑하시는데 우리가 어떻게 기도하지 않을 수 있는가?

20 / 예수께서는 자기 백성이 자신과 함께 있기를 기도하셨다

요한복음 17장 24절

아버지여 내게 주신 자도 나 있는 곳에 나와 함께 있어
아버지께서 창세전부터 나를 사랑하시므로
내게 주신 나의 영광을 그들로 보게 하시기를 원하옵나이다.

그리스도의 소원

예수께서는 원하시는 것을 다 얻는다. 가장 훌륭한 성도라 하더라도, 우리에게 남아 있는 죄를 고려할 때 이런 정도로 소원이 성취되는 것은 오히려 재앙이다. 믿지 않는 자의 경우에는 극심한 파멸이 초래될 것이다. 하지만 죄인을 구원하러 오신 영원하신 하나님의 아들의 경우, 그분이 소원하면 다 받게 된다는 깨우침은 여전히 세상의 엄청난 소망으로 남아 있다.

이에 비춰 볼 때, 요한복음 17장 24절은 그리스도 안에서 사랑하는 사람을 잃은 이들에게 큰 위로를 준다. 누구나 살다 보면 이따금 그런 상실 문제를 다뤄야 하며, 그리스도인의 경우 그리스도의 몸인 교회 안에서 대가족을 이루고 있는 것을 생각하면 더욱 그렇다. 교회 안에서 우리에게는 많은 형제자매, 부모가 있다(적어도 그래야 한

다고 여겨진다)(막 3:31-35). 그리고 장례식은 우리가 나이 들어갈수록 빈번해진다.

우리는 누구나 죽음이라는 현실에 대처할 필요가 있다. 자기 자신의 죽음뿐만 아니라 자신이 알고 사랑하는 사람들과 관련해서도 말이다. 우리는 그리스도 안에서 죽음을 이기기는 하지만, 죽음은 여전히 현실적이고 두려운 원수다. "맨 나중에 멸망받을 원수는 사망이니라"(고전 15:26). 어떤 이들은 눈앞에서 사람들이 죽는 것을 목격한다. 우리 대부분은 젊어서든 늙어서든 친구들을 잃는다. 죽음은 보기 싫고, 슬픔을 자아낸다. 그리스도인은 세상 사람들처럼 슬퍼하지는 않지만(살전 4:13) 그래도 죽음 앞에서는 슬픔을 표현하는 것이 옳다. 그리스도께서도 나사로의 죽음 앞에서 눈물을 흘리셨다(요 11:35). 하나님께서 우리를 그렇게 창조하셨기에 죽음은 여전히 우리에게 부자연스럽다.

하지만 주님 안에서 사랑하는 사람을 잃을 때, 요한복음 17장 24절은 그 상황에서 자연스럽게 우리에게 엄습하는 슬픔을 해결하는 데 도움을 준다. 이 진리는 기독교 신앙의 핵심에 닿아 있으며 신인이신 그리스도의 위격에 대한 통찰을 제공한다. 기도하는 마음으로 면밀히 생각해 보면, 이 구절은 누군가가 세상을 떠날 때의 우리 심정에 아주 근접한 말을 하고 있다. 왜인가? 이 표현을 한 번 생각해 보라. "아버지여 내게 주신 자도 나 있는 곳에 나와 함께 있어 아버지께서 창세전부터 나를 사랑하시므로 내게 주신 나의 영광을 그들로 보게 하시기를 원하옵나이다."

인간으로서 그리스도에게는 어떤 소원이 있었는데, 처음에는 이 땅에서 지니신 소원이었고 지금은 하늘에서 품고 계신 소원이다. 우리가 '하나님을 바라기'(desiring God)에 대해 말할 수는 있지만, 예수만큼 하나님을 갈망한 사람은 없었다는 사실을 알게 된다. 하지만 '인간을 바라기'에 대해 말하고자 한다면 이때도 역시 신인이신 그리스도를 주시해야 한다. 그리스도만이 하나님과 인간에게 소망, 화해, 평강을 안겨 주는 방식으로 하나님과 인간 모두를 갈망할 수 있다.

그리스도께서는 자기 백성을 위한 소원을 아버지께 알리신다. 자주 그러셨던 것처럼 그리스도께서는 아버지께서 자신에게 주신 사람들에 대해 이야기하신다(요 6:37, 39, 10:29, 17:6, 9를 보라). 바로 이 사람들을 위해 그리스도께서는 목숨을 버리셨다. 선한 목자는 양 떼를 위해 자기 목숨을 버리며(요 10:11), 선한 목자께서는 이 양 떼를 사랑하시고 그래서 자연히 이들이 자신과 함께 있기를 바라신다. 이렇게 해서, 천상에서 지금까지도 그리스도께서는 이뤄지지 않은 갈망을 품고 계신다. 비록 천국에서 더할 나위 없이 행복하고 만족스럽게 머물고 계시지만 말이다.

이 사실이 어떻게 그리스도 안에서 사랑하는 사람의 죽음과 연관되는가? 아주 간단히 말해, 주님 안에서 형제나 자매인 사람이 죽을 때, 이는 그리스도께서 아버지께 드린 기도가 응답된 것이다. 그러므로 그리스도인이 죽을 때, 이는 이 땅에서 시작된 아들의 요청을 아버지께서 들어 주시는 것이다.

신자의 죽음에서 우리가 잃는 것보다는 그리스도께서 얻는 것이 훨씬 많다. 마찬가지로, 천국에서 성도는 이 땅에서 잃은 것보다 더 많은 것을 획득한다. 결국 하나님께서는 성자를 통해, 그리고 하나님 자신을 위해 아무것도 잃지 않으신다. 그리스도께서 획득하시면 우리도 획득하는 것이다. 하나님께서 그리스도와 그리스도의 신부를 위하신다면, 거기서 얻을 수 있는 것은 다 우리를 위한 것이다.

사실 사랑하는 사람이 죽으면 우리는 상실을, 때로는 말로 다 표현 못할 상실을 겪는다. 그러나 그 상실은 그리스도의 말씀이 미치지 않는 곳에 있지 않다. "아버지여 내게 주신 자도 나 있는 곳에 나와 함께 있어 …… 나의 영광을 그들로 보게 하시기를 원하옵나이다." 그리스도께서는 자신의 영광이 이생의 어떤 것이 줄 수 있는 영광을 훨씬 능가한다는 것을 알고 계신다. 그리스도를 보는 것은 이 세상 수백만 개보다 값어치 있어서 이에 불만족하는 이는 단 한 사람도 없을 것이다. 이런 식으로 그리스도께서는 자기 백성의 영원한 행복을 추구하는 데서 '거룩한 흥분'을 느끼심을 보여 준다.

우리가 이 땅에서 많은 기쁨을 받아 누리는 것은 사실이지만, 그 무엇도 천국에서 그리스도의 임재 안에 있는 기쁨과는 비교할 수 없다. 자신의 임재 안에 있는 성도로써 그리스도께서는 죄인들을 위한 자신의 수고의 열매를 거두신다. 이는 우리가 왜 눈물을 몇 양동이씩 흘리면서도 거기서 기쁨의 시냇물이 우리 뺨을 타고 흘러내리는 경험을 할 수 있는지를 말해 준다. 그런 상실은 우리 믿음을 크게 시험한다. 정말로 우리는 사랑하는 사람이 나와 함께 있는 것보다는 사랑하는 주님과 함께 있는 게 더 낫다고 믿는가? 정말 그렇게 믿는다면, 끔찍한 슬픔에도 큰 기쁨이 함께한다. 그런 기쁨은 자신이 친히 슬퍼하사 우리가 이 땅에서 겪는 슬픔을 중화시키시는 분에게서 오는 귀한 선물이다. 성도의 죽음은 여호와 보시기에 "귀중하[며]"(시

116:15), 부분적으로 이는 주님께서 그 성도를 자신에게로 데려가시기 때문이다. 우리도 더할 수 없이 크게 애통하는 중에도 이 일이 얼마나 귀중한지 인식할 수 있다.

나의 영광을 보게 하시기를

이생에서 우리는 보는 것으로써가 아니라 믿음으로 행한다(고후 5:7). 하지만 그리스도를 믿는 믿음은 우리를 그리스도의 형상으로 변화시키는 믿음으로서, 언젠가는 눈에 보이는 것으로 변화될 것이며, 그러면 우리는 그리스도같이 될 것이다. 우리가 그리스도를 눈으로 볼 것이기 때문이다(요일 3:2). 우리가 영광 중에 눈으로 보는 주요 대상은 눈에 보이는 하나님의 형상, 예수 그리스도일 것이다(골 1:15).

존 오웬은 우리가 그리스도의 영광을 보기를 바라는 그리스도의 소원을 다음과 같이 묘사한다.

> 다른 어떤 것도 아니고 여기서 기도로 구하는 것만이 이들에게 만족을 줄 것이다. 신자의 마음은 자석에 닿은 바늘 같아서, 자석의 보이지 않는 힘에 의해 자석이 이끄는 곳에 이르기 전에는 안식할 수 없다. 그리스도의 사랑에 한번 닿아 눈에 보이지 않는 형언할 수 없는 효능의 영향을 받으면, 그 마음은 늘 움직이는 상태일 것이며 그리스도께 가서 그분의 영광을 볼 때까지 안식하지 못할 것이다. 이 사랑 없이 만족할 수 있는 그 영혼, 다시 말해 이 사랑이 있어도 영원히 만족할 수 없는 영혼은 그리스도의 중보의 효력에 동참하는 자가 아니다.[1]

다시 말해, 우리가 자신의 영광을 보기를 바라는 그리스도의 소원은 그리스도의 영에 의해 우리 자신의 소원이 된다. 우리가 자신의 영광을 보기를 바라는 기도에서 그리스도께서는 자신의 갈망을 우리에게 나누어 주신다. 오웬의 말에 따르면, 구속받은 죄인에게 그리스도의 고양된 영광은 "현재 상태의 우리로서는 매우 높고 화려하고 놀랍다. 그 영광에는 현재 우리의 영적 가시 능력이 감당하기에는 너무 엄청난 광휘와 화려함이 있다."[2]

영광 중에 우리는 두 눈으로 그리스도를 보게 될 것이다. "그의 얼굴을 볼 터이요 그의 이름도 그들의 이마에 있으리라"(계 22:4). 토마스 맨튼이 말하는 것처럼 "그분의 영광을 보는 것 외에 우리에게 다른 책은 필요 없다. …… 영광과 고귀함을 입은 그리스도는 그 자체로 성경이시기에 부족함이 없다."[3] 그리스도의 영광을 볼 때 우리에게는 그리스도를 닮은 모습과 형상이 있을 것이며, 그리스도를 위한 사랑, 그리스도를 기뻐하는 기쁨이 있을 것이다.

요한복음 17장 24절의 기도에서 그리스도께서는 아버지께서 인간이 받을 수 있는 최대의 영광으로 자신에게 상급을 주시리라는 것을 알고 계신다. 이 영광의 구체적 내용을 우리는 알지 못하지만 그리스도께서는 아시며, 그분만이 아버지께서 자신에게 부어 주신 사랑을 우리가 보기를 바랄 수 있다. 우리가 천국에서 그리스도의 영광을 볼 때, 아버지께서 영화롭게 되실 것이다. 성령께서 우리가 그리스도의 영광을, 가시적이고 지적이며 영적인 그 영광을 이해할 수 있게 하시되 복된 삼위일체의 세 위격을 영화롭게 하는 방식으로 이해하게 하실 것이다. 오웬은 다음과 같이 올바르게 말한다.

이 같은 사실로 내가 판단하기에, 그리스도께서 하나님의 거룩한 성소인 천국에 들어가신 것은 창조된 영광 중에서 만물의 완성 때까지 존재했던, 혹은 앞으로 존재할 영광의 가장 위대한 사례였다. 창세 때부터 믿음으로 세상을 떠난 모든 거룩한 영혼을 그 순간 예수 그리스도께서 하나님의 의논의 영광스러운 빛과 하나님의 은혜의 결과인 지식으로 영접해 주셨기 때문이다.[4]

"창조된 영광의 가장 위대한 [이] 사례"는 "인자가 구름을 타고 큰 권능과 영광으로 오는 것을"(막 13:26) 우리가 볼 때 훨씬 위대해질 것이다. 죽어서 이생을 떠난 성도는 우리와 비교해 볼 때 손해가 아니다. 그리스도께서 돌아오실 때에도 이 성도들은 손해가 아니다(살전 4:13-17을 보라). 이들은 그리스도의 영광을 이미 보았다는 점에서 살아 있는 성도에 비해 더 많은 유익이 있다. 이 경우에도 우리는 이들을 애도하면서도, 이들과 함께 있고 싶어 하시고 이들이 자신의 영광을 보기 원하는 그리스도의 소원이 이뤄진 것을 즐거워한다. 우리가 사랑하는 사람들은 천국에 있으니, 그보다 좋은 곳은 없다.

21 / 예수께서는 확신을 갖고 기도하셨다

요한복음 17장 25-26절
의로우신 아버지여 세상이 아버지를 알지 못하여도
나는 아버지를 알았사옵고
그들도 아버지께서 나를 보내신 줄 알았사옵나이다
내가 아버지의 이름을 그들에게 알게 하였고 또 알게 하리니
이는 나를 사랑하신 사랑이 그들 안에 있고
나도 그들 안에 있게 하려 함이니이다.

문제의 결론

예수께서는 의로우신 아버지 앞에서 확신에 찬 어조로 기도를 마무리하신다. 예수께서는 자기 자신에 관해, 그리고 이스라엘의 하나님의 의로운 구원 행위를 세상에 알려야 할 자신의 큰 사명에 관해 기도하신다. 어떤 면에서 우리는 아직 이런 결말을 원하지 않을지 모른다. 하나님의 내적 성소에 입장이 허락된 우리 귀에는 영원하신 아들과 영광의 아버지 사이에 오가는 이런 말이 들리고, 우리는 더 많은 것을 듣고 더 많은 것을 알고 싶어 하게 된다. 하지만 이미 들은 것만으로도 지금의 우리로서는 감당하기 벅차다.

이 기도에서 아버지를 "의로우신 아버지"라고 최종적으로 명백히 언급하는 것은 아버지의 성품뿐만 아니라 그리스도를 통해 죄인인 인간과 거룩하신 하나님 사이에 화목을 이루게 하는 하나님의 활

동의(롬 3:21-25를 보라) 본질을 가리킨다. 세상이 하나님을 무한히, 영원히, 불변하게 의로우신 분으로 알지 못한다면 이는 하나님을 전혀 알지 못하는 것이다. 예수께서는 하나님을 의로우신 분으로 알고 그렇게 사랑하기에 하나님의 접근 방식을 확신할 수 있다. 그리스도에게 어떤 일이 생기든 그 일은 "모든 행위에 의로우시[신]"(시 145:17) 분의 손에서 온다.

예수(만이) 하나님을 아신다

아담의 죄를 좇아 이 세상에 태어난 모든 인간 중 자신이 참으로 하나님을 안다고 말할 수 있는 분은 오직 한 분뿐이다. 만약 이것이 사실이 아니라면 여기서 예수는 말문이 막힐 정도의 오만함을 보이는 것이라 할 수 있다. 예수께서는 단순히 하나님을 안다고만 하시는 것이 아니라 자신이 하나님을 아는 유일한 존재라고 주장하신다. 하지만 이는 예수께서 혼자만 간직하지 않고 다른 이들과 나누는 특권으로, 그래서 이들도 하나님을 아는 참 지식을 경험할 수 있다. 요한이 자신의 복음서에서 비슷한 증언을 또 하고 있으므로 요한복음을 읽는 이들은 예수께서 이런 말씀으로 기도하고 있는 것에 놀라지 말아야 한다.

- 예수께서 성전에서 가르치시며 외쳐 이르시되 너희가 나를 알고 내가 어디서 온 것도 알거니와 내가 스스로 온 것이 아니니라 나를 보내신 이는 참되시니 너희는 그를 알지 못하나(요 7:28).

- 이에 그들이 묻되 네 아버지가 어디 있느냐 예수께서 대답하시되 너희는 나를 알지 못하고 내 아버지도 알지 못하는도다 나를 알았더라면 내 아버지도 알았으리라(요 8:19).
- 너희는 그를 알지 못하되 나는 아노니 만일 내가 알지 못한다 하면 나도 너희같이 거짓말쟁이가 되리라 나는 그를 알고 또 그의 말씀을 지키노라(요 8:55).
- 그러나 사람들이 내 이름으로 말미암아 이 모든 일을 너희에게 하리니 이는 나를 보내신 이를 알지 못함이라(요 15:21).

그런데 이 모든 말씀 가운데서 예수께서는 아버지께서 자신에게 주신 사람들에게 이 지식을 준다는 점을 동일하게 강조하신다. "내가 아버지의 이름을 그들에게 알게 하였고 또 알게 하리니"(요 17:26). 예수께서는 자신의 영으로써, 영광 중에 다시 오실 때까지 참되고 살아 계신 하나님을 알리되 사람들을 하나님께 인도하는 방식으로 알릴 것이다(벧전 3:18).

예수께서는 영으로써 하나님께 직접 나가셨다. 예수께서는 하나님을 알고 하나님을 즐거워하는 말할 수 없는 기쁨을 아신다. 예수께서는 하나님에게서 오는 지식의 작은 조각까지도 사랑하시며, 참으로 하나님을 갈급해 하신다. 우리는 시편 42편 1-2절 말씀에 감탄할 수 있는데, 이는 어떤 의미에서 전적으로 그리스도에게만 해당되는, 당연히 그리스도에게만 해당되는 말씀을 제시한다.

하나님이여 사슴이 시냇물을 찾기에 갈급함같이

내 영혼이 주를 찾기에 갈급하니이다
내 영혼이 하나님 곧 살아 계시는 하나님을 갈망하나니
내가 어느 때에 나아가서 하나님의 얼굴을 뵈올까.

그러므로 이사야 50장 4절에서는 또 이렇게 기록한다.

주 여호와께서 학자들의 혀를 내게 주사
나로 곤고한 자를 말로 어떻게 도와줄 줄을 알게 하시고
아침마다 깨우치시되 나의 귀를 깨우치사
학자들같이 알아듣게 하시도다.

우리 주님께서 "내가 아버지를 알았사옵고"라고 말씀하실 때, 이는 자신에게 참 하나님을 아는 인간적 지식이 있음을 말씀하시는 것이다. 아버지께서는 성령을 통해 위로부터 이 지식을 예수에게 주셨다. 이 지식은 타고난 것이기도 하고 학습한 것이기도 하다. 이 말은 예수께서 지혜와 지식의 모든 보화를 소유하신다는 뜻이지만, 예수께서는 이 지식을 학습하셨고 이 지식이 자라기도 하셨다. 그렇지 않다면 다음과 같이 성경에서 하나님의 메시아가 하나님에게 가르침을 받는다고 여러 번 이야기하는 것이 무슨 뜻인지 파악하기 힘들 것이다.

- 예수께서 대답하여 이르시되 내 교훈은 내 것이 아니요 나를 보내신 이의 것이니라(요 7:16).

- 내가 너희에게 대하여 말하고 판단할 것이 많으나 나를 보내신 이가 참되시매 내가 그에게 들은 그것을 세상에 말하노라 하시되(요 8:26).
- 나는 내 아버지에게서 본 것을 말하고 너희는 너희 아비에게서 들은 것을 행하느니라(요 8:38).
- 지금 하나님께 들은 진리를 너희에게 말한 사람인 나를 죽이려 하는도다(요 8:40).

그러므로 우리 주님께서 "내가 아버지를 알았사옵고"라는 말씀으로 기도하실 때, 우리는 그분이 아버지께서 가르치신 것을 하나씩 하나씩 모아 이에 화답했다고 확언하시는 것임을 깨달아야 한다. 이 기도에 담긴 그리스도의 확신은 옳고도 선한 확신이다. 그리스도는 진실을 말씀하실 뿐이기 때문이다. 그리스도의 백성으로서 그분에게서 배우는 우리 또한 "내가 아버지를 알았사옵고"(요 17:3를 보라)라고 확신을 가지고 말할 수 있는 지점까지 나아가야 하며, 실제로 그렇게 할 수 있다.

그리스도의 계속적 사역

그리스도께서는 하늘로 올라가실 때도 이 기도를 가지고 가서서 온 세상에 복음이 확산되도록 계속해서 이 말씀으로 기도하신다. "내가 아버지의 이름을 …… 또 알게 하리니"라는 그리스도의 말씀이 무슨 뜻인지는 요한복음 전체에서 설명되지만, 특히 초반의 설명에 주목할 필요가 있다. "참 빛 곧 세상에 와서 각 사람에게 비추는 빛이 있었나니"(요 1:9). 예수 그리스도를 통해 비추는 하나님의 계시의 빛이 이 세상에서 계속 빛나는 것은 그리스도께서 이 세상을 구속하셨기 때문이다. 생명이신 예수는 이 세상에 계속 생명을 주신다(요 14:6).

예수께서 세상의 빛과 생명이시라는 것은 무슨 의미인가? 요한복음 17장의 마지막 말씀 "이는 나를 사랑하신 사랑이 그들 안에 있고 나도 그들 안에 있게 하려 함이니이다"가 답변을 준다. 예수께서 사람들을 죄에서 구원하시는 것은 이들이 하나님을 사랑할 수 있도록 하기 위해서다. 하나님과 그리스도를 향한 사랑, 하나님과 그리스도께서 받아들이실 만한 사랑은 성령에 의해 그리스도를 통해서 하나님으로부터 와야 한다. 우리는 사랑이 선물 자체이기라도 한 양 하나의 실체로서 획득하지 않는다. 우리는 그리스도를 받는다. 그리스도께서 성부, 성령과 함께 우리에게 내주하시며, 그래서 우리는 그리스도께서 대제사장으로서 드린 이 기도에서 요청하신 것을 받을 수 있다. "나도 그들 안에 있[다]"는 이 한 가지 사실에 근거해 그리스도인에게는 틀림없이 만사가 형통한다. 우리 안에 계신 그리스도는 바울의 말처럼 영광의 소망이시다(골 1:27).

그리스도께서 내 안에 계시면, 나는 그 무엇도 두려워할 필요가 없다. 내가 어디를 가든 그리스도께서 나와 함께하실 것이다. 내가 상가(喪家)에 있든 잔칫집에 있든, 병원에 있든 스포츠 경기장에 있든, 믿지 않는 자들을 섬기고 있든 성도들과 함께 하나님을 찬양하고 있든, 그리스도는 나와 함께 계신다. 그리스도께서는 자기 백성을 고아처럼 버려두지 않으신다. "내가 너희를 고아와 같이 버려두지 아니하고 너희에게로 오리라 조금 있으면 세상은 다시 나를 보지 못할 것이로되 너희는 나를 보리니 이는 내가 살아 있고 너희도 살아 있겠음이라 그날에는 내가 아버지 안에, 너희가 내 안에, 내가 너희 안에 있는 것을 너희가 알리라"(요 14:18-20).

22 / 예수께서는 큰 괴로움 중에 기도하셨다

마가복음 14장 32-34절

그들이 겟세마네라 하는 곳에 이르매 예수께서 제자들에게 이르시되
내가 기도할 동안에 너희는 여기 앉아 있으라 하시고
베드로와 야고보와 요한을 데리고 가실새 심히 놀라시며 슬퍼하사
말씀하시되 내 마음이 심히 고민하여 죽게 되었으니
너희는 여기 머물러 깨어 있으라 하시고

겟세마네

19세기 스코틀랜드 목회자 휴 마틴(Hugn Martin)은 겟세마네 동산으로 독자들을 능숙하게 안내하면서 예수께서 거기서 '갈보리의 그림자'(The Shadow of Calvary)와 어떻게 직면하시는지를 보여 준다. 바로 그 제목으로 출간된 휴 마틴의 책(「갈보리의 그림자」, 지평서원 역간)은 내가 보기에 예수의 기도를 가장 훌륭하게 다룬 책 중 하나다. 겟세마네에서 예수께서는 아버지의 뜻에 순복하는 문제와 씨름하셨으며, 우리 구주에게 이는 골고다에서 육체적으로 겪을 잔혹 행위보다 더 큰 고통과 영적 고뇌를 초래했다.

겟세마네는 '감람유 짜는 틀'(olive press)이라는 뜻으로, 기드론 시내 동편, 감람산 아래에 있었다. 다윗과 예수는 천 년 가까운 세월을 사이에 두고, 믿었던 친구에게 그곳에서 배신당했다. 다윗과 예수 모

두 기드론을 건넜고(삼하 15:23, 요 18:1) 감람산 근처(혹은 감람산)에서 자신을 구해 주시기를 기도했다(삼하 15:30-31, 막 14:26-41). 이곳에서 기도하시는 것이 우리 주님의 습관이었던 것이 분명하다. "예수께서 나가사 습관을 따라 감람산에 가시매 제자들도 따라갔더니"(눅 22:39).

십중팔구 예수께서는 겟세마네에서의 이 싸움을 위해 앞서의 기도 때 마음의 준비를 하셨을 것이다. 이는 예수의 삶에서 가장 격렬한 싸움이 될 터였다. 골고다의 현실이 순식간에 실현되고 있었기 때문이다. 밀려오는 파도는 예수를 위기로 몰아갔다. 죄 없으신 그분은 하나님의 진노에 순순히 휩쓸려 갈 것인가, 아니면 안전한 곳으로 후퇴해 죄인인 우리로 하여금 하나님의 모진 심판을 감당하게 할 것인가?

요한이 우리를 겟세마네 '동산' 구석구석으로 데리고 다니는 것이(요 18:1) 성경적/신학적으로 어떤 의미가 있는지를 놓쳐서는 안 된다. 창세기 2장 8절의 이 말씀을 기억하는가? "여호와 하나님이 동방의 에덴에 동산을 창설하시고 그 지으신 사람을 거기 두시니라." 아담과 하와는 그 동산에서 유혹당했고, 참담하게 실패해서 세상에 파멸과 멸망을 안겼다. 예수께서는 동산에서 유혹당했고, 택함 받은 사람들을 위해 영광스럽게 승리하셨다. 예수의 태도는 모든 인간을 죽음으로 이끈(왜냐하면 모든 인간이 아담 안에서 범죄했으므로) 아담의 반역 행위를 바로잡았다.

아담은 아마 대낮에 범죄해서 영적 어둠을 초래한 듯하며, 그리스도께서는 어둠 속에서 순종해 영적 빛을 초래하셨다. 실제로 겟세마네에 관해(마 26:36-46) 의견을 말하면서 매튜 헨리(Matthew Henry)는 이렇게 기록한다. "구름이 오랫동안 모여들어 컴컴해 보였다. ……
그런데 이제 폭풍우가 격렬히 몰아치기 시작했다."¹
  A. W. 핑크(Pink)는 에덴과 겟세마네의 대비를 더욱 세밀히 강조
한다.

> 에덴에서는 모든 것이 유쾌했고, 겟세마네에서는 모든 것이 엉망
> 이었다. 에덴에서 아담과 하와는 사탄과 교섭을 벌였고, 겟세마
> 네에서는 마지막 아담이 자기 아버지의 얼굴을 구했다. 에덴에서
> 는 아담이 범죄했고, 겟세마네에서는 구주께서 괴로워하셨다. 에
> 덴에서는 아담이 타락했고, 겟세마네에서는 구속주께서 정복하셨
> 다. 에덴에서의 갈등은 낮에 발생했고, 겟세마네에서의 갈등은 밤
> 에 벌어졌다. 에덴에서는 아담이 사탄 앞에 무릎 꿇었고, 겟세마
> 네에서는 군사들이 그리스도 앞에서 엎드러졌다. 에덴에서는 경
> 주에 졌고, 겟세마네에서는 그리스도께서 이렇게 알리셨다. "아버
> 지께서 내게 주신 자 중에서 하나도 잃지 아니하였사옵나이다"(요
> 18:9). 에덴에서 아담은 하와의 손에서 열매를 받아들였고, 겟세마
> 네에서 그리스도는 아버지의 손에서 잔을 받으셨다. 에덴에서 아
> 담은 모습을 감추었고, 겟세마네에서 그리스도께서는 담대히 모
> 습을 드러내셨다. 에덴에서는 하나님께서 아담을 찾으셨고, 겟세
> 마네에서는 마지막 아담께서 하나님을 찾으셨다! 에덴에서 아담
> 은 '쫓겨났고', 겟세마네에서 그리스도께서는 '끌려가셨다.' 에덴
> 에서는 '칼'이 뽑혔고(창 3:24) 겟세마네에서는 '칼'이 칼집에 꽂혔다
> (요 18:11).²

심히 놀라시며 슬퍼하사

기도의 상황에서 예수께서는 "놀라시며 슬퍼하[셨다]." 이것은 신약 성경에서 보기 드문 표현이다. 단어를 연구하는 것으로는 지금 무슨 일이 벌어지고 있는 것인지 완전히 알 수 없다. 하지만 "내 마음이 심히 고민하여 죽게 되었으니"(막 14:34)라고 하셨을 때 예수께서 얼마나 강도 높은 체험을 하고 계셨는지 우리는 희미하게나마 감지할 수 있다.

놀랍게도 예수께서는 자신의 '권세 있는'(예를 들어 죽은 자를 살린다거나, 귀신을 쫓아낸다거나 하는) 모습을 본 사람들 앞에서 자신의 괴로운 싸움을 거리낌 없이 고백하셨다. 베드로, 야고보, 요한은 예수의 변화를 목격했다(마 17:1). 하지만 메시아의 입에서 나온 말씀에 이들은 어안이 벙벙했을 것이다. 지금 실제로 무슨 일이 벌어지고 있는 것인지 이들이 조금이라도 알아차렸다면 말이다. 우리 주님께서는 자신이 처한 곤경을 절대 과장하지 않으셨을 것이다.

욥의 고난, 아들 이삭을 제단으로 데려가야 했던 아브라함의 고뇌, 요셉의 비탄, 압살롬의 죽음을 본 다윗의 슬픔, 그리고 시편에서 볼 수 있는 수많은 한탄은 예수, 곧 삶에서 그 어떤 절망도 겪을 이유가 없는 유일한 분의 궁극적 고뇌에 대한 암시다.

어떤 일이 자신을 기다리고 있는지 오직 예수만 알 수 있었다. 오직 예수만이 하나님을 완전히 아셨기 때문이다. 따라서 하나님을 아는 지식은 그리스도에게 확신과 기쁨, 그리고 아버지의 뜻을 행하겠다는 단호한 용기를 주었다. 이 지식은 자신이 죽을 만큼 고통스럽다는 사실을 인정하는 계기가 되었다. 살을 도려내는 듯 아픈 이사야 53장의 현실이 이 순간 어떻게 우리 주님의 뇌리를 스쳐 가지 않을 수 있었겠는가?

> 여호와께서 그에게 상함을 받게 하시기를 원하사
> 질고를 당하게 하셨은즉
> 그의 영혼을 속건 제물로 드리기에 이르면(사 53:10).

앞에서 이미 살펴보았다시피, 그리스도의 삶은 일종의 영원히 지속되는 겟세마네였으며, 누가복음 12장 50절이 이를 암시하는 듯하다. "나는 받을 세례가 있으니 그것이 이루어지기까지 나의 답답함이 어떠하겠느냐." 하나님의 진노의 물결이 우리 구주를 집어삼킬 터였다.

> 주의 노가 나를 심히 누르시고
> 주의 모든 파도가 나를 괴롭게 하셨나이다(시 88:7).

게다가 요나의 체험은 그리스도께서 감당하신 고난의 한 예표 역할을 했다.

> 주께서 나를 깊음 속
> 바다 가운데에 던지셨으므로
> 큰 물이 나를 둘렀고
> 주의 파도와 큰 물결이

다 내 위에 넘쳤나이다(욘 2:3).

지금까지 예수께서는 늘 아버지의 기쁨에 대해서만 아셨다. 예수께서는 하나님을 즐거워하셨고, 하나님께서도 지극히 총애하는 자 예수를 즐거워하셨다(눅 2:40, 52). 그런데 여기서 예수께서는 괴로움이 말 그대로 자신을 죽일 정도라고 말씀하셨다. 휴 마틴은 예수의 영혼이 그렇게 괴로운 이유를 잘 설명한다.

> 아버지께서 자신에게 그 모든 무수한 죄를 전가시키는 것에 예수께서 동의하신 것을 생각해 보라. 즉, 아버지의 심판으로 크고 작고 무겁고 가벼운 온갖 도덕적 악, 종류와 형편과 조합도 다양한 온갖 더러운 불법이 자신에게 전가되어 그 무게 아래 있어야 했다는 것을 말이다! 천국에서 영원한 공의가 써 내려가는 결산의 책이 있는데, 지극히 가차 없이 엄정하게, 어둠과 빛을 가리지 않고 전지한 시선으로 탐색해 볼 때 인간이라면 누구도 면할 수 없게 되는 모든 혐의가 여기 기입된다.[3]

신실한 목자인 예수께서는 자신에게 속한 모든 사람을 동정할 수 있는 자비로운 대제사장이기 위해, 그런 절망을 겪으셔야만 했다. 이렇게 해서 "그 누가 나의 괴로움을 알까"라는 말은 누구도 할 수 없게 된다. 예수께서 이런 식으로 죽을 만큼 괴로워 하셔야 했음은 자기 백성의 고통에(그리고 그 고통 이상을) 공감하셔야 하기 때문이다. 예수께서는 뛰어나게 의로운 분일 뿐만 아니라 고통당하는 분이기도 했음이 틀림없다. 겟세마네의 그리스도를 미리 내다본 여러 탄식의 시편에서 이 체험이 어떻게 묘사되고 있는지 생각해 보라.

> 내가 소리 내어 여호와께 부르짖으며
> 소리 내어 여호와께 간구하는도다
> 내가 내 원통함을 그의 앞에 토로하며
> 내 우환을 그의 앞에 진술하는도다
> 내 영이 내 속에서 상할 때에도
> 주께서 내 길을 아셨나이다
> 내가 가는 길에
> 그들이 나를 잡으려고 올무를 숨겼나이다
> 오른쪽을 살펴보소서
> 나를 아는 이도 없고
> 나의 피난처도 없고
> 내 영혼을 돌보는 이도 없나이다(시 142:1-4).

그리스도께서 그런 슬픔을 견뎌 내신 것은 위기의 순간에 큰 고독을 경험하셨기 때문이다. "여기 머물러 깨어 있으라"(막 14:34). 그리스도께서는 혼자이셔야 했다. 그리스도께서 정사와 권세를 상대로 벌이는 싸움은 오롯이 그리스도의 몫이었기 때문이다. 그러나 그 싸움이 그리스도만의 몫이라고 해서 홀로 슬픔에 잠겨 있는 그분에게 이 싸움이 수월한 것은 아니었다.

기쁨에는 동반자가 있고

슬픔은 혼자 울지

가나의 잔치에는 손님이 많지만

겟세마네에는 혼자뿐이라네.

　　　　　_F. L. 놀즈(F. L. Knowles, 1869-1905), '슬픔과 기쁨'

23 / 예수께서는 자신을 건져내 주시기를 기도하셨다

> 마가복음 14장 35-36절
> 조금 나아가사 땅에 엎드리어
> 될 수 있는 대로 이때가 자기에게서 지나가기를 구하여 이르시되
> 아빠 아버지여 아버지께는 모든 것이 가능하오니
> 이 잔을 내게서 옮기시옵소서
> 그러나 나의 원대로 마시옵고 아버지의 원대로 하옵소서 하시고.

엎드리시다

마가는 예수께서 "땅에 엎드리[셨다]"고 우리에게 알려 준다. 마태는 이렇게 덧붙인다. "조금 나아가사 얼굴을 땅에 대시고 엎드려 기도하여 이르시되"(마 26:39). 죽음을 앞둔 그리스도의 영혼을 보면서 우리는 그분이 하나님을 찬양하며 의기양양하게 행군할 것으로 기대해서는 안 된다.

사람들은 서서 기도할 때가 많다. 예를 들어 한나는 사무엘을 낳은 뒤 이렇게 기도했다. "내 주여 당신의 사심으로 맹세하나이다 나는 여기서 내 주 당신 곁에 서서 여호와께 기도하던 여자라"(삼상 1:26). 하나님의 백성은 온몸을 활짝 펴고 엎드려 두 손을 들어 올린 채 고개를 숙인다(느 8:6). 또 어떤 때 이들은 하늘을 향해 눈을 든다. "내가 산을 향하여 눈을 들리라"(시 121:1). 다니엘은 예루살렘을 향해

무릎을 꿇었다(단 6:10). 그리스도께서 여기서 그러셨듯, 아브라함과 모세와 아론 같은 많은 사람이 엎드렸다(창 17:3, 민 14:5). 에스라와 이스라엘 백성도 그렇게 했다. "에스라가 위대하신 하나님 여호와를 송축하매 모든 백성이 손을 들고 아멘 아멘 하고 응답하고 몸을 굽혀 얼굴을 땅에 대고 여호와께 경배하니라"(느 8:6).

우리 주님께서는 상황에 어울리는 대로 다양한 자세로 기도하곤 하셨다. 하지만 육체적, 감정적으로 괴로우셨던 이때, 예수께서는 분명 엎드리셨을 것이다. 이윽고 어떤 이들이 예수를 찾아다니다가 예수께서 "내가 그니라" 하시자 넘어졌으니, 이때 이들은 "물러가서 땅에 엎드러[졌다]"(요 18:6). 로마 병사들과 유대인 관리들을 말씀 한마디로 엎드러지게 만드는 권능을 지니신 분, 그분은 이 사람들이 도착하기 전 하나님 앞에 엎드린 분이었다.

그리스도의 요청

예수께서 하나님을 "아빠"(Abba)라고 부르는 것은 오직 마가만 기록하고 있다. 다른 복음서는 '아버지'를 뜻하는 헬라어 호칭(파테르 [πατήρ])을 명시한다. '아빠'는 예수께서 친밀함을 나타내는 호칭으로 쓰시던 아람어 원어를 음역한 말이다. 여기서 예수께서는 아버지와의 독특한 관계를 깊이 의식하고 그런 호칭을 쓰신 것이 틀림없다. 아버지의 영원한 아들 말고는 그런 관계를 맺고 그 관계를 제대로 인식하며 이해할 수 있는 사람이 없다.

무죄하고 의롭고 더럽혀지지 않은 신인께서는 자신의 인간적 뜻으로 늘 아버지의 뜻에 복종하셔야 했다. 하지만 참 인성을 입으신 상태에서 예수께서 마주하신 싸움은 결코 수월하지 않았다. 이는 세심한 고찰을 요구하는 부분이기에, 하나님께서 우리에게 은혜를 주사 예수의 삶의 이 사건에 관해 너무 과하게 말하지도 말고 그렇다고 너무 대수롭지 않게 말하지도 않게 해주시기를 바라야 한다.

이 (진노의) 잔을 치워 달라고 아버지께 요청하신 만큼, 겟세마네에서 그리스도께서 하신 말씀의 뜻은 명확하다. 예수께서는 이 시련을 피할 수 있기를 바라셨다. 나는 휴 마틴이 그의 놀라운 저서「갈보리의 그림자」에서 한 말에 동의한다. 즉, 이 잔이 지나가기를 예수께서 아버지께 간구하지 않으셨다면 우리는 예수의 무죄함에 의문을 갖는 게 옳다고 말이다. 예수께서 "이 잔을 내게서 옮기시옵소서"라고 아버지께 세 번 간청하지 않으셨다면, 우리는 예수께서 인간으로서 하나님의 거룩함에 대한 진정한 인식이 있었는지 마땅히 의문을 품을 수 있다.

누구도 하나님의 거룩함을 하나님의 아들처럼 이해하지 못했으며, 이 아들은 머지않아 하나님의 거룩함에 따른 진노를 철저히 경험하게 될 터였다. 그리고 예수께서 이 진노 앞에서 뒷걸음질하지 않으셨다면, 우리는 이 사람이 제정신이 아니라 생각했을지도 모르며 더 나아가 이분이 자기를 학대해서 쾌감을 느끼는 사람으로서 죽음을 향해 간 것 아닌가 생각했을지도 모른다. 다시 말해, 무죄하다는 것(예수처럼), 그리고 골고다에서 거룩하신 하나님을 대면하되 하나님의 그 임재 앞에서 죄인으로 여겨진다는 것, 이는 그리스도께서 왜 본능적으로 그런 형편에 처하기를 원치 않으셨는지 그 이유를 설명해 준다.

죄 없으신 예수께서는 "이 잔을 옮겨 주시옵소서"라고 간구하셨다. 이는 적절한 간구였다. 영원 전부터, 그리고 태어나시던 때부터 예수께서는 언제나 아버지의 미소와 은총만 알 뿐이었고 그분과 사랑 넘치는 교통만을 누려 오셨다. 그런데 이제 그런 아버지께서 자신에게 등을 돌리실 것을 전망하면서 어떻게 "이 잔을 내게서 옮기시옵소서"라고 청하지 않을 수 있었겠는가?

마틴은 이 간구를 다음과 같이 훌륭하게 설명한다.

> 단순히 그 자체로 생각해 볼 때, 하나님의 진노를 면하기를 바란다는 것은 그리스도의 거룩한 인성의 명령으로서, 감수성 있고 합리적이기도 하며 거룩하기도 한 명령으로 여겨진다. 하나님 앞에 성결해야지 그런 바람을 가져서는 안 된다고 한다면, 하나님의 거룩한 분노와 뜻을 감히 멸시하라는 (그럴 수 없다는 것을 알면서도 생각만 해도 떨리는) 말일 것이다! 그렇다. 예수께서 지금 아버지의 진노에 대해 그런 엄숙한 견해를 갖고 있으면서도 그 진노를 면하고 싶다는 간절한 갈망으로 충만하지 않다면 …… 그리스도가 인간 본성의 정수(精髓)에 속하는 모든 무죄한 감수성과 더불어 참 인성을 소유하지 않은 것이라고 주장할 수 있을 것이다.[1]

그럼에도, 잔을 옮겨 달라고 하는 그리스도의 요청의 모든 내용은 "아버지의 뜻이 이루어지이다"라는 말에 감싸여 있으며 이 말은 이사야 50장 5절을 성취한다.

내가 거역하지도 아니하며

뒤로 물러가지도 아니하며.

아버지의 응답

예수께서는 자신을 기다리고 있는 임박한 공포의 '잔'에서 자신을 풀어놓아 주실 권능이 아버지께 있다는 것을 알고 계셨다. "아버지께는 모든 것이 가능하오니"(막 14:36). 이 사실은 그리스도의 기도의 고뇌를 더 강화시킬 뿐이다. 잘 주목해 보라. 우리는 하나님이 여기서 무능함, 도와줄 능력이 없음을 보여 주셨다고 생각해서는 절대 안 된다.

하나님께는 절대 권능이 있는데, 이는 하나님께서 반드시 하실 일이 아니라 어쩌면 하실 수도 있는 일을 가리킨다. 마찬가지로, 하나님께서는 질서적 권능을 보여 주시기도 하는데, 이는 하나님께서 만사를 미리 정하려는 자신의 영원한 목적 가운데(엡 1:11) 행하기로 하신 어떤 일을 가리킨다. 예수께서는 두 권능의 차이를 친히 알고 계시며, 그래서 잠시 후 체포되시던 순간에 이렇게 말씀하신다. "너는 내가 내 아버지께 구하여 지금 열두 군단 더 되는 천사를 보내시게 할 수 없는 줄로 아느냐 내가 만일 그렇게 하면 이런 일이 있으리라 한 성경이 어떻게 이루어지겠느냐"(마 26:53-54).

하나님께서는 자신의 절대 권능에 따라 열두 군단도 더 되는 천사들을 보내 그리스도를 그 수난에서 구해 내실 수도 있었으나, 그렇게 하지 않으셨다. 이는 아버지께서 예수에게 어떻게 응답하시는지 이해하는 데 도움이 된다. 기억하라. 사탄이 예수를 시험해 돌을

떡으로 만들어 네가 하나님의 아들임을 증명하라고 했을 때, 예수께서는 이에 응하지 않고 하나님을 신뢰하고 성경의 도움을 받았으며, 이것이 예수의 삶의 준칙이었다는 것을(마 4:3-4). 그래서 여기서 만약 아버지의 '답변'이 주어졌다면 그 답변은 "그래, 내가 이 잔을 네게서 치워 줄 수는 있다. 하지만 네 삶에 관한 나의 말(Word)이 뭐라 말하는지 생각해 보라"였을 것이다.

조금 전의 상황으로 돌아가 보면, 우리는 예수께서 하나님의 말씀을 생각하셨고 그 모든 말씀이 예수 앞에서 예수에 관한 일들을 단호히 증언했을 것이라고 합리적으로 확신할 수 있다. 예를 들어 제자들과 함께 감람산으로 가셨을 때 예수께서는 제자들에게 이렇게 말씀하셨다. "너희가 다 나를 버리리라 이는 기록된 바 내가 목자를 치니 양들이 흩어지리라 하였음이니라 그러나 내가 살아난 후에 너희보다 먼저 갈릴리로 가리라"(막 14:27-28).

스가랴 13장 7절("목자를 치면 양이 흩어지려니와 작은 자들 위에는 내가 내 손을 드리우리라")을 제자들에게 인용하신 것에서 보다시피, 예수께서는 구약 성경이 뭐라고 증언하는지 알고 계셨다. 이렇게 예수께서는 우리가 주님께로부터 응답을 받아야 할 때의 바로 그 방식으로 하나님께 응답을 받으셨다. "그런데 하나님의 말씀이 이르기를⋯⋯." 무엇보다 여호와의 사자가 아브라함에게 나타나 이삭에게 손대지 말라고 했을 때, 그 천사(예수)는 자신이 이삭 대신 희생 제물로 제단에 오르는 '숫양'이리라는 것을 알고 있었다. 예수께서 세상에 오셔서 하실 일에 관해 성경 모든 곳에 그렇게 기록되어 있으며, 이는 그리스도께서 자신의 사역 전체를 통해 명백히 확증하셨다.

그리스도의 태도

공생애 초기부터 예수께서는 자신이 죄인들을 위해 죽으려고 오셨음을 거듭거듭 확언하셨다.

- 인자가 온 것은 섬김을 받으려 함이 아니라 도리어 섬기려 하고 자기 목숨을 많은 사람의 대속물로 주려 함이니라(막 10:45).
- …… 아버지께서 나를 아시고 내가 아버지를 아는 것 같으니 나는 양을 위하여 목숨을 버리노라(요 10:15).

자신의 사명을 하나도 빠짐없이 인식하고 계셨던 예수께서는 자신이 아버지의 뜻을 행해야 하며 또한 행하리라는 것도 알고 계셨다. 히브리서 기자의 말처럼, 세상에 오셨을 때 예수께서는 이렇게 말씀하셨다.

> 하나님이 제사와 예물을 원하지 아니하시고 오직 나를 위하여 한 몸을 예비하셨도다 번제와 속죄제는 기뻐하지 아니하시나니 이에 내가 말하기를 하나님이여 보시옵소서 두루마리 책에 나를 가리켜 기록된 것과 같이 하나님의 뜻을 행하러 왔나이다(10:5-7).

예수의 기도는 필연적으로 예수를 이끌어, 자기 자신을 섬기는 것이 아니라 하나님의 종으로서 아버지의 뜻을 행하겠다고 단호히 결단하게 만들었다. 이렇게 예수께서는 겁내며 뒷걸음질하는 것이 아니라 십자가에서 죽기까지 순종하기로(빌 2:8) 철저히 결단하면서 하나님과 하나님의 자녀를 섬기셨다. 예수께서는 평생 마태복음 6장 10절의 간구로 기도하셨을 것 같다.

> 나라가 임하시오며
> 뜻이 하늘에서 이루어진 것같이
> 땅에서도 이루어지이다.

이를 위한 예수의 결단은 동산에서 극심하게 시험받았다.

문제의 결말

스코틀랜드 신학자 토마스 크로포드(Thomas Crawford, 1812-1875)는 겟세마네에 관해 다음과 같이 적절한 의견을 내놓았다. "우리 주님의 역사의 이 구절에는 무언가 철저히 신비한 면이 있다. 이는 깊이 파고 들어 가기에 적당한, 파고들어 가기에 어울리는 문제가 아닌 것 같다. 또한 이 구절에 대해 이야기할 때마다 우리가 부적절하게 이야기하고 있다는 느낌이 들고, 우리가 잘못 이야기할 수도 있다는 두려움이 든다."[2]

은혜와 진리로 충만하고 아버지의 사랑을 받는 신인께서 천사의 도움을 필요로 할 정도까지(눅 22:43) 기도하셨다는 사실에 관해 우리는 무슨 말을 할 수 있을까? 예수께서 "힘쓰고 애써" 기도하셨으며 "더욱 간절히" 기도하셔서 "땀이 땅에 떨어지는 핏방울같이 되[었다]"는 것을(눅 22:44) 우리는 어떻게 이해해야 할까? 이는 우리의 이해 능력을 벗어나는 문제다.

예수께서는 하나님의 뜻에 순종하여 동산에서 나와, 이제 모든 면에서 범죄자 취급을 받으셨다. 타락한 아담이 동산에서 나온 뒤에는 그에 관하여 은혜의 말씀이 주어졌다(창 3:15). 이와 대조적으로 그리스도께서는 하나님의 진노와, 자신의 의로움으로 인한 인간의 증오를 감당하면서 동산에서 끌려 나오셨다.

독일의 개혁주의 설교자인 크룸마허(F. W. Krummacher, 1796-1868)는 그리스도의 일생의 이 장면과 관련하여 다음과 같이 뜻깊은 논평을 한다.

> 에덴동산에 울려 퍼졌던 목소리가 큰 소리로 말했다. "아담아, 네가 어디 있느냐?" 하지만 아담은 두려워 떨며 동산 나무들 뒤로 몸을 숨겼다. 비슷한 의도를 지닌 동일한 목소리가 겟세마네 동산에서도 들렸다. 하지만 두 번째 아담은 이 목소리에 몸을 움츠리지 않고, 자신을 자기 앞으로 부르신 지극히 존귀하신 분을 맞으러 나가, 결연히 외치신다. "내가 여기 있나이다!"[3]

내가 여기 있나이다. 내가 아버지의 뜻을 행하러 왔나이다. 아버지의 뜻을 행하다가 설령 세상에 있음직한 가장 혐오스러운 곳으로 가야 한다 해도, 그럼에도 아버지의 뜻이 이뤄지기를 바라나이다. 그러다가 설령 내가 마치 지옥에서 들려오는 듯한 비명을 지르게 된다 하더라도, 그럼에도 아버지의 뜻이 이뤄지기를 바라나이다. 그것이 설령 내가 "나의 하나님, 나의 하나님, 어찌하여 나를 버리셨나이까?"라고 울부짖게 된다는 의미일지라도, 그럼에도 아버지의 뜻이 이뤄지기를 바라나이다. 내가 여기 있나이다. 내가 아버지의 뜻을 행하러 왔나이다.

24 / 예수께서는 원수들을 위해 기도하셨다

> **누가복음 23장 34절**
> 이에 예수께서 이르시되
> 아버지 저들을 사하여 주옵소서
> 자기들이 하는 것을 알지 못함이니이다 하시더라.

설교하신 대로 살기

우리 주님께서는 사역 과정 중에 많은 설교를 하셨는데(막 1:38), 그 중 가장 잘 알려진 한 설교에서 자신을 따르는 이들에게 원수를 사랑하며 자기를 박해하는 자들을 위해 기도하라고 가르치셨다(마 5:44). 아버지의 참 자녀들은 주님처럼 행동한다(마 5:45). 물론 예수께서는 언젠가 이 명령이 자신을 극한까지 시험하리라는 것을 알고 계셨다. 자신을 십자가에 못 박는 자들을 위해 기도하실 수 있을까? 원수를 위해 기도하심으로써 자신을 하늘에 계신 아버지의 참 아들로 입증하실까? 누가복음 23장의 정황에서 그리스도의 원수는 유대인과 로마인이었으며, 이들 모두 그리스도의 죽음에 책임이 있었다. 자신들이 저지를 수 있는 바로 그 최악의 행위를 이들이 예수께 저질렀을 때, 예수께서는 자신이 줄 수 있는 바로 그 최선의 것을 이들에게 주셨다. 고뇌와 괴로움 가운데서도 예수께서는 자기중심적인 분이 되지 않으셨다. 예수께서는 기도 쪽으로 향하셨다. 예수께서는 자연스럽게 아버지를 부르셨으며, 이번에는 진노의 쓴 '잔'을 치워 달라는 기도가 아니라 영광의 주인(고전 2:8) 자신을 향해 극악무도하게 행동하는 자들의 죄를 용서해 달라는 기도였다.

예수께서는 자신의 형편상, 할 수 있는 일이라고는 남을 위해 기도하는 것뿐임을 아셨다. 예수께서는 단순한 구경꾼을 위해 기도하신 것이 아니라 명백한 증오를 드러내 보이는 사람들을 위해 기도하셨다. 그리스도에게 이는 자신의 설교 내용을 삶으로 구현할 수 있는 완벽한 기회였다. 그래서 그리스도께서는 세상에 있을 수 있는 가장 놀라운 방법으로 그렇게 하셨다. "아버지 저들을 사하여 주옵소서 자기들이 하는 것을 알지 못함이니이다"(눅 23:34).

예언이 성취되다

이 짧막한 기도, 진노와 공의의 대상이 되어 마땅한 자들을 향한 은혜와 자비로 충만한 이 기도에서 우리는 구약 성경에서 약속된 메시아로서의 그리스도의 사명이 성취되는 것을 본다.

> 그러므로 내가 그에게 존귀한 자와 함께 몫을 받게 하며
> 강한 자와 함께 탈취한 것을 나누게 하리니
> 이는 그가 자기 영혼을 버려 사망에 이르게 하며
> 범죄자 중 하나로 헤아림을 받았음이니라
> 그러나 그가 많은 사람의 죄를 담당하며

범죄자를 위하여 기도하였느니라(사 53:12).

이 순간 사실 그리스도에게 달리 택할 길은 없었다. 이사야가 예언한 것처럼, 메시아께서는 죄를 짊어진 희생 제물로서 자기 영혼을 버려 죽음에 이르게 하실 터였다. 그런데 선지자는 하나님의 종이 범죄자를 위해 중보 기도를 할 것이라고도 주장했다. 그리스도께서 자기 원수의 죄 사함을 위해 기도하셨을 때, 이 특별한 본문이 그분의 뇌리에 섬광처럼 스치지 않았을까? 사실이 어떠했든, 예수께서는 희생 제물로서만이 아니라 중보 기도 하는 분으로서의 자기 역할에 관한 예언을 공개적으로 성취하셨다.

죄가 되는 무지

아버지께 드리는 이 짤막한 기도에서 우리 주님께서는 자신의 원수들이 자기 소행을 모르고 있다고 말씀하신다. 이는 언뜻 생각하기에 이상해 보이는 주장이다. 그리스도의 원수들은 자신들이 그분을 십자가에 매달고 있음을 당연히 알고 있었고, 많은 구경꾼이 "그를 십자가에 못 박게 하소서"라고 소리 지르기까지 했다(눅 23:21).

사도행전 3장 17절에서 베드로는 청중에게 설교하면서 이들이 "알지 못하여서 그리하였으며 너희 관리들도 그리한 줄 아노라"라고 알려 준다. 사도행전 13장 27절은 그리스도의 이 주장이 무슨 뜻인지 알 수 있는 실마리를 제공한다. 바울은 그리스도를 미워하는 자들을 관찰하며 이렇게 말한다. "예루살렘에 사는 자들과 그들 관리들이 예수와 및 안식일마다 외우는바 선지자들의 말을 알지 못하므로 예수를 정죄하여 선지자들의 말을 응하게 하였도다." 성경 다른 곳에서 바울은 이 시대 관리들이 그리스도 안에 있는 하나님의 목적을 알지 못했다고 말한다. 그렇지 않았다면 "영광의 주를 십자가에 못 박지 아니하였으리라"고 말이다(고전 2:8).

간단히 말해, 예수를 죽인 자들은 메시아로서의 예수뿐만 아니라 거룩하신 하나님의 아들로서의 예수도 알지 못했다. 예수께서 증언하셨듯, 이들은 "자기들이 하는 것을 알지 못[했다]." 그런데 우리는 이 대적들이 야훼에 대한 무지도 드러냈다는 점 또한 알아야 한다. 이들은 그리스도 안에 있는 하나님의 목적을 알지 못했다. 이들 중 다수는 신성을 모독하는 자를 죽임으로써 자신들이 하나님 편에 서서 하나님을 위해 애쓰는 거라고 생각했다. "대제사장이 자기 옷을 찢으며 이르되 우리가 어찌 더 증인을 요구하리요 그 신성모독 하는 말을 너희가 들었도다 너희는 어떻게 생각하느냐 하니 그들이 다 예수를 사형에 해당한 자로 정죄하고"(막 14:63-64).

유대 종교 지도자들은 로마인들, 빌라도, 헤롯, 그 외 사람들과 더불어 하나님이 그리스도 안에, 그리스도를 위해 계신다는 것을 인식하지 못했다. 이들은 그리스도를 대적함으로써 자신들이 하나님께 저항하고 있음을 알지 못했다. 그래서 아버지를 향해 기도하셨을 때 예수께서는 자신을 처형함으로써 하나님께 충성한다고 생각하는 유대인들이 아니라 예수 자신이 바로 하나님의 충성스런 대표라는 인식을 보여 주셨다. 아무리 무지 때문이라고는 해도 저들은 여전히 유죄였다. 그래서 그리스도께서는 저들의 죄가 사함 받기를 기도하셨다.

모두에게 유효한 죄 사함

죄 사함이 주어질 때 여기서 배제되어야 할 사람들이 있다면, 영광의 주께서 수치스럽게 살해당한 데 대해 책임을 져야 할 가증스러운 자들이 바로 그들일 것이다. 그런 자들에게 예수께서 원한을 품으신다 해도 우리는 이해할 수 있을 것이다. 하지만 예수께서는 이들을 사랑으로 품으신다.

예수께서는 가장 흉악한 죄인들에게도 참 사랑을 보이신다. 사랑은 "오래 참고 …… 온유하며 …… 모든 것을 견[딘다]"(고전 13:4, 7). 그리스도께서는 십자가에 달리신 채 자신을 십자가에 매단 자들을 위해 기도하셨다. 사랑과 용서를 이보다 더 위대하게 보여 주는 행위가 있을까? 자신이 설교한 대로 실천하지 않았다고 어느 누가 그리스도를 비난할 수 있겠는가? 그리스도께서 원수를 사랑하지 않았다고 과연 누가 말할 수 있겠는가? 자기를 억압한 자들에게 자비를 보이신 그리스도의 태도는 그리스도를 따르는 사람들에게 위대한 모범이 된다.

이는 그리스도께서만 실천할 수 있는, 그림의 떡 신학이 아니다. 베드로는 자신의 편지를 읽는 이들에게 말하기를, 우리 주님께서는 고난 중에 우리에게 본을 남기사 "그 자취를 따라오게 하려 하셨[다]"고 한다(벧전 2:21). 스데반은 그 자신이 끔찍하게 처형당할 때의 태도로 그리스도의 자세를 본받는 동시에 다른 그리스인들에게 귀감을 보였다. "그들이 돌로 스데반을 치니 스데반이 부르짖어 이르되 주 예수여 내 영혼을 받으시옵소서 하고 무릎을 꿇고 크게 불러 이르되 주여 이 죄를 그들에게 돌리지 마옵소서 이 말을 하고 자니라"(행

7:59-60).

　십자가에서 하신 것 같은 그런 기도로 예수께서는 원수들을 축복하셨을 뿐만 아니라 우리도 이롭게 하신다. 우리도 박해 앞에서 그와 같은 태도로 기도할 수 있게 하시는 것이다. 자신을 압제하는 사람들을 위한 기도는 이 시대에도 여전히 우리가 할 수 있는 일 중에서 우리 영혼을 가장 풍요롭게 하는 일 가운데 하나다. 우리는 하늘에 계신 아버지의 자녀로서 모두 확신을 갖고 싶어 하며, 나를 미워하는 사람을 기도로 들어 올림으로써 그런 확신을 얻을 수 있다.

25 / 예수께서는 크게 소리 질러 기도하셨다

> **마가복음 15장 34절**
> 제 구 시에 예수께서 크게 소리 지르시되 엘리 엘리 라마 사박다니 하시니 이를 번역하면 나의 하나님, 나의 하나님 어찌하여 나를 버리셨나이까 하는 뜻이라.

부르짖음

예수께서는 자신의 기도가 하나님께 들리기를 바라셨다. 지상 사역 초부터 이 사역의 바로 이 결말에 이르기까지 줄곧 그러셨다. 또한 예수께서는 천국에서도 자신의 기도가 하나님께 들리기를 바라셨으며, 이는 요한복음 17장에 기록된 예수의 대언 기도가 잘 보여 준다.

하지만 머리에 가시 면류관이 씌워지고 살에 못이 박히는 고통을 포함해 온갖 육체적 고난 중에도, 그리고 그 고난에도 불구하고, 또한 조롱하는 군중이 가하는 정서적 괴로움에도 불구하고 예수께서는 시종 잠잠하셨다. 그런 침묵은 아버지에 대한 믿음을 나타냈으며, 침묵을 깨뜨리고 왜 나를 버리셨느냐며 "엘리, 엘리, 라마 사박다니"(Eloi, Eloi, lema sabachthani)라고 외친 부르짖음에 무게를 더해 주었다.

시편 22편에서 인용한 이 아람어 말씀이 뇌리를 떠나지 않는다. 버림받는 체험은 예나 지금이나 인간에게, 심지어 동물에게도 가장 무서운 현실 가운데 하나다. 아이가 엄마나 아빠를 잃어버리면, 무서운 상황에 대한 인간의 본능적 반응으로 곧 울부짖게 된다. 갈보리에서 우리 주님께서는 우리로서는 절대 완전히 알 수 없는 방식으로 하나님께 기도하셨다. 실로 그리스도만이 자신이 하나님께 부르짖은 말, 하늘의 천사들까지도 할 말을 잃게 만들었을 그 말의 의미를 알고 계셨다.

이 부르짖음은 세 시간 동안의 어둠 후에 있었다. 애굽에서 어둠의 재앙이 삼 일 동안 온 땅을 뒤덮었을 때처럼, 어둠은 하나님의 심판의 상징일 수 있다(출 10:21-23, 욜 3:15, 암 8:9, 계 6:12, 8:12도 보라). 십자가를 묘사하는 마가의 설명에 등장하는 어둠은 죄에 대한 하나님의 심판을 나타내는 것이 분명하다. 예수께서는 죄를 담당하는 분으로서 바로 그 심판을 감당하셨다.

예수께서 부르짖으신 말씀을 들으면 영원히 버림받은 사람들의 비명이 연상된다. 시편 22편 1절에서 인용한 이 말씀은 어떤 의미에서 이 시점의 그리스도에게는 이질적인 말씀이었다. 이때까지 예수는 아버지에게 변치 않는 기쁨이었고, 아버지께서는 이 아들에 대한 사랑을 공개적으로 나타내 보이셨다. "하늘로부터 소리가 있어 말씀하시되 이는 내 사랑하는 아들이요 내 기뻐하는 자라 하시니라"(마 3:17). 그러나 지금 그리스도께서는 일종의 지옥으로 내려가 거기서 고뇌 중에 부르짖지 않을 수 없는 상황이었다.

지옥에서는 감각의 고통과 상실의 고통을 둘 다 경험한다. 그리스도의 인성은 감각의 고통(육체적 고통과 정서적 고통)과 상실의 고통(아버지께서 물러나심)을 다 겪으셨다. 청교도 존 플라벨(John Flavel, 1627-1691)은 이렇게 말한다. "그래서 이에 걸맞게 그리스도에게는 진노가 내리누르고 있었을 뿐만 아니라 감지할 수 있는 모든 은총과 사랑이 다 빠져나가거나 철회되었다."[1]

아버지에게서 오는 모든 현저한 은총이 가차 없이 다 떠나버리는 것을 경험하셨을 때 그리스도에게서 나올 수 있는 적절한 반응은 부르짖는 것뿐이었다. 이 부르짖음은 제정신이 아닌 광인에게서 나오는 부르짖음이 아니었다. 오히려 고통 가운데서도 그리스도께서는 하나님의 말씀을 입에 올리셨다. 그리스도께서는 자신의 비참한 상황과 상관없이 적절한 태도로 아버지께 이야기를 계속하셨다.

우리가 하늘을 향해 부르짖어야 할 경우 우리는 여기서 배울 것이 많다. 이 부르짖음은 언제나 타당성이 있어야 하며 절대 제멋대로여서는 안 된다. 또한 우리는 하나님의 지혜에 마음을 써야지 단순히 고통에서 벗어나기만을 바라서는 안 된다.

아버지의 사랑을 잃다?

왜 나를 버리셨느냐는 그리스도의 부르짖음은 그리스도께서 아버지의 무한한 사랑을 잃으셨다는 뜻인가? 여러 가지 이유에서 이에 대한 대답은 명백한 '아니다'여야 한다.

예수께서 아버지의 무한한 사랑을 잃으셨다고 말하는 것은 다음과 같이 진실과 거리가 먼 이야기를 하는 것이다.

- 성삼위 간 사랑이 상실된 때가 있었다.
- 성부의 위격이 성자의 위격을 사랑하지 않은 때가 있었다. 이는 곧 '하나님께서 하나님을 사랑하시지 않았다'는 말이다.
- 하나님께서 자신의 뜻에 대한 그런 순종을 기뻐하시지 않았다.
- 요한복음 8장 29절에 기록된 그리스도의 말씀 "나는 항상 그가 기뻐하시는 일을 행[한다]"가 거짓이다.
- 하나님은 모든 피조물을 사랑하시는 분으로, 아들이 십자가에 달리는 순간 그 아들보다 개구리 한 마리를 더 사랑하셨다.

예수께서 아버지의 사랑을 잃으셨다는 말은 용납되지 않는다. 무엇보다 칼뱅은 이렇게 주장한다. "'사랑하는 아들에게 하나님의 마음이 있는데'(마 3:17 참조) 하나님께서 어떻게 그 아들을 향해 화를 내실 수 있단 말인가? 그리스도 자신이 하나님께 미움을 받는다면 그리스도께서 어떻게 중보 기도로써 다른 사람들을 향한 아버지의 노여움을 진정시킬 수 있단 말인가?"[2]

헤르만 비치우스(Herman Witsius, 1636-1708)는 그리스도께서 우리를 대신해 자발적으로 십자가로 가셨을 때 아버지의 사랑은 어떤 식으로도 작아지지 않았다고 강조한다. "오히려 죽기까지, 심지어 십자가에서 죽기까지 순종하시는 모습을 보였을 때보다 더 그리스도께서 아버지를 기쁘시게 한 적이 없었다. 이는 그 정도로 탁월한, 그 정도로 비길 데 없고 거의 믿을 수 없다고 할 만한 순종으로, 아버지께서는 이루 말할 수 없는 영광이라는 적절한 상급으로 이 순종을 보상하셨다."[3]

하나님의 단순성이라는 교리를 고려할 때, 예수께서 아버지의 무한한 사랑을 잃었다는 말은 신적 본질 자체의 붕괴를 암시하는 말로 들린다. 이는 구원 문제와 관련해 신성의 절대적 권능과 사랑이라는 본래의 전제를 완전히 손상시키는, 터무니없는 결론이다. 또한 이는 신성에 중대한 분열이 생겼을 가능성을 시사하는 만큼, 오늘날 대리 형벌론(penal substitution)을 비판하는 사람들에게 유리한 주장이다.

이런 이유로 우리는 매우 조심스럽게 발걸음을 내디뎌야 한다. 예수께서 아버지의 사랑을 잃지 않으셨다면, "왜 나를 버리셨느냐"는 말씀을 이제 우리는 어떻게 설명해야 할까?

버림받음

예수께서는 절대 믿음이나 충성이 흔들리지 않았다. 심지어 십자가 위에서도 말이다. 예수께서는 아버지이신 하나님께 자신을 맡기셨다. 예수의 완벽한 신학은 자신을 위한 아버지의 사랑이 절대 소멸되거나 심지어 줄어들 수도 없음을 그 어느 때보다 확실히 알 것을 요구했다.

하나님의 자녀로서 우리는 하나님의 영속적이고 계속적인 사랑을 예민하게 의식하는 것만큼 버림받는 것도 민감하게 느낄 수 있다. 그래서 우리의 부르짖음은 현실적이고 의미심장하다. 하물며 영원하신 성자의 부르짖음은 얼마나 더 그렇겠는가.

아버지께서는 그리스도로 하여금 정죄받은 범죄자로서의 자기 처지를 아주 예민하게 의식하게 만드셨기에, 버림받았다는 그리스도의 부르짖음은 아버지의 "찌푸린 얼굴의 섭리"(frowning providence)로부터 생겨 나왔다. 이런 식으로, 아버지께서는 아들이 자신을 사방으로 에워싼 공포를 확실히 체감하게 하사, 십자가에 매달리셨을 때 본질적으로 지옥 자체를 일별할 수 있게 하셨다. 어둠, 사람들의 조롱, 어머니를 비롯해 사랑하는 사람들의 모습, 자신의 죽음을 반가워하는 동족 유대인들, 로마 군인들의 악의, 자신을 버리고 도망간 제자들, 유다의 배반 등 이 모든 것이 한꺼번에 그리스도의 영혼으로 쇄도하기 시작했다. 이때 예수께서는 인성 면에서 총체적 고립과 버려짐을 경험하셨다. 그와 동시에, 예수에게는 하나님께서 공개적으로 자신에게 저주를 내리고 계시다는 철저한 인식이 있었다. 하나님께서는 예수를 살아 있는 자들의 땅에서 끊어 내셨다(사 53:8).

예수께서는 아버지의 은총을 알고 계셨지만, 인성을 따라서 예수께서는 공포, 외로움, 슬픔, 버려짐을 처절히 체험하셨다. 따라서 예수에게는 그런 감정 상태를 배출할 수 있는 배출구가 필요했다. 시편 22편 1절은 그런 감정을 완벽히 표현할 수 있게 해주었다. 예수께서는 자신의 버려짐을 담대하게 슬퍼하셨다.

덧붙여 말하자면, 어쩌면 이는 그리스도께서 어떻게 대제사장으로서 "온전하게" 되실 수 있었는지를(히 5:9) 설명해 준다. 이 시점까지 그리스도께서는 하나님께서 자기를 숨기신다는 개념을 알지 못하셨다. 그러다가 이때 그리스도께서는 시편 88편, 특히 하나님의 숨겨진 "얼굴"을(14절) 체험하셨고, 덕분에 이 시편에서 말하는 공포를 겪고 있는 사람들을 섬길 수 있게 되셨다. 하나님께 철저히 버림받았다고 느끼는 사람들에게 자비로운 대제사장이 되기 위해 그리스도께서는 십자가 및 십자가와 연관된 버림받음을 겪어 내셔야 했다. 그제서야 그리스도께서는 모든 면에서 우리에게 공감할 수 있는 능력을 구비하셨다. 다시 말해, 자비로운 대제사장이 되기 위해 예수에게는 골고다를 통해 천국에 들어갈 것이 요구되었다.

"나의 하나님, 나의 하나님"이라는 말씀을 읽다 보면 우리는 예수의 믿음에 전혀 요동이 없었음을 확신할 수 있다. 실제로 예수께서는 "아버지"라 말하지 않았고, 십자가에 달려 시편 22편을 인용하실 때 단순히 '본문으로 증거 삼기'(proof-texting, 자신의 논지를 위해 문맥에 맞지 않는 말씀을 증거로 삼기)를 하시지 않았다. 말하자면, 시편 22편 1절을 인용한 것을 이 시편의 나머지 구절들 및 시편 기자의 믿음과 분리해서는 안 된다. 예를 들어 보자.

> 여호와여 멀리하지 마옵소서
> 나의 힘이시여 속히 나를 도우소서
> 내 생명을 칼에서 건지시며
> 내 유일한 것을 개의 세력에서 구하소서(시 22:19-20).

우리 주님은 즉각 구출되지는 않으셨지만, 우리 주님의 하나님께서는 멀리 계시지 않았다. 하나님께서는 자기 아들을 변론하시고 그를 죽음에서 일으키실 터였다. 그래서 예수께서 큰 소리로 부르짖으며 버림받았다고 말씀하셨을 때, 이 말에는 여전히 믿음이 충만했으며 당시 느낀 공포에도 불구하고 하나님께서 자신을 붙들어 주시고 돌봐 주실 것을 확신 있게 기대하는 마음이 담겨 있었다.

26 / 예수께서는 최후의 기도로 기도하셨다

> **누가복음 23장 46절**
> 예수께서 큰 소리로 불러 이르시되
> 아버지 내 영혼을 아버지 손에 부탁하나이다 하고
> 이 말씀을 하신 후 숨지시니라.

마지막 말씀

사람이 죽을 때 하는 말은 그 사람이 어떻게 살아왔는지를 증언하는 말일 수 있다. 그런 때 나 자신은 어떤 말을 하게 될지 확신 있게 예측할 수 없지만, 주님께서 마지막으로 하신 말씀은 우리가 다 알고 있다. 그 말씀은 많은 증인 앞에서의 공개적 기도가 되기에 합당했다. 예수께서는 조용히 기도하실 수 있었고 어쩌면 말없이 기도하실 수도 있었지만, 그렇게 하시지 않고 자신의 마지막 말씀이 모두에게 확실히 들리게 하셨다.

예수를 신성모독자로 정죄한 사람들이 거기 둘러서 있었지만, 이들의 정죄에도 예수께서는 자신의 정체성에 관해 끝까지 아무런 의심도 하지 않았다. 의심은커녕 오히려 이 사람들은 자신이 하나님의 충실한 메시아라는 예수의 확신을 더 강화시켰을 뿐이다. 이 좋은 끝까지 성실했다. 메시아의 고난에 관한 구약 성경의 모든 예언(시 22편, 사 53장)은 다 성취되었다.

이 땅에 사시는 동안 예수께서 '아버지'라는 호칭을 얼마나 많이 입에 올리셨는지 우리는 확실히 알 수 없다. 확실한 것은 예수께서 이 이름을 일관성 있게, 날마다 사용하셨으며, 특히 강도 높은 기도 생활로 이 습관을 키우셨다는 점이다. "그는 육체에 계실 때에 자기를 죽음에서 능히 구원하실 이에게 심한 통곡과 눈물로 간구와 소원을 올렸고 그의 경건하심으로 말미암아 들으심을 얻었느니라"(히 5:7). 누가복음 23장 46절에 기록된 예수의 기도에서, 결국 남은 것은 아버지께서 아들의 영을 받으셨다는 것이다. 이 간구는 응답된 것이 확실하며, 이는 바로 옆에서 회개하고 죽어가는 도적에게 예수께서 "오늘" 네가 나와 함께 낙원에 있을 것이라 약속하셨다는(눅 23:43) 사실로 입증된다.

그리스도께서 취하지 않으신 것은 치유되지 않는다

하나님의 아들의 성육신은 영원하신 성자께서 육체를 취하신 것이었다. 이는 예수께서 진짜 몸-영혼 합성체의 완전한 인간이 되셨다는 뜻이다. 이렇게 해서 예수는 몸을 지닌 영혼도 아니고 영혼을 지닌 몸도 아니다.

십자가에서 하나님의 아들께서 죽으셨다. 한 사람으로서의 예수가 죽으셨다. 그것이 바로 우리가 "하나님이 십자가에서 죽으셨다"고 말할 수 있는 이유다(행 20:28을 보라). 신성이나 인성은 이 두 본성이 결합된 위격과 별개로 일을 행하지 않는다. 하지만 하나님께서 순전히 신적 본질 가운데서 죽으실 수 있다고 하는 기괴하고 이단적이고 신성모독적인 개념은, 설령 암시적 의미라 하더라도 피해야 한다. 신인이신 예수 그리스도께서 십자가에서 죽으셨다. 한 인간으로서 죽으셨으되, 자신의 인성을 따라 그렇게 하셨다. 예수께서 영원하신 성령으로 말미암아 자신을 십자가에 바치셨을 때(히 9:14), 예수의 몸은 마침내 무덤에 맡겨졌지만 예수의 영혼은 아버지께 의탁되었다. 몸과 영혼이 잠시 분리된 상태가 있었다. 하나님의 백성이 이 세상에서 죽을 때 이들의 영혼은 주님 곁으로 가지만 몸은 무덤으로 가는 것처럼 말이다.

종교개혁 후 시대의 개혁주의 신학자 대부분은 그리스도께서 "음부에 내려가셨다"(descended into hell)(사도신경에서 "죽은 자에게 내려가셨다" ["descended to the dead"])라고도 번역되는 문구(개신교 사도신경에는 그리스도의 '음부 강하' 관련 문구가 빠져 있다_옮긴이)는 말은 그리스도께서 땅에 장사되었음을 말하는 또 하나의 방식이라는 견해를 채택했다. 웨스트민스터 대요리문답이 말하는 것처럼 "죽음 후 그리스도의 낮아지심은 장사되심에, 그리고 셋째 날까지 계속 죽음 상태에서, 그것도 사망의 권세 아래 계신 데에 있으며, 이는(which) 그리스도께서 음부에 내려가셨다는 말로 달리 표현되어 왔다"(50문). 이 내용은 "음부에 내려가셨다"를 땅에 장사된 것과 연관시키지 않고 죽음 상태/죽음의 권세를 견뎌 내신 것과 연관시키고 있다. 즉, "이는"(which)이 받는 말은 "장사되심"(buried)이 아니라 "계속"(continuing)이다. 이렇게 이해하면 사도신경의 "십자가에 못 박혀 죽으시고, 장사되시고(웨스트민스터 대요리문답 50문의 '장사되심') 죽은 자에게 내려가신 지(웨스트민스터 대요리문답

50문의 '계속')"라는 표현이 의미가 통한다.

예수께서는 무덤에서 자신의 몸이 썩지 않고 보존될 것을 알고 계셨다(행 13:35). 그리고 죽는 즉시 자신의 혼/영(soul/spirit)은 아버지의 임재 안에 있게 될 것도 알고 계셨다. 그리스도께서는 정죄받은 자로서 우리를 대신하심에도 자신이 정죄받지 않으리라는 큰 믿음을 갖고 계셨다. 하나님께 대한 그리스도의 신뢰는 공적(public)이기도 하고 **대리적**(vicarious)이기도 한 신뢰였다.

그리스도인은 죽음 당시의 그리스도와 동일한 유형의 확신을 가질 수 있으며, 이는 그리스도께서 그 확신에 다가가신 방식 덕분이다. 그리스도께서는 우리의 죄를 없애 주셨으므로 우리는 하나님을 아버지로 부를 수 있다. 그리스도께서는 우리로서는 살 수 없는 삶을 사셨고, 그래서 우리는 날마다 시편 기자처럼 기도할 수 있다.

> 내가 나의 영을 주의 손에 부탁하나이다
> 진리의 하나님 여호와여 나를 속량하셨나이다(시 31:5).

그리스도께서는 우리를, 우리의 영혼과 몸을 모두 속량하셨다. 예수께서는 우리의 몸-영혼을 구하기 위해 진짜 몸-영혼을 취하셨다. 예수께서는 이 일 전에 다른 때에도 시편 31편의 이 부분을 인용하셨을 수 있다. 흥미롭게도 예수께서는 "아버지"라는 말을 추가하고, "나를 속량하셨나이다" 부분은 빼고, "나의 영을 주의 손에 부탁하나이다" 부분은 그대로 유지했다. 그리스도의 위격과 기도 생활에 관해 우리가 지금까지 알아본 모든 내용에 비춰 볼 때 이는 아주 적절해 보인다. 아버지의 영원하신 아들은 죽을 때 자기 영혼을 아버지께 맡길 필요가 있는 참 인간으로서 우리를 속량하러 오셨다.

응답된 기도

예수께서는 "나의 영을 주의 손에 부탁하나이다"라고 날마다 말할 수 있는 그런 삶을 사셨다. 예수께서는 그리스도인이 아닌 사람들이 흔히 말하는 것처럼 어느 날 자기 자신을 하나님께 던져 버리기만 하면 '더 좋은 곳'에 가게 되겠지 하는 헛된 소망을 품은 채 자신의 일만 하면서 살지 않으셨다. 예수께서는 쉼 없이 아버지와 교제하는 삶을 사셨으며, 그래서 마지막 시간이 다가왔을 때 예수께서는 그동안 꾸준히 해온 평범한 행동을 하고자 하셨다. 시편 31편 5절을 인용하신 것은 예수로서는 자연스러운 표현이었다. 다른 말씀을 인용하실 수도 있었겠지만, 기본적인 기도 내용은 동일했을 것이다.

예수께서는 이제 곧 죽으실 터였고, 아버지와 함께 있고자 하는 그분의 소망도 이제 곧 이뤄질 참이었다. 그리스도의 영혼은 사흘 만에 부활하여 몸과 다시 합쳐질 수 있을 때까지 하나님의 임재 안에 있었다. 예수에게 이는 독특한 구속적-역사적(redemptive-historical) 체험이었다. 예수의 성육신은 성자의 위격에 존재한, 창조된 몸-영혼과 더불어 역사 속에서 일어났다. 그러나 영혼은 천국으로 가고 몸은 무덤으로 갔을 때, 예수께서는 진실로 무덤과 천국에 동시에 계셨다. 몸과 영혼의 결합이 궁극적으로 단절되지는 않았으나, 영혼은 비물질이고 몸은 물질이었기에 영혼에게는 영혼의 자리가 있었고 몸에게는 몸의 자리가 있었다.

신자인 우리가 죽을 때 우리의 영광은 여전하지만 우리의 몸과 영혼은 서로 별개의 자리에 있다. 부활 때 몸과 영혼이 다시 만날 것을 알기에 우리는 그 일을 갈망한다. 몸과 영혼은 절대 서로에게서 단절될 수 없다. 하지만 죽을 때 잠시 서로 떨어진다. 왜인가? 우리가 단지 몸으로만 혹은 영혼으로만이 아니라 몸과 영혼으로 그리스도께 연합하기 때문이다.

예수께서는 자신의 위격에서 하나님과의 하나 됨을 소유했으며, 이 하나 됨은 끊어질 수 없었다. 예수의 영혼은 어떤 사람들이 헛되이 상상하는 것처럼 지옥으로 간 것이 아니라 즉시 낙원으로 갔다. 예수께서는 이 땅에 계시는 동안 줄곧 믿음으로 사셨다. 하지만 죽으실 때 예수께서는 보는 것으로 사는 영역으로 들어가셨다(고후 5:7 참조). 예수께서는 하나님의 백성만을 위해서가 아니라 왕으로서 다스릴 자신을 위해서도 예비된 곳을 보실 터였다(시 110:1). 십자가에서 그 모든 공포를 견뎌 내실 때, 어둠 속에서 빛이 등장했다. 예수께서는 곧 모든 이름 위에 뛰어난 이름을 지니고(빌 2:9) 권세와 명성의 자리에 있게 되실 터였다.

그리스도께서 마침내 마지막 호흡을 하셨을 때 천국에서 다음과 같은 말씀이 있었을 것이며 그리스도께서 부활하여 영화된 몸으로 의기양양하게 승천하실 때 다시 한 번 이 말씀이 있었을 것으로 우리는 확신할 수 있다.

문들아 너희 머리를 들지어다
영원한 문들아 들릴지어다

영광의 왕이 들어가시리로다

영광의 왕이 누구시냐

강하고 능한 여호와시오

전쟁에 능한 여호와시로다

문들아 너희 머리를 들지어다

영원한 문들아 들릴지어다

영광의 왕이 들어가시리로다

영광의 왕이 누구시냐

만군의 여호와께서

곧 영광의 왕이시로다 (셀라) (시 24:7-10).

영광의 왕께서 영광으로 들어가시는 길에 기도하셨고, 그곳에서 그분은 늘 성도를 위해 기도하는 삶을 사신다. 우리는 예수의 기도 생활에 깊이 감사할 수 있다. 예수의 기도 생활이 없었다면 아무 소망이 없지만, 예수의 기도 생활 덕분에 모든 소망이 다 있다.

주

기도하시는 우리 주님을 소개하기

1 John Anthony McGuckin, *Saint Cyril of Alexandria and the Christological Controversy* (Crestwood, NY: St. Vladimir's Seminary Press, 2004), 133.

2 프란시스 튜레틴이 말하다시피, "전 그리스도에 대해 말하는 것과 그리스도의 전체에 대해 말하는 것은 별개의 일이다. 전 그리스도는 하나님과 인간이지 그리스도의 전체가 아니다. 남성형 '전체'(totus)는 구체적인 한 인격을 가리키지만, 중성형 '전체'(totum)는 추상적 한 본성을 가리킨다. 그러므로 이렇게 말하는 것이 옳다. 즉, 전 그리스도가 하나님 혹은 인간임은 이 말이 인격체를 나타내기 때문이다. 하지만 그리스도의 전체는 그렇지 않다. 이 말은 그리스도 안에 있는 각 본성을 나타내기 때문이다." *Institutes of Elenctic Theology*, trans. George Musgrave Giger, ed. James T. Dennison Jr., vol. 1 (Phillipsburg, NJ: P&R, 1992), 13.7.17. (「변증신학 강요」, 부흥과개혁사).

3 Hugh Martin, *The Shadow of Calvary* (London: Counted Faithful, 2017), 36. (「갈보리의 그림자」, 지평서원)

1장 예수께서는 어머니 품에서부터 기도하셨다

1 그리스도께서 하나님을 찬송하고, 하나님의 말씀을 읽고, 기도하고, 절기를 지키고, 성전에 나가고, 도움이 필요한 사람들을 돌보는 등 믿음의 삶을 사신 것을 가리켜 내가 그리스도의 '경건 생활'이라고 말하기는 하지만, 우리가 예수를 으뜸 '그리스도인'으로 만들어서는 안 된다는 것 또한 나는 잘 알고 있다. 우리가 예수와 신앙적 관계를 맺고 있음은 그분이 우리 믿음의 대상이기 때문이다. 그레섬 메이첸(J. Gresham Machen)의

「기독교와 자유주의」(*Christianity and Liberalism*)는 예수를 그저 우리처럼 하나님을 믿는 신자로 만들어 버린 신학적 자유주의에 대한 강력한 교정책(敎正策)이다. 하나님의 아들과 관련해 '경건 생활'을 말할 수는 있지만, 그분은 신인(神人)이시기에 우리의 경배 대상이시라는 점을 잊어서는 안 된다.

2 Charles Spurgeon, *The Treasury of David*, vol. 1 (Nashville: Thomas Nelson, 1984), 327.

3 Jean Calvin, *Institutes of the Christian Religion*, ed. John T. McNeill, trans. Ford Lewis Battles (Philadelphia: Westminster Press, 1960), 4.16.18.

4 David M. M'Intyre, *The Hidden Life of Prayer and the Prayer-Life of Our Lord* (Hannibal, MO: Granted Ministries, 2012), 88.

2장 예수께서는 "아빠! 아버지"라고 기도하셨다

1 Joachim Jeremias, *The Prayers of Jesus* (Philadelphia: Fortress, 1989), 57.

2 Charles Spurgeon, *Spurgeon's Sermons on Prayer* (Peabody, MA: Hendrickson, 2007), 358.

4장 예수께서는 주기도문으로 기도하셨다

1 Gordon J. Bahr, "The Use of the Lord's Prayer in the Primitive Church," *Journal of Biblical Literature* 84, no. 2 (June 1965): 153-57을 보라.

2 John R. W. Stott, *The Message of Ephesians* (Downers Grove, IL: InterVarsity Press, 1979), 157.

6장 예수께서는 자신의 기도가 아버지께 들릴 것을 알고 기도하셨다

1 Sinclair Ferguson, *In Christ Alone: Living the Gospel-Centered Life* (Lake Mary, FL: Reformation Trust, 2007), 147.(「오직 그리스도 안에서」, 지

평서원)

7장 예수께서는 아버지의 영광을 위해 기도하셨다

1   St. John Chrysostom, "Homilies on the Gospel of Saint John," in *Nicene and Post-Nicene Fathers,* series 1, ed. Philip Schaff, vol. 14 (Peabody, MA: Hendrickson, 1999), 249.

8장 예수께서는 자신의 영광을 위해 기도하셨다

1   Thomas Manton, *The Complete Works of Thomas Manton,* 22 vols. (Worthington, PA: Maranatha, 1970), 10:122.

9장 예수께서는 영생에 관해 기도하셨다

1   John Calvin, *Calvin's Commentaries,* vol. 18, John 12-21, Acts 1-15, trans. William Pringle (repr., Grand Rapids, MI: Baker, 1996), 73 (on John 13:31).

10장 예수께서는 우리가 하나님과 예수 자신을 알기를 기도하셨다

1   John Calvin, *Calvin's Commentaries,* vol. 18, John 12-21, Acts 1-15, trans. William Pringle (repr., Grand Rapids, MI: Baker, 1996), 166-67 (on John 17:3).

2   John Owen, *The Works of John Owen,* ed. William H. Goold, 16 vols. (1850-1855; repr., London: Banner of Truth, 1965-1968), 2:35-36.(「존 오웬 전집」, 부흥과개혁사)

11장 예수께서는 세상이 존재하기 전에 소유하셨던 영광을 위해 기도하셨다

1   Thomas Goodwin, *The Works of Thomas Goodwin,* 12 vols. (repr., Grand Rapids, MI: Reformation Heritage, 2006), 4:485-86.

2 Goodwin, *Works,* 4:486.
3 John Owen, *The Works of John Owen,* ed. William H. Goold, 16 vols. (1850-1855; repr., London: Banner of Truth, 1965-1968), 1:55.

12장 예수께서는 하나님의 자기계시에 관해 기도하셨다

1 Stephen Charnock, *The Works of Stephen Charnock,* vol. 4, *A Discourse of the Knowledge of God in Christ* (Edinburgh: Banner of Truth, 2010), 4:131.
2 Charnock, *Works,* 4:132.
3 Charnock, *Works,* 4:135.

13장 예수께서는 택함 받은 자가 예수를 영화롭게 하기를 기도하셨다

1 Thomas Manton, *The Complete Works of Thomas Manton,* 22 vols. (Worthington, PA: Maranatha, 1970), 10:242.
2 D. A Carson, *The Gospel according to John,* The Pillar New Testament Commentary (Grand Rapids, MI: Eerdmans, 1991), 560.
3 Stephen Charnock, *Discourses on Christ Crucified* (London: Religious Tract Society, 1830), 83.
4 John Owen, *The Works of John Owen,* ed. William H. Goold, 16 vols. (1850-1855; repr., London: Banner of Truth, 1965-1968), 10:91.
5 Owen, *Works,* 10:90.
6 Manton, *Works,* 10:246.
7 Thomas Watson, *A Body of Divinity* (1692; repr., Edinburgh: Banner of Truth, 2000), 181.(「신학의 체계」, CH북스)
8 Manton, *Works,* 10:260.
9 Manton, *Works,* 10:261.

14장 예수께서는 아버지께서 교회를 지켜 주시기를 기도하셨다

1   D. A. Carson, *The Gospel according to John*, The Pillar New Testament Commentary (Grand Rapids, MI: Eerdmans, 1991), 562.
2   M. J. J. Menken, *Old Testament Quotations in the Fourth Gospel: Studies in Textual Form* (Kampen: Kok, 1996), Steve Moyise가 *The Old Testament in the New: An Introduction*, 2nd ed. (London: T&T Clark, 2015), chap. 4, e-book에 인용함.

15장 예수께서는 제자들이 기뻐하기를 기도하셨다

1   Thomas Watson, *A Body of Divinity* (1692; repr., Edinburgh: Banner of Truth, 2000), 272.
2   Thomas Manton, *The Complete Works of Thomas Manton*, 22 vols. (Worthington, PA: Maranatha, 1970), 10:359.

16장 예수께서는 세상 가운데 있는 제자들을 위해 기도하셨다

1   Charles Spurgeon, *Spurgeon's Sermons on Prayer* (Peabody, MA: Hendrickson, 2007), 431.

17장 예수께서는 제자들이 거룩하게 되기를 기도하셨다

1   J. I. Packer, *Concise Theology: A Guide to Historic Christian Beliefs* (Wheaton, IL: Tyndale, 1993), 169.
2   John Owen, *The Works of John Owen*, ed. William H. Goold, 16 vols. (1850-1855; repr., London: Banner of Truth, 1965-1968), 3:506.
3   John Calvin, *Calvin's Commentaries*, vol. 18, John 12-21, Acts 1-15, trans. William Pringle (repr., Grand Rapids, MI: Baker, 1996), 179-80 (on John 17:17).
4   Owen, *Works*, 4:192-93.

5   Owen, *Works*, 3:506.
6   John Davenant, Edward Polhill이 *View of Some Divine Truths* (London: A.M. and R.R. for T. Cockerill, 1678), 75에 인용함.

18장 예수께서는 교회의 일치를 위해 기도하셨다

1   John Calvin, *Calvin's Commentaries*, vol. 17, *Harmony of Matthew, Mark, Luke, and John* 1-11, trans. William Pringle (repr., Grand Rapids, MI: Baker, 1996), 417 (on John 10:30).
2   Thomas Goodwin, *The Works of Thomas Goodwin*, 12 vols. (repr., Grand Rapids, MI: Reformation Heritage, 2006), 4:81.
3   Herman Ridderbos, *The Gospel of John: A Theological Commentary* (Grand Rapids, MI: Eerdmans, 1997), 561.
4   Ridderbos, *John*, 561.

19장 예수께서는 우리가 자신의 영광을 받기를 기도하셨다

1   John Calvin, *Institutes of the Christian Religion*, ed. John T. McNeill, trans. Ford Lewis Battles (Philadelphia: Westminster Press, 1960), 3.14.11.
2   Calvin, *Institutes*, 3.14.8.

20장 예수께서는 자기 백성이 자신과 함께 있기를 기도하셨다

1   John Owen, *The Works of John Owen*, ed. William H. Goold, 16 vols. (1850-1855; repr., London: Banner of Truth, 1965-1968), 1:286.
2   Owen, *Works*, 1:290.
3   Thomas Manton, *The Complete Works of Thomas Manton*, 22 vols. (Worthington, PA: Maranatha, 1970), 11:104.
4   Owen, *Works*, 1:264.

22장 예수께서는 큰 괴로움 중에 기도하셨다

1. Matthew Henry, *An Exposition of the Old and New Testaments*, 3 vols. (London: Robinson, 1828), 3:227.(「매튜 헨리 주석」, CH북스)

2. Arthur W. Pink, *Exposition of the Gospel of John*, vol. 3 (Grand Rapids, MI: Zondervan, 1956), 157-58.

3. Hugh Martin, *The Shadow of Calvary* (London: Counted Faithful, 2017), 31.

23장 예수께서는 자신을 건져내 주시기를 기도하셨다

1. Hugh Martin, *The Shadow of Calvary* (London: Counted Faithful, 2017), 19.

2. Thomas Crawford, *The Doctrine of Holy Scripture Respecting the Atonement* (London: William Blackwood, 1871), 127.

3. F. W. Krummacher, *The Suffering Saviour* (repr., Edinburgh: Banner of Truth, 2004), 100.(「고난받는 그리스도」, 지평서원 역간)

25장 예수께서는 크게 소리 질러 기도하셨다

1. John Flavel, *The Works of John*, vol. 4 (repr., Edinburgh: Banner of Truth, 2015), 352-53.

2. John Calvin, *Institutes of the Christian Religion*, ed. John T. McNeill, trans. Ford Lewis Battles (Philadelphia: Westminster Press, 1960), 2.16.11.

3. Herman Witsius, *Conciliatory, or Irenical Animadversions on the Controversies Agitated in Britain, Under the Unhappy Names of Antinomians and Neonomians*, trans. Thomas Bell (Glasgow: W. Lang, 1807), 44.

주제 및 인명 색인

ㄱ

간고를 많이 겪은 분 · 69, 88, 150
감람산 · 204, 205, 217
감사 · 63, 64, 70, 71
개인 경건 시간 · 55
개인 예배 · 55
개혁주의 기독론 · 19, 22
거룩함과 참된 기도 · 78
거짓 복음 · 178
겟세마네 · 60, 84, 86, 93, 204, 214
견인 · 143, 144
결정적 성화 · 165
경건한 두려움 · 13, 80
경건함 · 77, 137, 160
고난을 통한 영광 · 96
골고다 · 67, 84, 100, 214
공동 연대 · 29, 65
공동 예배 · 55
공예배 · 55
교회
  교회의 분열 · 176
  교회의 일치 · 170-179
  교회의 천상적 목적 · 175
  교회의 하나 됨 · 171-178
구약 성경 · 118, 141

굿윈, 토마스 · 120, 121, 175
귀속 · 110
그리스도께서 버림받음 · 232, 233
그리스도를 닮음 · 160, 195
그리스도를 믿기 · 171, 173
그리스도를 본받음 · 160
그리스도를 알기 · 112, 114, 129
그리스도를 영화롭게 함 · 137, 139
그리스도와의 연합 · 45, 176-178, 240
그리스도 안에서 사랑하는 사람의 죽음 · 192
그리스도의 영광을 보기 · 194-196
그리스도의 원수들의 무지 · 224
기도
  개인 경건으로서의 기도 · 47, 48
  기도를 가르치는 큰 선생으로서의 경험 · 30
  기도와 하나님의 사랑 · 189
  선물로서의 기도 · 77
  준비로서의 기도 · 52-54
  친밀한 대화로서의 기도 · 42
기도를 방해하는 죄 · 75
기독론 · 13
기쁨
  기쁨과 진리 · 71-73

기쁨과 평강 · 152, 153
기쁨과 하나님의 뜻 · 73-74
성령의 열매로서의 기쁨 · 69, 150
깨어 기도하라 · 67

ㄴ

나사로
　나사로가 되살아남 · 79, 81
　나사로의 죽음 · 191
네스토리우스 · 13, 16
네스토리우스파 · 16, 19
노바티아누스파 · 177
놀즈, F. L. · 211
니케아 신조 · 177

ㄷ

다니엘의 기도 · 48, 104, 212
다락방 강설 · 92, 104
대제사장으로서 기도 · 59, 81, 96, 165, 174
데이브넌트, 존 · 168
도나투스파 · 177
디다케 · 57

ㄹ

로고스 · 19, 20, 23
로마 가톨릭 교회
　로마 가톨릭의 기독론 · 17, 18
　로마 가톨릭 교회의 그릇된 하나 됨 · 180
　로마 가톨릭 교회의 성령론 · 23

루터교
　루터교의 기독론 · 18
　성령에 관하여 · 23
리덜보스, 헤르만 · 178, 179

ㅁ

마르부르크 회의 · 177
마리아 · 16, 28
마틴, 휴 · 26, 204, 209, 214, 215
매킨타이어, 데이비드 M. · 35
맨튼, 토마스 · 96, 132, 135, 139, 153, 195
메시아의 고난 · 236
메이첸, 그레셤 · 242
몬타누스파 · 177
몸과 영혼 · 18, 24, 237, 240
몸과 영혼의 구속 · 239, 240
무지한 죄 · 224, 225
믿음
　믿음이 보는 것이 되다 · 194
　믿음이 복음 설교를 통해서 온다 · 171
믿음의 습관 · 31

ㅂ

박해 · 159, 227
베드로를 위한 그리스도의 기도 · 158
벨라르미노, 로베르토 · 20, 21
봉헌 · 134, 135
부활 · 79, 102, 140, 148, 239, 240
비인격적 인성 · 19

비치우스, 헤르만 · 231

ㅅ

사도신경 · 237
사람들을 믿음으로 인도하는 수단으로서의 말씀 · 172
사람의 주된 목적 · 83, 84, 88
사랑
 세상에 대한 사랑 · 156, 157
 원수를 위한 사랑 · 222, 226
 하나님을 위한 사랑 · 157
사탄
 사탄의 일 · 157
 사탄의 패배 · 60, 72
 예수 그리스도를 시험함 · 216
삼위일체
 각 신자 안에 거하심 · 183
 경륜적 표현 · 110
 삼위일체의 활동인 예수의 삶 · 38
상급과 은밀한 기도 · 54
새 생명 · 136
서방 교회의 기독론 · 16-18
성령
 그리스도의 삶 속의 성령 · 22
 그리스도의 진리를 선포하신다 · 166
 삼위일체 안에서 사랑의 띠로서의 성령 · 68
 성령과 그리스도의 기쁨 · 68, 150
 성령과 기쁨 · 71
 성령의 내주 · 184
 성령이 그리스도께 부어졌다 · 182
 양자의 영으로서의 성령 · 42-44
 성령의 열매 · 69, 150, 153
성별 · 163
성부와의 교제 · 50, 111, 112
성육신 · 17, 119, 124, 149, 236
성자와의 교제 · 114
성찬 · 63, 177
성화 · 162-165
세상
 세상이 미워함 · 155-157
 세상의 속임수와 유혹 · 160
 하나님께 반역함 · 158, 160
세상의 영광 · 96
세속성 · 158
속성의 교류 · 20, 21, 22
순종 · 88, 89, 129-131, 160, 187
스데반 · 226
스토트, 존 · 61
스펄전, 찰스 · 33, 44, 159
시련 · 50, 154, 214
시편 · 36, 37, 65
신뢰 · 31, 39, 217, 238
신학적 자유주의 · 243
십자가
 십자가는 아버지를 영화롭게 한다 · 99
 십자가와 하나님의 속성 · 100
 십자가의 영광 · 94

ㅇ

아굴 · 161
아담과 하와
    아담과 하와가 받은 시험 · 205
    아담과 하와의 불순종 · 115
아들
    아들 됨 · 45
    아들을 영화롭게 하는 것으로서의 계시 · 97
    아들의 기도 생활 · 39, 49
    아들의 성실함과 순종 · 187
    아들이 영화롭게 됨 · 94-98
    우리를 아버지와 화해시키신다 · 110
    인성을 취하셨다 · 84, 120
아리우스파 · 80, 121
아버지
    그리스도 안에서 우리의 행위를 기뻐하신다 · 188
    만물을 아들에게 주신다 · 134
    본체의 질서상 첫 번째 · 110
    아들을 보내신다 · 110
    아들을 위한 사랑 · 185, 186
    아들의 영을 받으셨다 · 236
    아버지의 권세 · 101-103
    예수의 기도를 들으셨다 · 78-80
    우리 안에 거하신다 · 183, 184
    하나님께서 아버지 되심 · 43
아빠 · 39, 40, 43, 45, 213
아우구스티누스 · 121
아침 기도 · 48
아히도벨 · 143
안디옥학파 · 15, 16
알렉산드리아 신학자들 · 15, 19
알렉산드리아의 키릴루스 · 13, 16, 19, 23
앤서니 매거킨, 존 · 13
양자 됨 · 45, 185
어둠 · 229
어린아이들의 기도 습관 · 38
어린아이의 경건 생활 · 32
어린양의 생명책 · 73
어찌 날 위함이온지(찬송가) · 22
에덴 · 205, 206
에드워즈, 조나단 · 54
엘리야 · 77
연약함 중에 강함 · 50
영생 · 103-105, 113
영원한 영광 · 96-98
예레미아스, 요아힘 · 40
예수 그리스도
    겟세마네에서 심히 놀라시며 슬퍼하셨다 · 207-211
    겟세마네에서의 시험 · 66, 67, 205
    광야에서의 시험 · 95, 216
    고뇌 중에 기도하셨다 · 219
    그리스도의 경건 생활 · 30, 242
    그리스도의 기쁨 · 74, 150, 151, 154
    그리스도의 낮아지심 · 17, 123, 237
    그리스도의 본래적 영광 · 137

그리스도의 소원 · 190-194
그리스도의 순종 · 88, 89, 97, 115, 116, 218
그리스도의 신성 · 15-24, 119-120
그리스도의 영혼 · 24, 212, 239
그리스도의 인성 · 15, 17-25, 38, 84, 119, 151, 182, 230
그리스도의 중보 기도 · 91, 92, 132, 134-136, 140, 168, 224
그리스도의 탄생 · 42
기도 하면서 씨름하심 · 62, 67, 204
기도에 대한 그리스도의 확신 · 128
끝까지 충실한 종 · 235
나사로의 죽음 앞에서 우셨다 · 191
대제사장으로서 온전하게 되심 · 233
대표자로서 예수 그리스도 · 64
두번째 아담으로서의 예수 그리스도 · 220
두 본성이 단일 위격에서 연합했다 · 19
새 '다니엘'로서의 예수 그리스도 · 47
선지자와 제사장과 왕으로서 예수 그리스도 · 62, 65
성령으로 기름 부음 받으셨다 · 69
성령 충만하셨다 · 164
성찬에 임재하심 · 177
세례로서의 죽음 · 88
세상 가운데 있는 제자들을 위해 기도하셨다 · 155-161
세상의 생명과 빛으로서의 예수 그리스도 · 202

시편으로 기도하셨다 · 37, 65
신실한 언약의 자녀 · 28
아버지를 아시다 · 198-203
아버지와 교제 · 239
아버지와의 하나 됨 · 174, 179, 240
영속적 겟세마네로서의 예수 그리스도의 삶 · 60, 84, 93, 208
예수 그리스도의 권세 · 101-103
예수 그리스도의 높아지심 · 92
예수 그리스도의 세례 · 25, 65
예수 그리스도의 승천 · 140, 148, 240
예수 그리스도의 제사장 직분 · 134, 135
예수 그리스도의 죽음 · 135, 236
왜 나를 버리셨느냐는 부르짖음 · 228
우리 안에 계신 예수 그리스도 · 183, 184
원수들을 위해 기도하셨다 · 132, 222-227
은밀하게 기도하셨다 · 47-55
음부에 내려가셨다 · 237
자기의 영광을 위해 기도하셨다 · 118
자신을 건져내 주시기를 기도하셨다 · 212-221
종/메시아로서의 예수 그리스도 · 128
중보자로서의 영광 · 181
중보자로서의 예수 그리스도 · 20, 21, 65, 108, 119, 123, 124, 135, 139, 168, 179, 182
중보자에게 속하는 권세를 지닌 예수 그리스도 · 103

천국에서의 영광 · 195
택함 받은 자들을 위해 기도하셨
다 · 132-139
하나님을 아버지라고 부르셨다 · 41
희생 제물로서 예수 그리스도 · 134,
224
예수의 이름 · 97, 143
오웬, 존 · 23, 24, 111, 122, 132, 135,
165, 167, 168, 194, 195
왓슨, 토마스 · 136, 152
요나 · 208
웨스트민스터 대요리문답 · 237
웨스트민스터 소요리문답 · 14, 83, 84,
89, 134
웨스트민스터 신앙고백서 · 20
위격 안의 인성 · 19
위격적 연합 · 17, 24
유다의 배신 · 147
유티케스 · 15
유한은 무한을 받지 못한다 · 18
은혜 받는 습관 · 35
이 악한 세대 · 157
이미-그러나 아직 · 72
이방의 빛 · 117
일용할 양식 · 63

ㅈ

잠언의 기도 · 160
장례식 · 191

점진적 성화 · 165
죄 사함 · 64, 65, 226
주기도문
  첫 번째 간구 · 58
  두 번째 간구 · 60
  세 번째 간구 · 61
  네 번째 간구 · 63
  다섯 번째 간구 · 64
  여섯 번째 간구 · 66
즐거워함 · 84, 150, 196
지상적 목적 · 175
지옥 · 229
진리
  진리와 성화 · 166
  진리와 일치 · 178
찌푸린 얼굴의 섭리 · 232

ㅊ

차녹, 스티븐 · 125, 126, 134
천사들 · 62, 84, 126
천상에서 영화롭게 됨 · 137
청교도 · 22

ㅋ

카슨, D. A. · 133, 143
칼뱅, 장 · 33, 100, 107, 167, 174, 175,
187, 188, 231
칼케돈 공의회 · 15
칼케돈 신조 · 14-16, 84

캐머론, 존 · 132
크로포드, 토마스 · 219
크룸마허, F. W. · 220
크리소스토무스 · 87

ㅌ

테오토코스 · 16

ㅍ

패커, J. I. · 164
퍼거슨, 싱클레어 · 78
프란시스 튜레틴 · 242
플라벨, 존 · 230
핑크, A. W. · 206

ㅎ

하나님
  모습을 숨기심 · 233
  순종하는 예배자들에게 귀 기울이신
  다 · 76-78
  언약에 충실하신 하나님 · 29
  위격의 고유성 · 21
  의로우신 분으로서의 하나님 · 197
  자기만족적 사랑 · 186
  자비의 사랑 · 186
  하나님의 거룩함 · 214
  하나님의 내재성 · 58
  하나님의 속성 · 100
  하나님의 외적 사역 · 110

하나님의 자기 계시 · 124-128
하나님의 주권적인 뜻 · 74
하나님의 초월성 · 58
하나님께 대한 충성 · 142
하나님과 교제 · 27, 48-50, 55, 157, 173
하나님과 반목 · 155
하나님과의 연합 · 176
하나님 나라의 도래 · 60
하나님을 두려워함 · 161
하나님을 알기 · 106-114
하나님을 영화롭게 함 · 83-84, 89
하나님의 단순성 · 232
하나님의 뜻 · 61-63, 73-47, 87, 88, 93, 128, 132, 157, 220
하나님의 영광 · 88, 195
그리스도께서 하나님의 이름을 나타
내셨다 · 143
하나님의 이름이 거룩히 여김을 받으
심 · 58
하나님의 자녀 · 43, 45, 186
하나님의 진노 · 126, 205, 208, 215, 220
하나님의 진노의 잔 · 62, 67, 214, 216, 223
하늘에 계신 아버지 · 57, 58
한나 · 212
할례 · 29
헨리, 매튜 · 205
화목 · 110, 197
확신 · 79, 128, 142, 197, 201, 238

성구 색인

창세기
2:8 · 205
3:15 · 60, 95, 220
3:24 · 206
4:4 · 188
17:3 · 216

출애굽기
10:21-23 · 229
19 · 53

민수기
14:5 · 213

신명기
7:6 · 76
18:18 · 56
28:22 · 77
28:24 · 77

사무엘상
1:26 · 212

사무엘하
15:23 · 146, 205

15:30-31 · 205
15:31 · 146
17:1 · 146
17:3 · 146
17:23 · 146

느헤미야
8:6 · 212

욥기
1:6-12 · 157
2:1-6 · 157
3:15 · 229

시편
2:7 · 15
2:8 · 128
5:11 · 142
6 · 85
6:2-5 · 85
6:9-10 · 85
8 · 32
8:1 · 59
8:2 · 32
17 · 36

17:1-3 · 37
17:3 · 37
17:8 · 37
17:15 · 37
22 · 30, 32, 229, 234, 236
22:1 · 229, 233, 234
22:9 · 31
22:9-10 · 28
22:10 · 32
22:19-20 · 234
24:7-10 · 241
31 · 238
31:5 · 238, 239, 202
41:9 · 145
42:1-2 · 199
66:18 · 75
71:5-6 · 31
84:11 · 29
86:1 · 70
86:4 · 70
86:7 · 70
86:12-13 · 70
86:17 · 70
88 · 233
88:7 · 208

88:14 · 233
110:1 · 240, 141, 155
116:15 · 194
121:1 · 212
142:1-4 · 210
145:17 · 198

잠언

8:22 · 125
8:30-31 · 150
18:10 · 142
28:9 · 75
30:7-9 · 161

이사야

1:15 · 76
5:13 · 106
6:1 · 163
6:3 · 163
6:5 · 113
9:6 · 15
11:2 · 42
42:1 · 25, 32, 43, 163, 183, 186
42:8 · 118
48:11 · 118
49 · 117
49:4 · 97, 116
49:6 · 117

50:4 · 17, 200
50:4-6 · 35
50:5 · 215
50:5-6 · 116
53 · 208, 236
53:3 · 69, 88, 150
53:8 · 233
53:10 · 208
53:12 · 224
54:13 · 127
59:2 · 75
61:1 · 25, 43
61:1-2 · 25

예레미야

1:5 · 163
10:10 · 107
31:33-34 · 103
32:27 · 102

에스겔

36:37 · 26

다니엘

2:20-21 · 104
6:10 · 48, 213
9 · 64
9:5 · 65

요엘

3:15 · 229

아모스

8:9 · 229

요나

2:3 · 209

하박국

2:14 · 106

스가랴

13:7 · 217

마태복음

1:18 · 25
1:20 · 25
2:1-2 · 94
3:16 · 25
3:17 · 186, 229, 231
4:3-4 · 217
4:11 · 95
5:44 · 132, 222
5:45 · 222
6:6 · 47, 54
6:7 · 72
6:9 · 44
6:9-13 · 56, 92

10:20 · 42
11:25 · 40
11:27 · 41, 103, 108
12:18 · 25
12:28 · 73
13:11 · 127
13:35 · 126
14:23 · 47, 51, 92
15:36 · 63
16:16 · 113
17:1 · 207
17:5 · 186
19:13 · 92
21:22 · 54
26:36 · 52
26:36-44 · 92
26:36-46 · 206
26:39 · 41, 212
26:41 · 67
26:42 · 62
26:42-44 · 67
26:44 · 62
26:53-54 · 216
27:5 · 146
27:46 · 92
28:18 · 102
28:19-20 · 103

마가복음

전체 · 47
1:15 · 60
1:35 · 47, 48, 92
1:38 · 222
3:31-35 · 191
6:46 · 47, 48, 92
8:31 · 88
10:45 · 218
13:26 · 196
13:32 · 18
14:26-41 · 205
14:26 이하 · 146
14:27-28 · 217
14:32-34 · 204
14:32-39 · 48, 92
14:34 · 207, 210
14:35-36 · 212
14:36 · 45, 47, 86, 216
14:62 · 168
14:63-64 · 225
15:34 · 92, 228

누가복음

1:28 · 28
1:35 · 25
2 · 34, 39
2:7 · 94
2:21 · 29

2:40 · 34, 209
2:46-47 · 34
2:49 · 34
2:52 · 34, 209
3:21 · 47, 51, 92
3:21-22 · 69
4 · 25
4:1 · 25, 69
4:1 이하 · 95
4:14 · 25, 69
4:18 · 69
4:21 · 25
4:42 · 51
5:16 · 47, 51, 92
6:12 · 47, 51, 52, 92
7:44-50 · 95
8:21 · 130
9:16 · 63
9:18 · 47, 51, 53, 92
9:20 · 53
9:22 · 53
9:28 · 47
9:28-29 · 92
9:28 이하 · 51
10:17 · 72
10:17-18 · 72
10:20 · 73
10:21 · 68, 69, 70, 71, 73, 151

10:21-22 · 72
10:22 · 71
11:1 · 56, 92
11:28 · 130
12:48 · 29
12:50 · 65, 88, 208
22:17 · 64, 74
22:19 · 64
22:31-32 · 158
22:39 · 205
22:41-45 · 92
22:43 · 219
22:44 · 219
22:53 · 93
23 · 222
23:21 · 224
23:34 · 222
23:43 · 236
23:46 · 38, 39, 92, 235, 236
24:26 · 120

요한복음
전체 · 92, 143, 149, 201
1:1 · 128
1:3-4 · 125
1:9 · 202
1:12-13 · 171
1:14 · 27, 113, 128

1:18 · 108, 126, 143
1:29 · 164
2:23-25 · 117
3:6-8 · 171
3:16 · 133
3:17 · 110
3:19-20 · 156
3:34 · 25, 69, 164
3:35 · 101
4:34 · 62, 116, 159
5:18 · 41
5:19 · 79, 175
5:19-20 · 156
5:19-24 · 134
5:19-30 · 128
5:26-27 · 182
5:30 · 62
5:36 · 116
5:44 · 95
6 · 63
6:11 · 63
6:23 · 63
6:37 · 101, 128, 192
6:38 · 62, 87
6:39 · 101, 192
6:45 · 127, 159
6:45-46 · 127
6:46 · 127
6:57 · 182

6:66 · 117
7:6 · 93
7:7 · 156, 159
7:8 · 93
7:16 · 200
7:18 · 59, 89
7:28 · 198
7:30 · 93
8 · 158
8:19 · 199
8:20 · 93
8:23 · 158
8:24 · 159
8:26 · 201
8:29 · 89, 186, 231
8:38 · 201
8:40 · 201
8:50 · 89
8:55 · 199
9:31 · 75
10 · 175
10:5-7 · 218
10:11 · 192
10:14-17 · 176
10:15 · 218
10:16 · 178
10:17 · 176
10:18 · 79, 151
10:28-29 · 128

10:29 · 102, 192
10:30 · 174, 175
10:31 · 175
10:36 · 162
10:37-38 · 183
11 · 82
11:4 · 79
11:11 · 78
11:35 · 79, 191
11:38-40 · 78
11:41-42 · 75, 78, 80
11:42 · 81
11:50 · 146
12 · 95
12:20-21 · 93
12:23 · 93
12:27 · 86
12:27-28 · 83, 84, 86, 92
12:31 · 100
12:31-32 · 93
12:31-33 · 95
12:41 · 163
12:43 · 96
12:44-45 · 109
12:47 · 133
13:1 · 93
13:3 · 102
13:10-11 · 145
13:12 이하 · 179

13:18 · 145
13:30 · 146
13:31 · 93
13:31-33 · 94
14-16 · 30
14:6 · 15, 108, 165, 202
14:9 · 143
14:18-20 · 203
14:21-23 · 186
15 · 149
15:4-7 · 176
15:9-11 · 152, 149
15:10 · 62, 151
15:11 · 149
15:19-20 · 156
15:21 · 199
15:26 · 171
15:27 · 171
16:13 · 166
16:21 · 94
16:24 · 152
17 · 81, 91, 92, 109, 117, 133, 135, 138, 172, 173, 177, 202, 228
17:1 · 39, 89, 97, 102
17:1-2 · 99, 101
17:1-5 · 148
17:2 · 102, 177
17:3 · 100, 107, 106, 109, 129, 177, 180, 201, 244

17:4 · 59, 84, 89
17:4-5 · 115
17:5 · 54, 122
17:6 · 127, 143, 178, 192
17:6-8 · 124, 127, 129, 143
17:7 · 177
17:8 · 81, 127
17:9 · 138, 177, 192
17:9-10 · 132, 136
17:10 · 98, 137
17:11 · 140, 163, 173, 174
17:11-12 · 140, 144
17:12 · 145
17:13 · 148, 151, 152
17:14 · 155
17:14-16 · 155, 160
17:15 · 158
17:15-16 · 177
17:16-17 · 163
17:17 · 162, 165, 246
17:17-19 · 162, 168, 177
17:18 · 89, 110, 133
17:19 · 163
17:20 · 133
17:20-21 · 170, 171
17:20-23 · 178
17:21 · 81, 174, 177, 179
17:21-23 · 173

17:22 · 174
17:22-23 · 181
17:23 · 174, 177, 185, 188
17:24 · 121, 154, 177, 190, 191, 195
17:25-26 · 197
17:26 · 177, 199
18:1 · 146, 205
18:6 · 213
18:9 · 206
18:11 · 207
20 · 148
20:17 · 45
20:21 · 110
21:25 · 113

사도행전
1:9-11 · 141
1:11 · 15
2:33 · 171
3:17 · 224
7:59-60 · 227
10:38 · 25, 159
13:27 · 224
13:35 · 238
13:52 · 69
20:28 · 21, 135, 164, 236
26:18 · 164, 171

로마서
1:4 · 26
2:7 · 96
3:21-25 · 198
3:26 · 100
4:11 · 29
5:12-21 · 65
8:7 · 155
8:9 · 171
8:10 · 183
8:11 · 25, 184
8:13 · 72, 164
8:15 · 43
8:16 · 43
8:18 · 93
8:26-27 · 26
8:29 · 123, 166
8:34 · 154
10:9 · 150
10:14-15 · 172
11:36 · 84
12:1-2 · 157, 164
15:6-7 · 137

고린도전서
2:8 · 122, 223, 225
2:16 · 166
5:5 · 157
6:11 · 164

6:19-20 · 164
8:6 · 110
10:31 · 32, 83
13:4 · 226
13:7 · 226
15:15 · 110
15:26 · 191
15:27 · 110
15:58 · 61

고린도후서
1:20 · 128
2:11 · 157
3:18 · 137, 164
4:6 · 99
5:7 · 194
5:18-19 · 110
10 · 96
13:4 · 50, 100
13:14 · 84, 110

갈라디아서
1:4 · 157
2:20 · 154
3:16-29 · 29
4:4 · 110
4:6 · 42, 45
5:22 · 69, 150, 153

에베소서

1:3-5 · 134
1:4-5 · 123
1:5 · 45
1:11 · 216
1:13-14 · 44
1:22-23 · 138
1:23 · 84
2:4-10 · 171
2:8 · 108
2:8-9 · 188
2:19 · 45
2:20-21 · 170
3-4:16 · 173
3:16 · 84
3:17 · 183, 184
4:8 · 61
4:22-24 · 164

빌립보서

2:8 · 218
2:9 · 240
2:9-11 · 97, 143
2:10-11 · 113
2:11 · 138
2:13 · 183
3:10 · 104
4:4 · 68, 152
4:5 · 152
4:6-7 · 152
4:8-9 · 153

골로새서

1:15 · 99, 113, 194
1:16 · 63, 94
1:16-18 · 84
1:27 · 154, 184, 202
2:2-3 · 124
2:3 · 113, 166
3:1 · 123

데살로니가전서

1:6 · 150
1:9 · 107
2:13 · 130
4:4 · 164
4:13 · 191
4:13-17 · 196
5:17 · 34
5:18 · 63
5:23 · 164, 168

데살로니가후서

2:13 · 164

디모데전서

3:16 · 26, 37

디모데후서

2:12 · 137
3:12 · 159

디도서

1:1-3 · 172

히브리서

1:2 · 125
1:3 · 113
2:10 · 35
2:14 · 60, 95, 100
2:14-15 · 72
4:15 · 66
4:15-16 · 77
5:7 · 13, 142, 194, 236
5:9 · 233
7:25 · 144
9:11-12 · 144
9:14 · 25, 38, 237
10:10 · 164
11:6 · 47, 54
12:2 · 33, 69, 151
13:20-21 · 164

야고보서

1:22 · 130
4:2 · 54
4:3 · 75

5:16 · 76, 79
5:17 · 77

베드로전서
1:7-8 · 137
1:19 · 159
2:9 · 76
2:21 · 226
3:7 · 75
3:13 · 160
3:14 · 160
3:16 · 160
3:18 · 26, 199
5:8 · 157

베드로후서
1:3-4 · 137
3:18 · 112

요한일서
2:15 · 156
3:1 · 186
3:2 · 194
3:8 · 60
3:22 · 78
4:9 · 184
4:12 · 184
5:19 · 157

요한계시록
전체 · 97
1:6 · 137
4:8 · 163
5:12 · 98
5:12-13 · 137
6:12 · 229
7:9 · 113
8:12 · 229
20:10 · 72
21:2 · 84
22:4 · 195

예수의 기도

초판 발행	2020년 1월 30일
지은이	마크 존스
옮긴이	오현미
발행인	김수억
발행처	죠이선교회(등록 1980. 3. 8. 제5-75호)
주소	02576 서울시 동대문구 왕산로19바길 33
전화	(출판부) 925-0451
	(죠이선교회 본부, 학원사역부, 해외사역부) 929-3652
	(전문사역부) 921-0691
팩스	(02) 923-3016
인쇄소	송현문화
판권소유	ⓒ죠이선교회
ISBN	978-89-421-0439-0 03230

책값은 뒤표지에 있습니다.
잘못된 도서는 교환하여 드립니다.
이 책 내용을 허락 없이 옮겨 사용할 수 없습니다.

이 도서의 국립중앙도서관 출판예정도서목록(CIP)은 서지정보유통지원시스템 홈페이지(http://seoji.nl.go.kr)와 국가자료공동목록시스템(http://www.nl.go.kr/kolisnet)에서 이용하실 수 있습니다. (CIP제어번호: CIP2020001240)